Frank R. Pfetsch

Verhandeln in Konflikten

Frank R. Pfetsch

Verhandeln in Konflikten

Grundlagen – Theorie –
Praxis

VS VERLAG FÜR SOZIALWISSENSCHAFTEN

Bibliografische Information Der Deutschen Bibliothek
Die Deutsche Bibliothek verzeichnet diese Publikation in der Deutschen Nationalbibliografie;
detaillierte bibliografische Daten sind im Internet über <http://dnb.ddb.de> abrufbar.

1. Auflage Juni 2006

Alle Rechte vorbehalten
© VS Verlag für Sozialwissenschaften | GWV Fachverlage GmbH, Wiesbaden 2006

Lektorat: Frank Schindler

Der VS Verlag für Sozialwissenschaften ist ein Unternehmen von Springer Science+Business Media.
www.vs-verlag.de

Umschlaggestaltung: KünkelLopka Medienentwicklung, Heidelberg
Druck und buchbinderische Verarbeitung: Krips b.v., Meppel

ISBN 3-531-15084-7
ISBN 978-3-531-90096-4 (eBook)

Inhaltsverzeichnis

Einleitung

Les négociations sont les remèdes innocents qui ne font
jamais de mal – Verhandlungen sind unschuldige Heilmittel,
die nie etwas Böses ausrichten (Richelieu)

Verhandeln ist die Form der Auseinandersetzung, ohne Anwendung von Gewalt Lösungen für gegensätzliche Interessen zu finden. Dieser gewaltfreie Austrag ist die der demokratischen Kultur angemessene Form der Streitauseinandersetzung. Damit ist die Bedeutung von politischen Verhandlungen skizziert: die Prozesse zunehmender Interdependenz von Waren, Informationen und Menschen in der globalisierten Welt, der Trend zur Ausbreitung der Demokratie, die Tendenz zu friedlicherem Umgang zwischen Regierungen und der Rückgang kriegerischer Auseinandersetzungen, der die zweite Hälfte letzten Jahrhunderts kennzeichnet, – all diese Entwicklungen deuten auf die wachsende Bedeutung des Verhandelns als Mittel in Politik und Wirtschaft. Demokratie- und Verhandlungskultur gehen Hand in Hand und bestimmen den Umgang in internationalen und transnationalen Regimes und Organisationen wie auch den Umgang zwischen Regierungen in der Demokratie-Welt.

Der dichter gewordene Verkehr zwischen den Staaten und zwischen gesellschaftlichen Gruppen hat das Ver- und Aushandeln politischer oder ökonomischer Güter zu einem komplexen, mehrstufigen Vielpersonen-Unternehmen werden lassen. Die bilaterale Diplomatie wurde dadurch zwar nicht abgelöst, doch ergänzt durch kollektive Verhandlungsmuster der so genannten Konferenzdiplomatie wie sie bei UN-Weltkonferenzen oder im Rahmen internationaler und regionaler Organisationen praktiziert wird (Kaufmann 1968).

Die gestiegene Bedeutung solcher neuartiger Verhandlungsmuster ist erst in neuester Zeit auch wissenschaftlich bearbeitet worden. Es gibt Ansätze dazu in verschiedenen Disziplinen; doch zu einer integrierenden Gesamtschau und damit zu einem Verstehen dieser Prozesse ist es nicht gekommen. Das Verhandeln als sozialer und politischer Vorgang ist zu komplex, als dass er mit einem theoretischen Zugriff behandelt werden könnte; es gibt nicht *die* Theorie des Verhandelns, sondern es gibt unterschiedliche Theorien, die den Verhandlungsprozess unter verschiedenen Gesichtspunkten und Fragestellungen behandeln. Ferner lassen sich Verhandlungstheorien metatheoretisch betrachten: Theorien, die sich an die Theorie rationalen Handelns (rational choice) anlehnen, stehen in der Tradition des politischen Realismus mit der Vorgabe, dass Gewinne aus Verhandlungsgeschäften nur auf Kosten anderer zu machen sind und das Spiel ein Null-Summen-Spiel ist. Im Gegensatz hierzu liegen Positiv-Summen-Spiele in der Tradition des Liberalismus, der davon ausgeht, dass Verhandlungsergebnisse allen Verhandlungspartnern Gewinne erbringen können, auch wenn diese nicht notwendigerweise gleichwertig sein müssen. Verhandlungsstrategisch bedeutet dies, dass nach dem Realismus Ergebnisse erzwungen werden oder unter Druck zustande kommen können. Nach dem Liberalismus steht die freie Entscheidung im Vordergrund und die Prämisse, dass im Ergebnis die Interessen aller ihren Niederschlag finden.

Die hinter uns liegenden Jahre haben eine Erweitung des Themas insbesondere in der demokratischen Welt mit sich gebracht. Im Gerichtswesen spielt die „Mediation" eine zunehmend größere Rolle ebenso in politischen Gremien. Im Wirtschaftsleben hat die Globalisierung der Märkte die Aufmerksamkeit auf interkulturelles Verhandeln gelenkt. Im Bereich der Wissenschaft hat sich in den neunziger Jahren eine Fachzeitschrift „International Negotiation" etabliert und das PIN Projekt (The Processes of International Negotiation Project) des „International Institute for Applied Analysis" mit Sitz im österreichischen Laxenburg versucht die Breite des Verhandlungsspektrums in Politik und Wirtschaftspolitik zu thematisieren.

Zentrale Fragestellungen

Das vorliegende Buch versucht die Grundlagen zum Verständnis des komplexen Vorgangs einer Verhandlung zu schaffen.

- Zu den grundlegenden Begriffen, die in ihrer Bedeutung geklärt werden, gehören Verhandeln, bzw. Verhandlung, Struktur und Prozess, Verhandlungsparteien, Instrumente, Konflikt, Vermittlung, Symmetrie bzw. Asymmetrie sowie Lösung.
- Wie unterscheidet sich die Verhandlung von anderen Formen der Konfliktbearbeitung?
- Welche Beziehungen bestehen zum Gegenstand der Verhandlung, dem ‚Konflikt'?
- Was versteht man unter ‚Vermittlung' oder ‚Mediation' und welche Bedeutung kommt ihnen in der Lösungssuche zu?
- Welche Instrumente erfolgreichen Verhandelns gibt es?
- Welche Rolle spielt ‚Macht' im Verhandlungen und wie kann sie bestimmt werden?

- Wie kann sich in einer asymmetrischen Beziehung der schwächere Partner stärken?
- Die Rolle des Rechts.
- Inwieweit bestimmen unterschiedliche Kulturen den Verhandlungsablauf und sein Ergebnis?
- Welche Bedeutung kommt den institutionellen Bedingungen für Verhandeln zu?
- Welche Modalitäten der Konfliktbeendigung gibt es und welche empirischen Erkenntnisse liegen hierzu vor?
- Was kennzeichnet eine dauerhafte Lösung?

Dieses Buch richtet sich an Theoretiker und Praktiker gleichermaßen. Die Schilderung empirischer Fälle soll die Aussagen nachvollziehbar und anschaulicher gestalten. Die Beispiele sind aus einer Fülle von praktischen Fällen des politischen und wirtschaftlichen Lebens genommen und dienen der Illustration allgemein formulierter Aussagen. Übersichten, Tabellen und Matrizes sollen visuelle Hilfen anbieten. Zusammenfassungen werden in Übersichtskästen angeboten.

Was kann der Leser Neues erwarten?

Dieses Buch will dem Bedeutungszuwachs des Instruments ‚Verhandlung' in Politik und Wirschaft gerecht werden und stellt darüber hinaus die Frage nach den neuen Wegen, die zu Lösungen von Verhandlungskonflikten führen.

In fünffacher Hinsicht wird Neues angeboten: Es sollen *erstens* Verhandlungen in politischen und wirtschaftlichen Kontexten in gebührender Breite behandelt werden, *zweitens* soll ein neues Konfliktverständnis vermittelt und die Frage nach einer neuen Konfliktkultur gestellt werden. *Drittens* wird versucht, Konflikt und Verhandlung als aufeinander bezogen zu sehen, denn beide sind naturnotwenig zusammengehörende Aktivitäten. Verhandlung setzt immer Dissens voraus und je nach Art des Konflikts sind unterschiedliche Verhandlungsinstrumente gefragt. *Viertens* soll das Verhandlungsverständnis auf den politisch wichtigen Machtaspekt in seinen unterschiedlichen Erscheinungsformen gelenkt werden. *Fünftens* schließlich wird zu Vertragsverhandlungen ohne Lösung eine Theorie unfertiger Friedensverträge präsentiert. Mit dieser Theorie können nicht nur Erklärungen für Konfliktverhalten, insbesondere für Kriege gefunden werden, sondern diese Theorie bezieht Verhandlung und Konflikt direkt aufeinander, ein Bezug, der durch das ganze Buch hindurch den roten Faden abgibt. Es wird der Anspruch erhoben, Bedingungen für dauerhafte und gerechte Verhandlungsergebnisse und damit Frieden aufzuzeigen.

Das Thema ‚Verhandlung' ist die konsequente Weiterführung meiner Beschäftigung mit dem Thema „Konflikt" (zuletzt Pfetsch (Hrsg.) 2004). Die Analyse von Konflikten hat in dreifacher Hinsicht die Bedeutung von Verhandlungen gezeigt: Erstens sind Verhandlungen in unterschiedlichen Formen der ständige Begleiter des Konfliktmanagements; zweitens haben gewaltsame Konfliktbeendigungen in der weit überwiegenden Zahl nicht zu Lösungen von Konflikten
geführt; drittens ist die einzig angemessene Form der dauerhaften Konfliktbeendigung eine politische Lösung auf dem Weg der Verhandlung. Stand am Anfang
der Beschäftigung mit Konflikten die Konfliktentstehung, so steht an ihrem Ende
die Beschäftigung mit Verhandlungslösungen.

Dieses Buch kennt eine längere Geschichte der Entstehung. Teile waren
Gegenstand von Vorträgen im Rahmen wissenschaftlicher Kolloquien und pra-
xisorientierter Seminare. Das Thema hat bislang vor allem die internationale
Diplomatie und die Wirtschaft interessiert, was auch seinen Niederschlag in der
vorhandenen Literatur gefunden hat. Titel wie „Wie verhandle ich erfolgreich",
„getting to yes", etc. spiegeln diesen Fokus wider. Die Mehrzahl der Arbeiten
sind praxisorientierte Anweisungen für Diplomaten und Kaufleute, die naturge-
mäß praxisdienlich, aber wenig systematisch oder gar theoretisch ausgerichtet
sind. Theorieorientierung ist – so die Überzeugung des Autors – notwenig, um
verschiedene Elemente, die den Verhandlungsprozess charakterisieren, systematisch zusammenzuführen und damit die Komplexität dieses sozialen Prozesses
überschaubar zu machen. Empirie ohne Theorie ist blind, Theorie ohne Empirie
ist leer.

Verschiedenen Personen bin ich zu Dank für Unterstützung und Anregung
verpflichtet. Katharina Lack hat mir bei der Bearbeitung des ursprünglichen
Manuskripts geholfen und wertvolle Ergänzungen beigesteuert. Pamela Jawad
und Till Bullmann waren mir bei Formatierungsarbeiten behilflich, Jan Pfetsch
hat das Manuskript sorgfältig lektoriert.

Heidelberg im Herbst 2005

Kapitel I
Verhandlung und Verhandlungstheorie

La politique est une science; la diplomatie est un art –
Politik ist eine Wissenschaft, Diplomatie eine Kunst (Metternich)

Der Alltag kennt viele Beispiele für Situationen, in denen zwei Seiten um ein bestimmtes Gut ringen mit dem Ziel, eine Übereinkunft zu erreichen. Auf dem Markt oder an der Börse wird um den Preis einer Ware gehandelt, auf dem Basar wird gefeilscht, im Spiel wird gepokert, im Skat wird gereizt, in Auktionen werden Wertgegenstände versteigert; Tarifparteien verhandeln um Abschlüsse zu Arbeits- und Einkommensbedingungen, die Sozialpartner handeln einen neuen Tarifvertrag aus, Politiker kämpfen oder konkurrieren um Macht und Einfluss.

Handeln, feilschen, pokern, reizen, ersteigern, verhandeln, kämpfen etc. benutzen wir als Begriffe, die ähnliches meinen, nämlich das Ausloten von Möglichkeiten, in wechselseitiger Kommunikation eine Übereinkunft zu einem erstrebten Gut zu erreichen. Solche Handlungen setzen also immer mindestens zwei Personen oder Parteien voraus, die ein gleiches Gut begehren, auch wenn sie es unterschiedlich einschätzen. Verhandeln ist dabei nur *eine* Form des Austrags von Gegensätzen in Bezug auf ein bestimmtes Gut. Was unterscheidet ‚Verhandeln' von anderen verwandten Formen zu einem Gut zu gelangen?

1   Was ist Verhandeln?

Verhandlungen liegen unterschiedlich gelagerte Interessen zugrunde und dienen der Befriedigung derselben. Diese Interessen müssen sich auf ein und dasselbe Gut beziehen und sich auf diese Weise überlappen; bei miteinander kompatiblen Interessen ist Verhandeln nicht nötig, denn es muss darüber nicht gestritten werden. Interessengegensätze sind also Element und Ursache dafür, dass Verhandlungen stattfinden. Es gibt natürlich auch andere Formen Interessen wahrzunehmen, nämlich einseitige Interessendurchsetzung mittels Gewalt, Druck oder Drohung.

Der Ursprung des Wortes ‚Verhandlung' führt zunächst in den wirtschaftlichen Bereich. Der Begriff ‚Verhandlung' stammt ursprünglich aus der Kaufmannssprache. Das lateinische ‚negotium' meint ein Geschäft, ein Verhandler war ursprünglich ein Bankier oder Großwarenhändler. Später hat die Terminologie über die Diplomatie Eingang in den politischen Wortschatz gefunden.

Abbildung 1:   Modalitäten des Konfliktaustrags

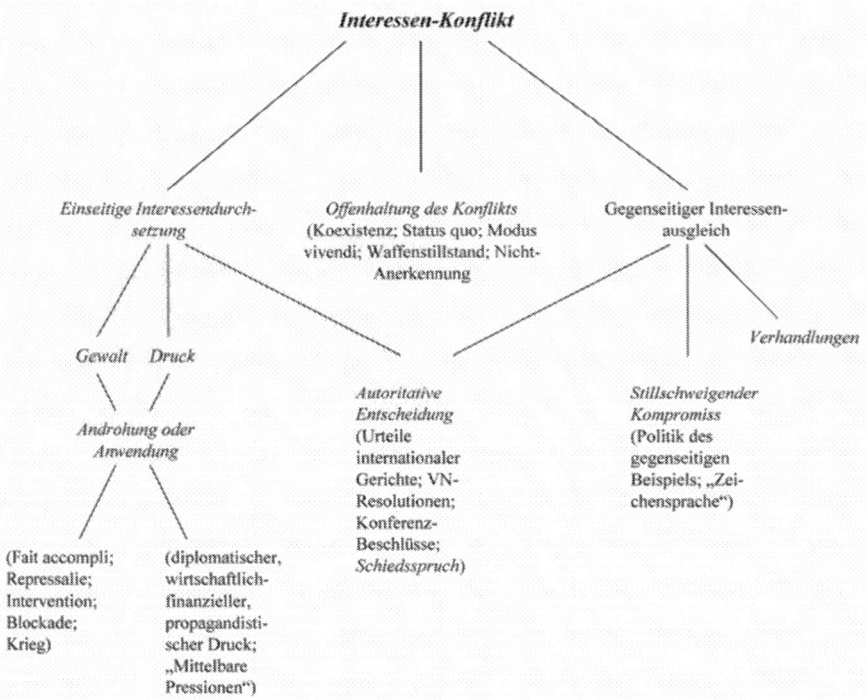

Quelle: W. Grewe: 1964: 11-14

Da sich Verhandlungen im politischen und wirtschaftlichen Raum auf strittige Güter beziehen, muss die Analyse des Konflikts der Analyse von Verhandlungen vorausgehen, bzw. damit parallel laufen. Die verschiedenen Arten zur Lösung von Konflikten zu kommen schließen sich nicht gegenseitig aus. Man darf davon ausgehen, dass bei jeder Art von Konflikten – also auch bei gewaltsamen – Verhandlungen geführt worden sind, entweder von den Konfliktparteien selbst oder über Dritte Parteien bzw. über Informationsmedien vermittelt. Verhandlungen sind also ständige Begleiter des Konfliktaustrags, ob dies nun in Form persönlicher Begegnungen geschieht oder in Gegenwart eines Dritten oder im Rahmen internationaler Konferenzen. Im Gespräch bleiben Konfliktparteien auch wenn sich die Hauptrepräsentanten nicht persönlich begegnen. Über öffentliche Medien können Botschaften mitgeteilt werden, die vom Gegner aufgenommen werden und dafür auch gedacht sind. Insbesondere in Kriegszeiten ist diese Form der Kommunikation an der Tagesordnung.

In Abb. 1 sind die verschiedenen Arten der Konfliktbearbeitung aufgeführt: einseitige Interessendurchsetzung durch Druck oder Gewalt, Offenhalten des Konflikts durch Koexistenz, Waffenstillstand, Nicht-Anerkennung, Status quo oder schließlich gegenseitiger Interessenausgleich durch stillschweigenden Kompromiss oder Verhandlung. Verhandlung ist somit eine Form des nicht-gewalttätigen Ausgleichs von Interessen und zielt auf Ergebnisse, die von allen Seiten mitgetragen werden können. Der gegenseitige Interessenausgleich von Konflikten ist das Ziel von Verhandlungen. Hierbei steuert das Konsensprinzip den Verhandlungsprozess.

2   Was kennzeichnet politische Konflikte und Verhandlungen?

Es macht einen Unterschied, ob zwei Menschen privat über ein Gut verhandeln z.b. über den Preis einer Ware oder ob in einem politischen Gremium z.b. über die Zugehörigkeit eines Territoriums gestritten wird. In jenem Fall sind die Verhandler Einzelpersonen ohne Aufträge und nur ihrer ganz persönlichen Einstellung verpflichtet, in diesem Fall sind die Verhandlungsführer an explizit oder implizit vorgegebene Aufträge gebunden. Der Politiker hat immer sein Klientel (seine Wählerschaft, Partei, Fraktion, Regierung etc.) und/oder die Öffentlichkeit im Auge und muss auf deren Interessen Rücksicht nehmen. Das private Verhandeln findet zwar auch unter bestimmten Bedingungen statt; diese sind aber von der Einzelperson abhängig z.B. von seinen finanziellen Möglichkeiten, die für einen Kauf gegeben sind. Der politisch Verhandelnde ist somit verantwortlich gebunden, nicht so frei wie der Privatmann. Er muss vor allem in demokratischen Regimes auch deshalb Rücksicht auf seine Klientel nehmen, weil ansonsten seine ausgehandelten Verpflichtungen nicht eingelöst werden können.

Politische Güter sind öffentliche Güter – öffentliche Güter sind ihrerseits konstitutiv für eine staatliche Organisation. Diese sind nach juristischer Definition das zum Nationalstaat gehörende Territorium und seine Ressourcen, das Staatsvolk, seine Zahl und Zusammensetzung sowie die Regierung mit ihrem politischen Willen. Konflikte entzünden sich folglich erstens an der Frage der souveränen Verfügung/Kontrolle über das zu einem Staat gehörende Territorium, inklusive seiner Grenzen, seiner Ressourcen (Rohstoffe), seiner Zugehörigkeit etc. Sie entzünden sich zweitens an Fragen, die mit der Bevölkerung verbunden sind wie Migration, Stellung von Minoritäten, Umgang mit ethnisch-religiösen-kulturellen Gruppen etc. Drittens entzünden sich Konflikte im Kampf um Machtpositionen und deren ideologische Ausrichtung. Es gibt also Grenzkonflikte, Ressourcenkonflikte, Unabhängigkeits-, Sezessions- bzw. Autonomiekonflikte, Migrationskonflikte (Flüchtlinge), nationale oder internationale Macht- und Herrschaftskonflikte.

2.1 Besonderheiten internationaler Verhandlungen

Es lassen sich zehn Merkmale nennen, die das Verhandeln in internationalen Gremien zu politischen und wirtschaftlichen Fragen bestimmen:

1. Verhandeln ist ein *sozialer Prozess*, der in repräsentativen Körperschaften – vor allem in politischen Gremien – stattfindet; die Entscheidungsfindung wird von *mehreren Parteien* wahrgenommen und bezieht sich auf eine *Vielzahl von Verhandlungsmaterien*. Die Komplexität internationaler Verhandlungen hat zugenommen: waren z.b. für die GATT Kennedy Runde (1962-67) 5 Jahre erforderlich, damit sich 47 Regierungen über einen Verhandlungsgegenstand einigen konnten, verhandelten 118 Regierungen in der Tokyo Runde 13 Jahre (1970-83) über eine Vielzahl von nicht-tarifären Handelsgütern; die letzte große GATT-Runde („Uruguay Round") nahm 8 Jahre von 1986 bis 1994 mit 120 Regierungsvertretern in Anspruch. Andere internationale Konferenzen wie die Helsinki-Konferenz über Sicherheit und Zusammenarbeit in Europa oder die Klimakonferenz von Rio de Janeiro zogen zahlreiche Nachfolgekonferenzen nach sich.

2. Verhandelt wird im Allgemeinen zwischen *organisierten Gruppen oder Gremien*; daher ist z.b. die Bildung von *Koalitionen* von großer Bedeutung.

3. Internationale Verhandlungen im Rahmen intergouvernementaler Gefüge (z.B. UN, WTO, AU etc.) und supranationaler Gemeinschaftsinstitutionen (z.B. die EU) berühren organisationsgebundene, nationalstaatliche und regionale Interessen und können daher Akteure der Regierungsebene, der föderalen Untereinheiten und Vertreter der Zivilgesellschaft umfassen. Die Abgleichung der Interessen dieser verschiedenartigen Akteure geschieht häufig mittels zeitlich begrenzter, themenzentrierter *Verhandlungsnetzwerke, die auf verschiedenen Ebenen* stattfinden.

4. Im Unterschied zu nationalen Kontexten gibt es im internationalen Bereich *keine verbindliche Gerichtsinstanz* zum Einfordern von Sanktionen. Zwar gibt es einen Internationalen Gerichtshof, dessen Verhandlungen und Beschlüsse allerdings auf Freiwilligkeit beruhen. Internationale Tribunale können verbindliche Bestrafungen beschließen, sind aber auf die Hilfe der ausliefernden Staaten angewiesen.

5. In der Regel wird in internationalen Gremien nach dem *Konsensverfahren* abgestimmt. Einstimmigkeits- oder (qualifizierte) Mehrheitsentscheidungsverfahren sind einschränkende Regeln, die der Komplexität und Heterogenität von internationalen Gremien nicht gerecht werden. Konsens heißt hier lediglich, dass ein Übereinkommen von einer großen Mehrheit unterstützt wird und die Minderheit nicht dagegen ist.

6. In internationalen Gremien sitzen Vertreter *unterschiedlicher Kulturen*, die durch verschiedene Verhandlungsstile geprägt sein können; diese kulturgebundenen Verhandlungsstile bilden eine wichtige Determinante im Verhandlungsprozess.

7. Internationale Organisationen oder integrierte Gemeinschaften stellen einen *institutionellen Rahmen* für Verhandlungen zur Verfügung. Sie können den Verhandlungsprozess organisieren, Expertise zur Verfügung stellen, schlichtend eingreifen, unfertige Verhandlungen in Gang halten und in Nachfolgekonferenzen zum Abschluss bringen.

8. Entscheidungen finden in *sich ändernden Kontexten* statt; am Beispiel der sich ständig erweiternden Europäischen Union kann die Kontextabhängigkeit von Verhandlungsprozessen untersucht werden.

9. Das Verhandeln in *Krisensituationen* folgt anderen Gesetzen als das Verhandeln in ruhigeren politischen Lagen; solche Extremsituationen sind durch Stress, Zeitdruck oder Informationsmangel gekennzeichnet.

10. In der Mehrzahl solcher Krisensituationen spielt eine *Dritte Partei* als Schlichter oder Vermittler eine große Rolle; die Untersuchung der Bedingungen für erfolgreiches bzw. nicht-erfolgreiches Verhandeln mit Hilfe Dritter soll Gegenstand einer Teilanalyse sein.

Mit welchen Fragestellungen beschäftigt sich eine Verhandlungstheorie, die sich auf politische oder wirtschaftliche Konflikte bezieht? Was also wollen wir wissen, wenn wir uns mit Verhandlungen beschäftigen, die im Zusammenhang mit politischen Konflikten geführt werden? Im Zentrum empirischer Analyse steht der Verhandlungsprozess, die Motive für bestimmte Verhaltensweisen jeweiliger Akteure, die Dynamik des Verlaufs und letztendlich die Erklärung für bestimmte Resultate. Schließlich erwartet der Praktiker Ratschläge für erfolgreiches Verhandeln. Als Gegenstand normativ-empirischer Analyse wollen wir die Bedingungen für erfolgreiches Verhandeln kennen lernen bzw. die Gründe für das Scheitern von Verhandlungen erfahren. Wann, wo, mit welchen Mitteln, unter welchen Umständen und mit welchem Erfolg solche Verhandlungen geführt worden sind, betreffen Fragen, die in Verbindung mit der Konfliktforschung beantwortet werden müssen.

Beginnen wir – in Anlehnung an Guy Olivier Faure (Faure/Rubin 1993) – mit einer Definition:

Verhandlung ist ein sozialer Prozess, in dem zwei oder mehrere Parteien über eine gewisse Zeit interagieren bei der Suche nach einer akzeptablen Position für ihre Differenzen in Bezug auf ein und denselben Streitgegenstand.

Vier Elemente dieser Definition sind hervorzuheben. Es ist einmal die Charakterisierung als Prozess, d.h. als eine sich in der Zeit entwickelnde Interaktion. Der Verhandlungsprozess ist mit einem Fluss verglichen worden: das Wasser fließt flussabwärts, an Stromschnellen und Staudämmen vorbei; es gibt tiefere Stellen und seichtere, das Wasser fließt an einigen Stellen mit hoher Geschwindigkeit, an anderen langsamer, immer aber fließt das Wasser bergab und bleibt in Bewegung. Ähnlich der Verhandlungsprozess, der eine Dynamik entwickelt und auch Stillstand kennt. Zweitens sind es mindestens zwei, im Allgemeinen aber mehr Parteien, die am Verhandlungsprozess beteiligt sind. Drittens müssen die Gegenstände zwischen den Parteien strittig sein, es müssen Interessenunterschiede in Bezug auf ein und dasselbe Gut existieren und diese Interessen müssen sich überlappen. Viertens suchen die Verhandler nach einer akzeptablen Position für ihre Interessen. Eine solche Position muss nicht eine endgültige Lösung sein – in zahlreichen Verhandlungssituationen gibt es lediglich bessere Verhandlungsergebnisse, die von beiden Seiten als akzeptable angesehen werden. Schließlich erstreckt sich der Verhandlungsprozess über eine bestimmte Zeitspanne; während dieser versuchen die Verhandelnden eine für sie günstige Position in einem für sie günstigen Augenblick zu erreichen. Richelieu fordert sogar, dass „Staaten unaufhörlich offen oder geheim an allen Orten unterhandeln" sollten, weil sie „so viel Vorteil von beständigen Unterhandlungen [haben], wenn sie klug geführt werden. ... Wer immer unterhandelt, findet endlich einen günstigen Augenblick, um zu seinen Zielen zu gelangen" (Richelieu 1926: 180).

2.2 Die drei Phasen des Verhandlungsprozesses

Man kann den Verhandlungsprozess in drei Phasen zerlegen, nämlich in die Vor-, die Haupt- und schließlich die Nach- oder Implementationsphase. Alle drei Phasen richten sich auf unterschiedliche Verhandlungsmaterien, prozedurale oder substanzielle, und kennen unterschiedliche Handlungsweisen und Strategien; auch der Kreis der teilnehmenden Personen kann sich ändern.

In der **Vorphase** geht es vor allem um drei zentrale Punkte: erstens um die *Auslotung des Willens*, überhaupt zu verhandeln, zweitens um *technisch-organi-*

satorische Fragen und drittens um die zur Verhandlung anstehenden *substantiellen Güter*. Zum Sondieren des Verhandlungswillens sind die Einschätzung der Erfolgsbedingungen, des richtigen Zeitpunkts sowie die Art der Kontakte wichtig: sollen sie auf formellem oder informellem Wege geknüpft werden? Bei den organisatorischen Fragen geht es vor allem um die Einigung auf eine Tagesordnung, auf den Verhandlungsort und den Tagungstermin; zu den substanziellen Fragen muss Einigkeit über die Güter erreicht werden, die verhandelt werden sollen.

Der Wille, überhaupt in Verhandlungen einzutreten, macht ein Kalkül der Verhandlungschancen, die Einschätzung von Gewinnerwartungen notwendig. Der deutsche Bundeskanzler Konrad Adenauer hat in den fünfziger Jahren vor Eintritt in Verhandlungen mit der damaligen Sowjetunion solche Abwägungen vorgenommen:

> „Es würde die große Aufgabe der deutschen Politik und der Politik der Westalliierten sein, den richtigen Augenblick zu sehen, in dem echte Verhandlungsbereitschaft bei Sowjetrussland vorhanden sein würde. Diese ... würde sich dann ergeben, wenn sie einsähen, dass der Westen mindestens so stark wie Sowjetrussland war und dass die Methoden des Kalten Krieges ihnen keine weiteren Vorteile mehr bringen würden, wenn sie ferner die Entwicklung Rotchinas als bedrohlich empfanden..., dann mit Rücksicht auf ihre inneren wirtschaftlichen Schwierigkeiten eher geneigt sein würden, mit dem Westen zu verhandeln. Bis zu diesem Zeitpunkt mussten wir geduldig warten" (Adenauer 1966: 63, 211).

In diesen Aussagen sind – wie ich meine – die wichtigsten Überlegungen genannt, die im internationalen Bereich und unter den Bedingungen des Ost-West-Konflikts zur Einschätzung des Verhandlungswillens gehören: Einschätzung der Stärke bzw. Schwäche des Gegners (Bedrohung von außen durch China, innere wirtschaftliche Schwäche) und der eigenen (Einigung Europas bzw. des Westens), symmetrische Machtbeziehungen (Westen ebenso stark wie die Sowjetunion) sowie die Einschätzung des Zeitpunkts (richtiger Augenblick). 1958 und 1962 wollte die Sowjetunion mit den Westmächten über Berlin verhandeln. Sie drohte Berlin zu einer so genannten „freien Stadt" zu machen. Die Westmächte waren dagegen, weil nach ihrer Einschätzung weder die politische Lage, noch der Augenblick günstig waren und so ist es nicht zu Verhandlungen gekommen. Wie der frühere Botschafter Wilhelm Grewe (1981) ausführt, wird die Entscheidung für oder gegen Verhandeln bestimmt von der Einschätzung der eigenen und des anderen Stärke, nach der Devise, ich verhandle nicht, wenn ich

- schwach bin, der Gegner zu stark;
- unter Zeitdruck stehe;
- keine Verhandlungsmacht besitze;

- von der Bevölkerung kritisiert werde;
- die Verhandlungen nicht abbrechen kann;
- und wenn ich schließlich keine Gewinne erwarten kann.

Der Wille, nicht zu verhandeln, kann u.a. dadurch zum Ausdruck gebracht werden, dass unannehmbare Forderungen gestellt werden. So forderte z.b. der frühere sowjetische Ministerpräsident Kossygin 1967 den Rückzug der Israelis aus den gerade eroberten Gebieten bevor er mit dem amerikanischen Präsidenten Johnson darüber sprechen wollte.

Das Ausloten des Verhandlungswillens kann in dieser Vorphase durch Emissäre, Botschafter oder Dritte Parteien vorgenommen werden. Ein berühmtes Beispiel ist die Aufnahme von Verhandlungen zwischen den Vereinigten Staaten und der Volksrepublik China Anfang der 1970er Jahre. Die ersten Vorgespräche wurden in Warschau zwischen den Botschaftern beider Länder geführt und ließen erste Zeichen von Verhandlungswillen erkennen. Als neuer „Kanal" wurde Pakistan ins Spiel gebracht, das sowohl gute Beziehungen zu China als auch zu den USA unterhielt. Von der Botschafterebene wurden die Gespräche auf einen Sonderbeauftragten des Präsidenten in der Person des damaligen Sicherheitsberaters Henry Kissinger verlagert, der über den pakistanischen Kanal zunächst geheim gehaltene Gespräche mit der chinesischen Führung aufgenommen hat; ihm war, ebenso wie der chinesischen Führung an der Öffnung des festgefahrenen Blockverhältnisses zwischen Ost und West gelegen, das dadurch zu einem flexibleren trilateralen Gleichgewicht überführt werden sollte. Beide Seiten brauchten einander als Gegengewicht zur Sowjetunion. 1972 haben diese Verhandlungen dann zur Aufnahme diplomatischer Beziehungen geführt (Vgl. Kissinger 1979: 764 ff.).

Ist der Entschluss, Verhandlungen zu führen, gefallen, dann treten technisch-organisatorische Fragen in den Vordergrund. Zu ihnen gehören:

- die Wahl des Konferenzorts;
- der Zeitpunkt des Beginns;
- die Wahl der administrativen Ebene;
- die Reihenfolge der Tagesordnungspunkte;
- die Bestimmung des Vorsitzes, der Sprache, der Sitzordnung;
- die Schaffung eines günstigen Verhandlungsklimas;
- die Zulassung der Öffentlichkeit, Pressmitteilungen etc. sowie
- die Benennung der Beteiligten, eventuell auch eines Vermittlers.

In der **Hauptphase** werden dann Verhandlungsinstrumente wichtig wie

- bilaterale oder
- multilaterale Diplomatie,
- Einsatz von Informations- bzw. Propagandamittel,
- Wahl wirtschaftspolitischer Mittel,
- Wahl militärischer Mittel,
- Einsatz von Geheimdiensten,
- informelle Kontakte,
- Bündnis- oder Allianzfragen,
- Einbeziehen von Regional- oder Universalorganisationen oder schließlich
- Einsatz innerstaatlicher Mittel.

Am Ende der Verhandlungshauptphase stehen bestimmte Ergebnisse, die man bei politischen Konflikten unterscheiden kann nach territorialen, militärischen oder politischen Ergebnissen; diese können vertraglich festgeschrieben werden oder ohne geschriebenes Dokument bleiben. Die Verhandlungsergebnisse selbst können unterschiedliche Formen annehmen: Nicht-Entscheidung, Teil-Entscheidung, radikale Entschließungen, mehrdeutige Entscheidung, Mehrheitsentscheidung, Kompromiss- bzw. Scheinkompromiss-Entscheidung, stabile oder instabile Entscheidung, Entscheidungen, die auf Veränderung ausgerichtet sind und solche, die den Status quo festschreiben.

Die **Nach- oder Implementationsphase** beschäftigt sich vor allem mit der Durchführung der getroffenen Vereinbarungen und betrifft die Dauerhaftigkeit des Ergebnisses. Diese kann abhängig sein von der Art des erzielten Ergebnisses, d.h. davon, ob die Parteien mit dem Ergebnis zufrieden sind oder nicht, von dem Konsens den das Ergebnis erreicht etc. In der Konfliktgeschichte ist der Beendigung einer Auseinandersetzung häufig eine nächste Auseinandersetzung gefolgt. Die Art der Beendigung von Konflikten ist somit auch bei Beginn neuer Konflikte zu berücksichtigen, denn ein Konflikt kann aus einem anderen hervorgehen.

Über die Dauerhaftigkeit erzielter Verhandlungsergebnisse, die fast immer oder ausschließlich Kompromisse darstellen, entscheidet auch, ob das Ergebnis sich auf Interessen oder Werte bezieht, bzw. ob ein gemischter Kompromiss zustande gekommen ist. Bei Scheinkompromissen kann es sich um streitschlichtende Effekte handeln, um Kompromisse zugunsten Dritter oder um nicht durchsetzungsfähige Kompromisse Dritter.

Verhandlungen können aber auch ergebnislos abgebrochen werden, führen dann also nicht zur Einigung. Dafür gibt es wiederum mehrere Gründe: eine übergeordnete Machtkonstellation lässt dies nicht zu; das zu erwartende Ergebnis findet keinen Rückhalt bei relevanten innenpolitischen Parteien oder wird von der Bevölkerung nicht akzeptiert; die Parteienlage ist unklar; die Verhandlungen sind stark ideologisiert; ein Autismus bei Konfliktparteien lässt Kompromisse nicht zu; relevante Konfliktparteien wurden ausgeschlossen oder erst gar nicht zugelassen und schließlich kann militärischer oder nicht-militärischer Druck ein Verhandlungsergebnis behindern oder erst gar nicht zustande kommen lassen.

Verhandlungen können vom Ende, d.h. vom Ergebnis her zurückverfolgt werden; der Verhandlungsablauf endet meist mit einem rechtlich fixierten, oder öffentlich bekannt gegebenen Ergebnis, d.h. mit einem Vertrag oder einem Abkommen oder einer Erklärung oder mit stillschweigendem Status quo. Bei internationalen Konflikten kann der formale Abschluss in Form eines Friedensabkommens, bzw. -Vertrags vorgenommen werden oder Formen wie Waffenstillstandsabkommen, Unabhängigkeitserklärungen, Kommuniqués, Schiedsgerichtsurteile oder schlicht Proklamationen annehmen.

Bei innerstaatlichen Konflikten sind neue oder revidierte Verfassungen, Waffenstillstände, Friedensabkommen, Regierungsumbildungen, Schiedsgerichtsurteile, Proklamationen oder Referenda üblich. Konflikte, die ohne schriftlich fixierte Dokumente der Beendigung geblieben sind, müssen nach den Kriterien ‚Aufgabe der Forderung‘, ‚stillschweigender Rückzug‘, ‚Einstellung der Feindseligkeiten‘ etc. beurteilt werden. Bei aller Unterschiedlichkeit der einzelnen historisch-politischen Verhandlungsfälle lassen sich für alle Verhandlungen gemeinsame *allgemeine Merkmale* nennen:

- Es gibt einen Beginn und ein Ende bzw. ein vorläufiges Ende von Verhandlungen,
- es sind immer materielle oder immaterielle Gegenstände strittig (Territorium, Grenze, Wasser, Kolonialbesitz, nationale Unabhängigkeit, ethnische, religiöse, regionale Autonomie, Ideologie, nationale Macht, internationale Machtposition, geostrategische, wirtschaftliche oder sonstige Güter);
- es gibt Beteiligte, Individuen oder Kollektive an den Verhandlungen, Betroffene oder extern Intervenierende;
- es lassen sich Statuspositionen der Kontrahenten ausmachen (Supermacht, Großmacht, Mittelmacht, Regionalmacht, kleine Macht, andere: Parteien oder politische Bewegungen, Zentralregierungen);
- die Verhandlungen finden an einem bestimmten Ort statt (neutraler dritter Ort, Shuttle-Diplomatie zwischen verschiedenen Orten, Ort einer Konfliktpartei, mehrere Orte);
- Verhandlungen können von verschiedenen nationalgeprägten Verhandlungsstilen und kulturellen Merkmalen geprägt sein, bzw. sich nach Zivilisationen unterscheiden.

Weitere Unterscheidungen beziehen sich auf die Art der umstrittenen Güter, die Teilbarkeit bzw. nicht Teilbarkeit, Interessen- bzw. Wertkonflikte, nationale bzw. internationale oder internationalisierte Konfliktgegenstände.

Die verschiedenen Verhandlungsphasen kann man sich auch als Kreislauf vorstellen, der mit Vorverhandlungen beginnt, der Diskussion um die Aufstellung der Tagesordnung fortgesetzt wird, mit der Suche nach einer Verhandlungsformel weitergeführt wird, dann zu Verhandlungen um Detailfragen führt und schließlich mit einer Vereinbarung und ihrer Durchführung enden kann (vgl. Abb.2).

Abbildung 2:   Verhandlungskreislauf

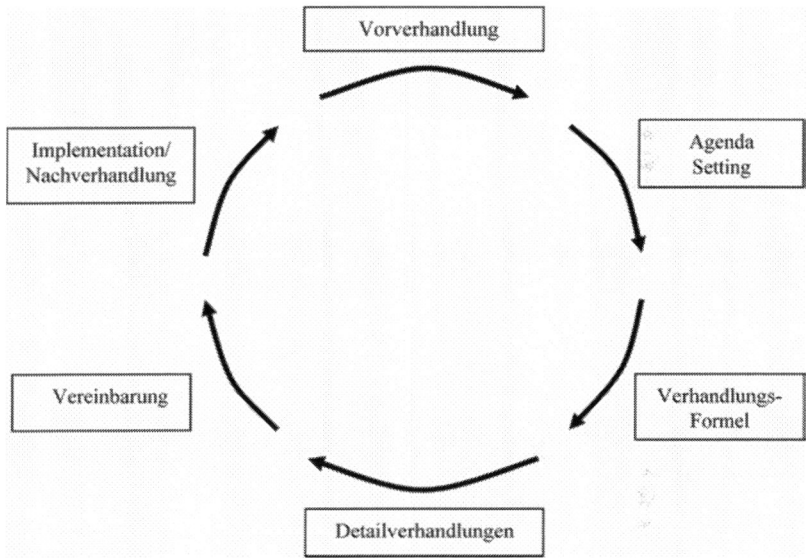

Kapitel II
Der Konflikt als Gegenstand der Verhandlung

Conflict is the lifeblood of politics (Keens-Soper)

Der Verhandlungsprozess und das Verhandlungsergebnis sind mit dem Gegenstand der Verhandlung eng verbunden. Wie, das soll in den folgenden Ausführungen bestimmt werden.

1 Konflikt und Verhandlung

Vor allem in neuerer Zeit sind auch mit Gewalt ausgetragene Auseinandersetzungen in den meisten Fällen von – von welchen Absichten auch immer getragen – Verhandlungen begleitet gewesen. Bevor jedoch auf das Verhältnis zwischen Verhandlungs- und Konflikthandlungen eingegangen werden kann, soll das Verständnis über das was genau ein Konflikt ist, offen gelegt werden.

Es wurde gesagt, dass erst konfliktreiche Gegenstände zu Verhandlungen führen. Nur da, wo Gegensätze vorhanden sind, kann verhandelt werden. Doch existierende Gegensätze allein genügen nicht, um politische oder wirtschaftliche Konflikte zu evozieren. Gegensätze müssen um relevant zu werden, zu Handlungen führen und in Aktionen umgesetzt werden. Akteure müssen Gegensätze manifest werden lassen, Forderungen stellen, die von den Adressaten aufgenommen werden und zu Reaktionen führen. Es wird zu zeigen sein, dass unterschiedliche Arten von Konflikten auch verschiedene Konfliktbewältigungsstrategien erfordern.

2 Was ist ein politischer Konflikt?

Folgende Annahmen werden dem Konfliktbegriff zugrunde gelegt:

a. Konflikte resultieren aus sich überlappenden (überschneidenden) Positionen der Teilnehmer über bestimmte Interessen oder Werte (s. Abb. 3). Materielle wie immaterielle Güter können strittig sein, ebenso wie individuelle oder kollektive Werte oder Interessen.
b. Solche Inkompatibilitäten müssen durch politische Akteure wahrgenommen und in die politische Arena transportiert werden. Erst die politische Inan-

spruchnahme, die Mobilisierung durch Eliten führen zu Konflikten und lassen aus einem latenten Konflikt einen manifesten werden.

c. Dann und nur dann werden divergierende Interessen zu politischen oder wirtschaftlichen Themen (issues) umgeformt und, wenn sie von Akteuren mit Nachdruck verfolgt werden, sind sie als Konflikt erkennbar. Ob unvereinbare Gegensätze eskalieren, deeskalieren oder im Status quo verharren, hängt von den Wahrnehmungen und Aktionen der Akteure und den überkommenen Regeln der Konfliktkanalisierung ab.

Die Unvereinbarkeit kann sich ganz allgemein im politischen und wirtschaftlichen Raum beziehen auf den Preis, den eine Waren haben soll, auf die Quantität oder Qualität des zu verhandelnden Gutes, auf die Zugehörigkeit eines bestimmten Territoriums oder zu einem bestimmten Staat, auf die Besetzung eines politischen Amtes, auf Rechte einer Minderheit. Es können aber auch kollektiv-ideologische Werte im Spiel sein wie die Zugehörigkeit zu einer bestimmten Wertgemeinschaft wie z.B. die zur westlich-demokratischen Staatengemeinschaft.

Abbildung 3:   Interessenkonstellation

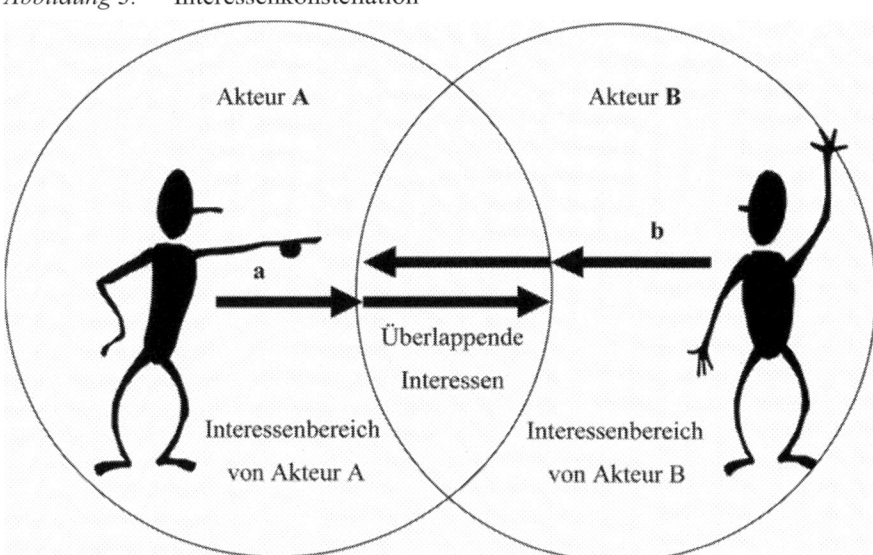

Das spezifisch Politische eines Konflikts ist sein Bezug zur Öffentlichkeit. Nur öffentliche Güter werden über den politischen Markt gehandelt und diese beziehen sich auf Güter, die im juristischen Sinne zur Staatlichkeit gerechnet werden, d.h. auf das Territorium, die Bevölkerung und die organisierte politische Führung. Im Zeitalter medialer Kommunikation kommt den Massenmedien eine nicht unerhebliche Bedeutung zu. Der so genannte CNN-Faktor kann Einfluss auf politische Entscheidungen in dem Masse ausüben indem Medien als Verstärker jeweiliger Interessen eingesetzt oder gar benutzt werden. Die Bilder von Zerstörung oder der (manipulierten) Inszenierung von Greueltaten können Entscheidungen zum militärischen Eingreifen auslösen.

Konflikt ist ein Spannungszustand, der dadurch gekennzeichnet ist, dass mindestens zwei Parteien unvereinbare Gegensätze in Bezug auf ein und dasselbe Gut haben und dieses gleichermaßen begehren. Politische Konflikte beziehen sich auf öffentliche Güter, nämlich auf nationale Interessen oder Werte, wie z.b. auf das staatliche Territorium, seine Ressourcen und seine Grenzen (Souveränitätskonflikte), auf verfassungsmäßige Rechte (Selbstbestimmungskonflikte) sowie auf Verfügung über das Entscheidungsmonopol (Macht- und Herrschaftskonflikte). Wirtschaftliche oder wirtschaftspolitische Konflikte haben selbstredend wirtschaftliche Güter (Ressourcen, verarbeitete Produkte, Lizenzen, Tarife, nicht-tarifäre Bestimmungen, Wettbewerbsregeln, Handelsmarken etc.) zum Gegenstand.

3 Die Dynamik der Konfliktentwicklung: Ein dynamisches Konfliktmodell

Ich unterstelle, dass es im Verlauf der Konfliktentwicklung ein wiederkehrendes Muster der Abfolge von Ereignissen gibt, und dass sich verschiedene Ebenen der Entwicklung erkennen lassen. Das Basismodell zeigt die Abbildung 4. Die erste Entwicklungsphase (Anfangsphase) wird bestimmt durch die Faktoren, die Regierungshandeln ausmachen (Akteure, Strukturen/Institutionen, Handlungen) und sich in internen oder externen Unterstützungen bzw. Herausforderungen äußern. Die Entwicklungsphase unterstellt ein Fünfstufen-Eskalationsmodell, das vom latenten zum manifesten Konflikt, von der Krise zur ernsten Krise und schließlich zum Krieg führt. Dieses idealtypische Muster des Konfliktablaufs kann zu jeder Zeit unterbrochen werden und nicht alle Konfliktphasen durchlaufen.

Abbildung 4:   Dynamisches Konfliktentwicklungsmodell

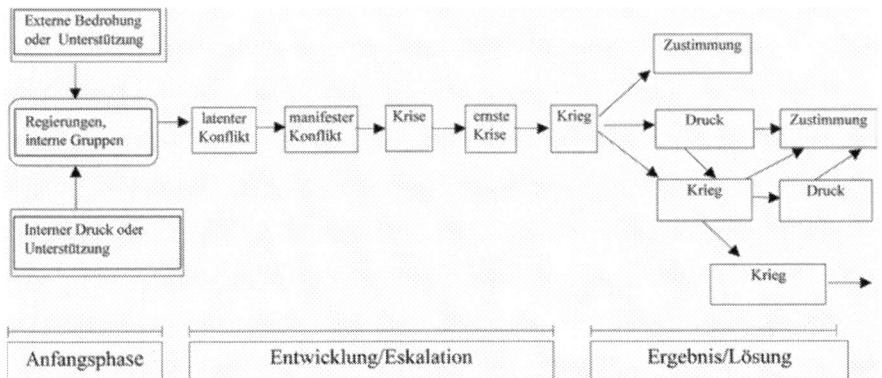

Die wichtigsten Parameter, die die Willensbildung und Entscheidungsfindung von Regierung und Opposition bestimmen, sind:

- interner Druck oder Bedrohung bzw. Unterstützung
- externer, d.h. internationaler, regionaler Druck oder Bedrohung bzw. Unterstützung
- die Wahrnehmung der eigenen Interessen oder der politischen Optionen
- das aufeinander bezogene Wechselspiel zwischen Aktion und Reaktion.

All diese Faktoren können in der Anfangsphase die Entstehung eines Konfliktes mit beeinflussen.

Die Entwicklungsphase kann analytisch nach den genannten fünf Eskalationsstufen unterteilt werden. In der Beendigungsphase kann der Konflikt entweder zu einem konsensualen Übereinkommen, zu einem aufgezwungenen, ungleichen Ergebnis oder zu weiterer Gewaltanwendung führen. Die beiden letzteren Ergebnisse, die keine Lösung darstellen, enden in weiteren Auseinandersetzungen bis der Konfliktgegenstand durch eine Vereinbarung gelöst wurde oder durch freiwilligen Rückzug oder passive Beilegung zumindest vorläufig beendet wird.

Ich gehe in diesem Modell also davon aus, dass ein sich wiederholendes Muster in der Entwicklung von Konflikten erkennbar ist, das in zeitlicher Abfolge fünf Intensitätsebenen durchläuft, beginnend beim latenten Konflikt, der durch Artikulation von Forderungen gekennzeichnet ist. Als Beispiele bieten sich die lange Zeit „ruhenden" Forderungen nach Wiedervereinigung Deutschlands oder Koreas an. Andere Fälle sind der Konflikt um Gibraltar oder um die Falklandinseln nach den kriegerischen Auseinandersetzungen in den achtziger

Jahren letzten Jahrhunderts. Eine solche Situation kann zu einem manifesten Konflikt oder zu einer Krise eskalieren, wenn den Forderungen durch Druck oder Drohung Nachdruck verliehen wird, wie im Falle der Wiedervereinigungsforderungen oder der Forderung nach Souveränitätsrechten über einen Felsen oder eine Insel. Zur ernsten Krise kommt es, wenn mindestens eine Partei sporadisch Gewalt anwendet oder zumindest damit droht. Eine Krise hoher Intensität (ernste Krise) ist dadurch gekennzeichnet, dass wiederholt und organisiert Gewalt eingesetzt wird, was bei den genannten Streitigkeiten bei Korea oder den Falklandinseln der Fall war. Und schließlich kann der Konflikt zu Krieg in der klassischen Definition dieses Terminus führen als kontinuierlicher Einsatz organisierter militärischer Mittel (Korea, Falkland). Nicht alle Konflikte durchlaufen sämtliche Intensitätsstufen. Ein latenter Konflikt, wie etwa der Streit um eine Grenzdemarkation oder um die Vereinigung geteilter Länder kann durchaus gewaltlos für eine bestimmte Zeit bleiben oder durch eine Vereinbarung zwischen den Konfliktparteien vor einer Eskalation beendet werden. So ist z.B. die Kubakrise 1962 vor dem Ernstfall ‚Krieg' beendet worden. Nicht gewaltsame Konflikte sind Konflikte auf niedriger Intensitätsstufe, der latente und manifeste Konflikte zugeordnet werden können. Krise, ernste Krise und Krieg sind gewaltsame Konflikte auf mittlerer oder höchster Intensitätsstufe.

4   Verhandeln unter Druck: Verhandeln in Krisen- und Kriegssituationen.

Das Verhandeln von „harten" Konflikten erfordert andere Mittel als das Verhandeln von „weicheren" Materien, die nicht gewaltsam ausgetragen werden. Zwar gilt: „wer verhandelt, schießt nicht", umgekehrt gilt jedoch nicht immer „wer schießt, verhandelt nicht", auch wenn es zumeist nur um Waffenstillstand geht. Bei kriegerischen Auseinandersetzungen der neueren Zeit wie in Bosnien oder im Kosovo war zu beobachten, dass auch während des Krieges über dritte Parteien verhandelt wurde (undenkbar während des Zweiten Weltkriegs!); dies dürfte vor allem mit der Präsenz von vermittelnden internationalen Organisationen und den Interessen von individuellen nationalen Vermittlern zusammenhängen. Auch der Zeitfaktor ist von Bedeutung. Unter Zeitdruck zustande kommende Entscheidungen folgen anderen Gesetzen als Entscheidungen, die unter Berücksichtigung aller Umstände und Interessen ohne Zeitdruck ausgehandelt werden können. Der Verhandlungsspielraum ist hier größer. Verhandeln in Krisensituationen, also unter Stressbedingungen und unvollständiger Information, benötigt andere Formen als in Zeiten der Normalität. Die Untersuchung solcher äußerer Umstände des Entscheidungshandelns muss je nach Lage stärker personengebundene Eigenschaften in Rechnung stellen oder eher strukturelle organisatorische Zwänge betonen.

Die gewaltfreie Alternative zur Beendigung von Konflikten ist die Verhandlung. Dies bedeutet jedoch nicht, dass Verhandlungen die einzige Form der Konfliktlösung darstellen. Im Kontext von Verhandlungen ist es wichtig herauszufinden, welche Bedingungen Verhandlungslösungen begünstigen und welche nicht. Für die Konfliktbewältigung gibt es ein vielseitiges Repertoire an Mitteln, die von der einseitigen Durchsetzung über Nicht-Entscheidungen bis hin zu gegenseitigem Interessenausgleich reichen. Die einseitige Durchsetzung kann die Form der Gewalt oder Bedrohung annehmen, wohingegen gegenseitiger Interessenausgleich die Form von Verhandlungen, von bindenden Entscheidungen und von stillen Kompromissen annehmen kann (Grewe 1964). Wie schon erwähnt hängen internationale Verhandlungen nicht nur von den individuellen Fähigkeiten und der Persönlichkeit des Verhandlers ab, sondern finden meist mit vielen Akteuren statt, die über zahlreiche Themen verhandeln und dies auf mehreren Ebenen.

5   Die intensivste Form des Konflikts: der Krieg

> Man muss gestehen: dass die größten Übel, welche gesittete
> Völker drücken, uns vom Kriege zugezogen werden. ...
> Auf der Stufe der Kultur also, worauf das menschliche
> Geschlecht noch steht, ist der Krieg ein unentbehrliches Mittel,
> diese noch weiterzubringen (Kant 1786)

Im Fokus der Aufmerksamkeit der Medien stehen zumeist Konflikte, wenn sie bereits gewalttätige Auseinandersetzungen sind. Die Öffentlichkeit nimmt frühere Eskalationsstufen von Konflikten nur bedingt war. Dies führte dazu, dass sich die Konfliktforschung zunächst nur oder hauptsächlich auf die Kriegsursachen konzentriert hat und nur sehr wenig über Formen der Entwicklung hin zum Konflikt und der Beendigung nachgedacht hat. Bevor diese Gesichtspunkte näher betrachtet werden, soll zunächst geklärt werden, was ein Krieg ist und anschließend die Frage nach seiner Beendigung gestellt werden.

Alle Aussagen über Kriege sind abhängig von der zugrunde gelegten Definition des Terminus ‚Krieg', zu dem es eine große Zahl von Auffassungen gibt (Carroll 1969: 297). Auch wenn eine allgemein akzeptierte Definition fehlt, gibt es doch Konsens über einige Hauptmerkmale:

Ein Krieg ist ein strategisch organisierter (Massen-) Konflikt, der systematisch und organisiert physische Bedrohung oder Gewalt mit bestimmter Dauer und Intensität beinhaltet. Als Kampfparteien lassen sich organisierte Regierungs-

oder Nicht-Regierungsgewalt identifizieren; zusätzlich müssen die Kontrahenten ähnliche Stärke aufweisen, ohne die länger andauernde Kampfhandlungen nicht möglich wären. In die Bestimmung von Stärke geht eine Vielzahl von Faktoren ein. Diese Bedingungen unterscheiden einen Krieg von militärischen Aktionen unter ungleichen Opponenten, die meist nach einer kurzen Zeitspanne enden.

Der Terminus ‚Krieg' ist auf jede Art von Auseinandersetzung angewendet worden (Ehekrieg, Chicken-Krieg, Krieg gegen den Terrorismus etc.). Dieses allgemein gehaltene Vokabular eliminiert das wichtigste Merkmal des Krieges, nämlich die Gewalt und/oder lässt keine Unterscheidung zwischen unterschiedlichen Formen der Gewaltanwendung zu. Ich bevorzuge daher eine engere Definition. Krieg ist danach

- ein organisierter gewalttätiger Konflikt zwischen mehr oder minder gleichen Gegnern
- von längerer Dauer
- der durch organisierte militärische Truppen geführt und auf einem hohen Intensitätsniveau als Kampf ausgetragen wird; dieser äußert sich in einer hohen Anzahl der im Krieg gefallenen Soldaten oder/und Zivilisten und in einem großen Maß an Zerstörung.

> Kriege sind mit organisierter Gewalt ausgetragene Konflikthandlungen zwischen etwa gleich starken Gegnern von einiger Dauer, mit hohen Verlusten innerhalb eines begrenzten Zeitraums.

Basierend auf dieser Definition kann zwischen verschiedenen Kriegstypen unterschieden werden, nämlich zwischen gerechten und ungerechten Kriegen[1], einfachen und mehrfachen Kriegen, internationalen und Bürgerkriegen, Kriege, die

---

[1] Es gibt Kriege, die für gerechtfertigte Ziele und Kriege, die für ungerechtfertigte Ziele geführt werden. Gerechtfertigte Ziele sind – wie oben angesprochen – Werte, die durch das internationale Recht, wie etwa die Charta der UN (Unabhängigkeit von kolonialer Bestimmung, Selbstbestimmung, Menschenrechte) anerkannt werden. Ungerechtfertigte Ziele sind solche der Aggression gegen ein anderes Land, Annexion von ausländischem Territorium, Vertreibung von Bevölkerungsgruppen, ethnische Säuberungen etc. Diese Unterscheidung ist nicht mit gerechten oder ungerechten Kriegen zu verwechseln, wenn dies impliziert, dass die Anwendung von Gewalt durch das internationale Recht gerechtfertigt ist. Seit 1928 ist die Anwendung von militärischer Gewalt in Bezug auf das Erreichen von politischen Erfolgen international unrechtmäßig.

nach unterschiedlichen Konfliktgegenständen unterschieden werden können.[2]
Der Gewaltmitteleinsatz be- oder verhindert den Einsatz nicht-militärischer Mittel zur Beseitigung von Kriegsursachen; das Ziel von Bemühungen mit friedlichen Mitteln ist vielmehr den Gewalteinsatz zu beenden.

6   Mit welchen verhandelbaren bzw. nicht verhandelbaren Konflikten ist zu rechnen?

Nach diesen grundlegenden Unterscheidungen soll der Blick der historischen Entwicklung von Konflikten gelten, um daraus Vorhersagen für zukünftige Konflikte und Verhandlungen ableiten zu können. Die Staatenwelt zeigt in der zweiten Hälfte des 20. Jahrhunderts markante Veränderungen sowohl im Vergleich zur ersten Hälfte des 20. Jahrhunderts als auch seit dem Ende des zweiten Weltkriegs. Diese Veränderungen bestimmen zugleich das Konfliktverhalten in und zwischen Staaten bzw. zwischen Staatengruppen. Elf solcher einschneidender und auf unterschiedliche Weise zusammenhängender globaler und einzelstaatlicher Veränderungen lassen sich nennen.

6.1 Ein Blick zurück: Veränderungen des Konfliktverhaltens

Im globalen Maßstab ist zunächst zu konstatieren, dass die aus dem zweiten Weltkrieg und dem Kalten Krieg als Sieger hervorgegangene Supermacht USA ihr System des Freihandels nach 1945 hat aufbauen und durch zahlreiche Organisationen (GATT, Weltbank, Internationaler Währungsfonds) hat absichern können; dieses **liberale Welthandelssystem**, das mit der westlichen Vorstellung von Modernisierung verbunden ist, wurde zum dominierenden Ökonomiemodell, das auch bei Rückschlägen (Zusammenbruch des Bretton Woods Systems 1973) heute in die Phase der Globalisierung getreten ist. Man kann sagen, dass gegen-

---

[2]   Das Kosimo-Projekt (siehe später) unterscheidet zwischen sieben Motiven, deretwegen Kriege geführt werden bzw. worden sind: Territorien und Grenzen, Autonomie und Selbstbestimmung, Kolonialisierung/Entkolonialisierung/Unabhängigkeit, Ideologie, internationale und nationale Macht, wirtschaftliche Ressourcen. Häufig treten diese Motive zusammen auf. Nach 1945 wurde weitaus häufiger um nationale Macht (22,3%) als um internationale Macht (14,3%) gekämpft. Es folgen Kriegsmotive, die der Kategorie "Ideologie/Religion" (21,4%) zugeordnet werden können. Weniger Kriege wurden über Ressourcen und Territorium geführt. Diese Kriegsmotive können nach international und national zusammengefasst werden:
a.) international: Kolonialismus, Grenze/Territorium, Ideologie, Ressourcen.
b.) vorwiegend national: nationale Macht, Autonomie/Sezession.

wärtig die Mehrzahl der Staaten mehr oder weniger in den Sog dieses neo-
liberalen Ökonomiemodells geraten sind. Dieses System kennt das wirtschaftspolitische Aushandeln als wichtigstes Instrument des Interessenausgleichs.

Als dominierende Macht haben die USA zweitens auch den **politischen
Universalismus** in Gestalt der Vereinten Nationen ins Leben gerufen. Diese Idee
von Theodor Roosevelt hat sich bei der Gründung der Vereinten Nationen gegen
das Konzept dezentraler regionaler Staatenverbindungen von Winston Churchill
durchgesetzt. Die neue Weltorganisation wurde zum Forum für Konfliktdarstel-
lung, in einigen Fällen auch für Konfliktbeilegung. Die UNO bieten den institutionellen und personellen Rahmen für die Konfliktbehandlung.

Drittens hat sich nichtsdestoweniger auch – z.T. als Antwort auf Universa-
lismus und Globalisierung – die Staatenwelt sowohl politisch-militärisch als
auch ökonomisch regional organisiert. Auch **Regionalorganisationen** wie die
NATO, die Organisation Amerikanischer Staaten (OAS), die Organisation für
Afrikanische Einheit (OAU) bzw. die Afrikanische Union (AU), die Liga der
Arabischen Staaten (AL), der Verband Südostasiatischer Nationen (ASEAN), die
Islamische Konferenz, OECD, EU, KSZE/OSZE etc. übernehmen die Funktion,
Staaten der jeweiligen Region einzubinden und friedenswahrend und konflikt-
schlichtend zu wirken; sie stärken die zentripetalen Kräfte und wirken dem Aus-
einanderdriften der Staatenvielfalt entgegen. Neben den Vereinten Nationen und
den Regionalorganisationen sind in diesem Zusammenhang auch die Krisen-
bündnisse der mittelamerikanischen Contadora-Gruppe, der südafrikanischen
Frontstaaten zu nennen, sowie die Kontaktgruppe zu Namibia, der Kooperations-
rat am Golf, die Sechs-Parteiengespräche zur nordkoreanischen Atomrüstung
oder die europäische E3-Gruppe mit Frankreich, Deutschland und Großbritannien zum iranischen Atomprogramm zu erwähnen, die als Schlichter oder Vermittler aufgetreten sind.

Die internationale **Regionalisierung** wurde viertens auch von nicht-staatlichen, transnationalen Akteuren getragen, allen voran den multinationalen Kon-
zernen, die ein Netz wirtschaftlicher und technologischer Verbindungen geknüpft haben, das an Dichte und Wirtschaftskraft neue Dimensionen angenommen hat und gegenwärtig unter dem Schlagwort Globalisierung diskutiert wird.
Den heutigen Regionalismusentwicklungen liegen weniger politische als wirtschaftliche Überlegungen zugrunde. Auf allen Kontinenten haben sich Freihan-
delszonen bzw. Zollunionen gebildet. Dieses neue System territorial unabhängiger Transaktionsnetze stellt neue Herausforderungen an die territorial gebundene
Staatenwelt dar. Der wohlfahrtssteigernden Wirkung dieser transnationalen Ver-
dichtung stehen Marginalisierungen und Arbeitslosigkeit von Teilen der Bevölkerung gegenüber. Da es sich vornehmlich um transnationale Wirtschaftsbezie-

hungen handelt, ist vor allem das Arsenal wirtschaftspolitischer Verhandlungsinstrumente gefragt. Aber auch staatliche Regulierung steht auf dem Prüfstand.

Im einzelstaatlichen Bereich haben fünftens die bitteren Erfahrungen zweier Weltkriege zumindest die (west-) europäischen Staaten zu einem gänzlich anderen Konfliktverhalten veranlasst. Nicht die Machtsteigerung einzelner Staaten auf Kosten anderer (so genannte Null-Summen-Spiele) bestimmte ihre Politik, sondern die Erwartung, dass im Verbund mit anderen Staaten nationale Interessen verfolgt werden können (so genannte Positiv-Summen-Spiele). Diesen **Politikwechsel** von nationaler Machtpolitik zu multinationaler Kooperationspolitik hatte bereits zu Beginn des 20. Jahrhunderts der österreichische Friedensnobelpreisträger Alfred A. Fried im Auge als er schrieb: „Kein Staat ist bei der heute so innig verwickelten Weltwirtschaft völlig unabhängig. Alle Staaten sind durch den Druck der Verhältnisse aufeinander angewiesen und in ihrem Handeln in gewissem Sinne beschränkt. Die Organisation [gemeint ist die internationale Organisation] wird diese Beschränkung der Macht in seiner für die Staaten höchst vorteilhaften Weise regeln, indem sie allen Teilnehmern für die Beschränkung ihrer Macht Ersatz bietet durch die von den anderen Staaten dafür übernommenen Pflichten" (Fried 1907: 8). Das Positiv-Summen-Spiel ist immer vom Einsatz nicht gewaltsamer, d.h. Verhandlungsmittel begleitet.

Die Zeit nach 1945 ist sechstens gekennzeichnet durch eine gewaltige **Zunahme an einzelstaatlichen Akteuren** – die Vereinten Nationen sind von 60 Mitgliederstaaten (1950) auf 192 (2005) angewachsen – und solchen Akteuren, die im inner- und nichtstaatlichen Bereich angesiedelt sind. Damit aber nehmen die konfliktträchtigen zentrifugalen Kräfte der Weltpolitik zu, denn jeder Staat bringt Interessen ein, die nicht notwendigerweise mit denen anderer kompatibel sind. Hinzukommt, dass die meisten dieser Staaten ethnische, religiöse und kulturelle Vielfalt aufweisen – nur 9% aller Staaten unseres Globus können als homogen bezeichnet werden – und ein friedliches Neben- oder Miteinander erschweren. Während die zwischenstaatlichen Beziehungen weitgehend zivilisiert worden sind, bleiben die innerstaatlichen mit hohem Gewaltpotential bestehen und sind nur schwer regulierbar. Doch hat es immer wieder erfolgreiche Konfliktbeilegungen mit oder ohne auswärtiger Vermittlung gegeben (Namibia, Kambodscha, Deutschland etc.).

Innerstaatlich hat sich – siebtens – der Charakter der Staaten allmählich geändert. Die „dritte Welle der **Demokratisierung**" (Huntington 1991) mit Portugal und Spanien sowie Griechenland kann in Europa auch als Wirkung der Vergemeinschaftung der demokratischen Staaten Europas gesehen werden; nach dem Europa der EG erreicht die Welle der Demokratisierung südamerikanische Länder sowie Staaten Osteuropas. Wir wissen heute, dass Demokratien untereinander friedlich sind, so dass dieser Typ politischer Ordnung per se ein geändertes

Konfliktmuster hervorbringt. Unverkennbar ist aber zu beobachten, dass Demokratisierungsprozesse auch von heftigen Konflikten begleitet sein können, wie die Transitionsprozesse in Osteuropa und im Nahen und Mittleren Osten, bzw. in Zentralasien belegen. Die seit vier Jahren zu beobachtende Tendenz von abnehmender Gewaltsamkeit hin zu friedlicheren Konfliktmustern hat u.a. mit diesem Regimewechsel zu tun, der über Europa hinaus auch andere Kontinente erfasst hat. Man kann davon ausgehen, dass im Jahre 2005 65 der 192 Staaten sich als Demokratien definieren lassen, die zumindest untereinander ihre Konflikte gewaltfrei austragen.

Achtens hat diese Demokratisierungswelle aber interne Konflikte gefördert, die bisher durch autoritäre Strukturen unterdrückt worden sind, ich meine die zahlreichen ethnisch-kulturell-religiösen Bestrebungen nach mehr Autonomie, Selbstbestimmung oder gar Sezession. Mit diesen **Autonomiebewegungen** sind gleichzeitig neue, nicht-staatliche Akteure auf den Plan getreten, deren Bestrebungen von einem partiellen Nationalismus getragen sind und den nationalstaatlichen Nationalismus herausfordern. Je nach historischen Gegebenheiten und der Struktur innerstaatlicher Verhältnisse sind ethnisch-kulturelle Konflikte eskaliert oder durch komplexe Arrangements der Integration in den nationalstaatlichen Verband aufgefangen worden. Die Erfahrungen mit akkomodierenden Maßnahmen (Einbeziehung der Opposition in die Regierung, Autonomiezugeständnisse, föderalistische Ordnungsmuster, Zugeständnisse von verfassungsmäßigen Rechten, proportionale Vertretungen etc.) sind allerdings nicht immer ermutigend.

Als Folge des Politikwechsels in der Nachkriegszeit, der Zunahme von einzelstaatlichen und nicht-staatlichen Akteuren, sowie von Demokratisierung und Autonomie zeigt die Konfliktentwicklung der Nachkriegszeit einen allmählichen Übergang von internationalen zu **nationalen Konflikten**. Bereits seit dem Ende des Zweiten Weltkriegs waren mehr interne als zwischenstaatliche Konflikte zu registrieren. Während die innerstaatlichen Konflikte hohe Zuwachsraten bis zum Höhepunkt Anfang der 1990er Jahre verzeichnen, nehmen die zwischenstaatlichen Konflikte ab und sind heute die Seltenheit. Dies hat u.a. damit zu tun, dass nach den Unabhängigkeitskämpfen in der Dritten Welt nunmehr die internen Auseinandersetzungen um politische Neuordnung (sog. nation building) anstanden, die sich meist in Machtkämpfen rivalisierender Gruppen äußerten.

Zehntens haben das **Ende des Kalten Krieges**, die Implosion der Sowjetunion, die Auflösung des Sowjetsystems und die deutsche Vereinigung die internationalen Handlungsebenen neu formiert. Die im Norden dominierende Ost-West-Formation ist weggefallen, das sozialistische Modell nicht weiter gefragt. Dies hat zu Veränderungen geführt, deren Grundstrukturen sich abzeichnen: Ausweitung des westlichen Allianz- und Vergemeinschaftungsprozesses insbesondere nach Ost- und Mitteleuropa, Ausbreitung des liberalen Freihandelssystems, Wegfall von Doktrinen rivalisierender Einflusssphärenpolitik und von Stellvertreterkriegen, Verminderung von Rüstung und die zunehmende Bereitschaft der Großmächte, im Sicherheitsrat der Vereinten Nationen zusammenzuarbeiten; d.h. die auf Ausgleich gerichteten Kräften, wozu die internationalen und regionalen Organisationen mit Schlichtungs- und Vermittlungskapazitäten gehören, wurden gestärkt. Selbstredend haben diese Entwicklungen den Bedarf an Verhandlungskapazitäten vergrößert.

Schließlich wird elftens das gewalttätige Konfliktverhalten in weiten Teilen des Globus vom **Terrorismus** bestimmt. Mit Terroristen verhandelt man nicht, so die gängige Meinung. Terroristen sind die am wenigsten in Frage kommenden Verhandlungspartner, weil sie sich außerhalb moralisch vertretbarer Normen stellen. Der Gewalteinsatz auf einer Seite, sei es bei einer Geiselnahme oder einem Attentat, ergibt das Negativbild einer idealen Verhandlungssituation: Menschenleben stehen auf dem Spiel, beide Seiten stehen am Abgrund, der fanatische Glaube an ein höheres Ziel, die Anonymität der Terroristen, kalkulierte Öffentlichkeitswirksamkeit durch möglichst hohen Schaden und Misstrauen auf beiden Seiten (Baldwin 1986, Hayes 1991). Dennoch sind immer wieder Versuche unternommen worden, über unterschiedliche Kanäle durch dritte Parteien mit Terroristen in Verbindung zu treten, um z.B. Geiseln frei zu bekommen, meist frei zu kaufen. Auch sind immer wieder ehemals terroristische Gruppen hoffähig geworden, sind von Terroristen zu Freiheitskämpfern avanciert und als Verhandlungspartner anerkannt worden wie z.B. die PLO, der ANC, die FLN usw.

Unter dem Begriff ‚Terrorismus' werden unterschiedliche Formen nicht-konventionellen gewaltbereiten Konfliktverhaltens subsumiert. Für Verhandlungs- bzw. Kooperationsbemühungen, sollen sie zum Erfolg führen, muss zwischen den verschiedenen staatstragenden bzw. nicht-gouvernementalen Personen bzw. Personengruppen unterschieden und deren Motive analysiert werden. Terroristische Akte können 1. von einzelnen, fanatisierten oder gar gestörten Individuen durchgeführt oder 2. von einer Gruppe geplant und vorbereitet werden; und 3. kann Terror von Regierungen veranlasst werden (Staatsterror).

Entsprechend der Unterscheidung zwischen staatlichen und nicht-staatlichen Akteuren gibt es die Unterscheidung zwischen *Terrorismus von unten* und *Terrorismus von oben*. Je nachdem, ob es sich um terroristische Anschläge von einzelnen Privatpersonen oder von Regierungen ausgeführte Akte handelt, sind zwei gegensätzlichen Ziele im Spiel: entweder die Bestandssicherung oder Erweiterung eines Regimes durch Verbreitung von Furcht und Schrecken (*Repressionsterror, Staatsterror*) oder die Beseitigung eines Herrschaftssystems durch Gewaltakte, die Aufstandsmobilität erzeugen sollen (*Agitations- oder Revolutionsterror*). Jener Terror kommt *von oben* und will Gehorsam und Disziplinierung der Bevölkerung erzwingen (ob als 'roter', 'weißer' oder 'brauner' Terror), dieser *von unten* und sieht für eine politische Heilsgewissheit keine Möglichkeit, auf dem Verhandlungswege oder im offenen Kampf zum Ziel zu gelangen. Dieser Terrorismus kann als „Gewaltanschlag gegen eine politische Ordnung aus dem Untergrund" (Waldmann) bezeichnet werden und schließt den Staatsterror aus. Zwischen dem 'Terrorismus von unten' und dem 'Terror von oben' gibt es eine Mischform, wenn Terrorismus von oben veranlasst oder gedeckt wird.

Hinsichtlich der Motivlagen ist zwischen Kriminellen, politisch motivierten Geiselnehmern, ideologischen Glaubenskämpfern und psychisch Gestörten zu unterscheiden.

Das Ziel der *Kriminellen* oder *verbrecherischen Banden* ist es, Geld zu erpressen. Verhandlungstheoretisch handelt es sich um ein klassisches *Gefangenendilemma[3]*. Eine Kooperation mit diesen Erpressern ist möglich auf der Basis finanzieller Transaktionen.

Es gibt ferner den *politischen Überzeugungstäter*, der ein konkret benennbares Ziel als Forderung stellt. Häufig handelt es sich um die Freilassung von in Gefängnissen einsitzenden Mitstreitern im Tausch mit der Freilassung von Geiseln. Auch in solchen Situationen ist eine Kooperationslösung durch Tausch möglich.

Eine andere Art von Geiselnehmern sind die ideologisch überzeugten *Glaubenskämpfer*, die sich für ein mehr oder weniger diffuses politisches Ziel einsetzten und dafür gegebenenfalls den eigenen Tod in Kauf nehmen. Die Suizidattentate in der moslemisch-arabischen Welt sind Beispiele für religiös fanatisierte Selbstmörder mit denen nicht verhandelt werden kann, weil sie die Welt in gut und böse einteilen und somit Kompromisse nicht möglich sind. Das Ziel ist unter Umständen 'lediglich' die Bestrafung. Verhandlungstheoretisch handelt es sich am ehesten um ein *chicken game[4]*, bei dem außerhalb der totalen Konfrontation des Entweder-oder drei Optionen übrig bleiben: die Geiselnehmer töten die Geiseln, die Geiselnehmer werden getötet oder Geiselnehmer und Geiseln werden getötet.

Schließlich gibt es noch die gestörten, krankhaft debilen Geiselnehmer, die *Psychopathen* oder *Depressiven*. Auch in solchen Fällen wird die Welt in gut und böse eingeteilt ohne Möglichkeit der Kompromisslösung. Der *Chickengame-Ansatz* ist auch hier der theoretisch am ehesten in Frage kommende Erklä-

---

[3] Das Gefangenendilemma (Prisoner's Game) ist ein Nicht-Null-Summen-Spiel bei dem der Gewinn durch Kooperation zwischen den Beteiligten geteilt werden kann (Vgl. Pfetsch 1994, 44).

[4] Das Hühnerspiel oder Chicken Game ist ein Spiel auf Tod und Leben. Kooperation ist keine Verhandlungsalternative (Vgl. Pfetsch 1994, 44).

rungsansatz. Die eigene Vernichtung kann als Befreiung angesehen und höher bewertet werden als der Tod der Geiseln. Bei depressiven Personen ist eventuell verhandeln möglich, weil sie der Kommunikation zugänglich sein und zur Verhaltensänderung gebracht werden können[5].

6.2 Ein Blick voraus: Hypothesen über zukünftiges Konfliktverhalten

Als **Konfliktgegenstände** lassen sich in der Ost-West-Konfrontation ideologisch abgesicherte Machtrivalitäten ausmachen; weltweit waren jedoch als Folge sich neu bildender bzw. sich auflösender Staaten vor allem Territorien und Grenzen die häufigsten Streitgüter, gefolgt von internen Machtkämpfen, die auf (neue) politische Ordnungen in den sich bildenden Staaten gerichtet waren. Erst an dritter Stelle waren weltweit ideologische Güter (Ideologie als Systemelement sowohl in den Ost-Westauseinandersetzungen als auch als neues politisches Ordnungsprinzip, Religion) im Spiel. Andere Konfliktgüter wie Dekolonialisierungs- bzw. Unabhängigkeitskämpfe, ethnisch-religiös-regionale Konflikte und Konflikte über Ressourcen sind in ihrer Häufigkeit relativ gleichmäßig verteilt. In den meisten Fällen waren mehrere Streitgüter im Spiel und haben direkt oder mittelbar gewirkt; insbesondere können ideologische, ethnische oder nationalistische Gegebenheiten machtpolitisch instrumentalisiert werden; auch Ressourcen und Ökologie tragen diesen Stempel. (Pfetsch/Rohloff 2000)

Je nach Region werden unterschiedliche Schwerpunkte sichtbar. In Europa dominierten der Zahl nach Grenz-, aber auch Regimekonflikte, ebenso wie im Mittleren und Vorderen Orient, wo noch zwischenstaatliche Machtkonflikte hinzukommen. In Afrika überwogen eindeutig interne Machtkonflikte, und in Asien reichte das Spektrum von Territorial-, Regime/Ideologie- über Kolonial- und Autonomiekonflikte bis zu internationalen Machtkonflikten. In Südamerika überwogen Grenz- und Territorialkonflikte und in Mittelamerika ideologisch bestimmte Regimekonflikte.

Die Zeit nach dem Ende der Ost-Westauseinandersetzungen wird weniger von internationalen Machtkonflikten bestimmt als vielmehr von Auseinandersetzungen um transnationale Güter wie ökologische Schäden, Verknappung von Ressourcen, Bevölkerungsexplosion, Migration, Terrorismus, Drogen etc. Es scheint, dass im globalen Maßstab vor allem wirtschaftliche Güter Rivalitätslinien bilden werden bei nach wie vor vorherrschenden ethnisch-religiös-nationalen Konflikten.

---

[5]   Vgl. Guy Olivier Faure: Les négociations d'otages. NEGOCIA II, Chambre de Commerce et de l'Industrie de Paris 17. et 18. novembre 2005

Im Ergebnis führen die genannten Konfliktgüter zu Rivalitäten zwischen Akteuren, die diesbezüglich ein gemeinsames Interesse haben. Es entstehen Konfliktzustände, die im Zeichen der Blockbildung bzw. der Regionalisierung kollektive Konfliktmuster erkennen lassen, also öffentlich sichtbar und großflächig wirksam sind und sich auf nationale bzw. transnationale Werte beziehen und von einiger Dauer und Reichweite sind. Damit man von Konfliktformationen sprechen kann, müssen ferner mehrere Staaten gemeinsame Interessen gegenüber anderen Staatengruppen verfolgen.

Der Einschnitt, den das Ende des Sowjetsystems darstellt, rechtfertigt eine Zweiteilung in der Darstellung der Konfliktlinien bzw. -formationen.

Welche *Konfliktlinien* bestimmen mit welchen Triebkräften die neunziger Jahre nachdem die ideologische Ost-West-Konfliktlinie weitgehend obsolet geworden ist? Übrig geblieben sind erstens die Konfliktlinien im Süden mit ihren Grenz-, Macht-, bzw. ethnischen Konflikten, zweitens das Nord-Süd-Verhältnis mit seinen Wirtschafts-, Migrations- und ethnischen Konflikten sowie drittens die Ost-Region mit ihren Transitionskonflikten.

Einige Hypothesen über die zukünftige Rolle gewaltsamer Konflikte übernehmen diese Konfliktkonstellationen, andere weichen davon ab:

Nach Samuel Huntington (1992) gehörten Kriege zwischen Nationalstaaten der Vergangenheit an. An deren Stelle würde der Zusammenstoß („clash") zwischen Staaten unterschiedlicher *Zivilisationen* treten. In der nahen Zukunft würden vor allem Konflikte zwischen dem Westen und verschiedenen islamischen und konfuzianischen Staaten bestimmend sein, somit also eine modifizierte Nord-Süd-Konstellation dominant werden. Zu dieser Kulturbereichsthese sind zahlreiche Gegenbelege, aber auch empirische Belege vorgebracht worden. Vor allem sei „Zivilisation" keine handlungsrelevante Einheit (Schwank 2004).

Eine andere Hypothese wurde von Hans Magnus Enzensberger aufgestellt, der meint, dass Gewaltakte von unorganisierten Jugend-Gangs spontan ausgeführt und in sogenannte **„molekulare Bürgerkriege"** auch und vor allem in den Metropolen der Welt (genannt werden u.a. Lima, Johannesburg, Bombay, Rio, Paris, Berlin, Los Angeles, Birmingham) einmünden würden (Enzensberger 1993). Diese Art von Bandenschlachten bedürften keiner Ideologie oder irgendeiner rechtfertigenden Idee. Es handle sich vielmehr um ein Gewaltpotential, das sich in den dichtbevölkerten Regionen der Unterentwicklung und in den Zonen der Unterbeschäftigung angesammelt und sich zu selbstorganisierten „autonom" bestimmten Gruppen zusammengeschlossen habe. Diese Konflikte liegen quer zu den genannten Konfliktlinien. Auch in diesem Fall stehen Belege gegen Gegenbelege; die These besitzt aber einige Plausibilität.

Eine dritte Hypothese über die Zukunft gewaltsamer Konflikte stammt von Francis Fukuyama, der behauptet, dass die „hartnäckigsten und gefährlichsten"

Konflikte diejenigen sein werden, die zwischen den industriellen Demokratien und der großen nichtdemokratischen Welt, vor allem Russland und China, geführt werden müssten (Fukuyama 1994). Auch einige autoritär regierte Drittweltstaaten wie Irak, Iran oder Nordkorea stellten in Zukunft eine Bedrohung dar. Die Zukunft werde das „Ende der Geschichte" durch den Sieg der Modelle von Kapitalismus und liberaler Demokratie bringen zugleich aber den wirtschaftlichen Wettbewerb um die Spitzenplätze leistungsstarker Wirtschaftsgesellschaften verstärken. Somit würde also **klassische Gewalt- und wirtschaftliche Konkurrenzpolitik** in unterschiedlichen Regionen der Welt koexistieren und von Fall zu Fall aufeinander stoßen. Prognostiziert werden also ein Nord-Nord-Wettbewerb und ein modifizierter Nord-Süd-Konflikt. Gegen Fukuyama spricht, dass Kriege aus wirtschaftlichen Motiven eher die Ausnahme als die Regel darstellen. Dass es darüber zum Krieg zwischen den westlichen fortgeschrittenen Industriestaaten und den restlichen, nicht Humankapitalbesitzern kommt, dürfte eher unwahrscheinlich sein. Allenfalls sind Migrations- und Flüchtlingsbewegungen sowie Wirtschaftskriminalität und Terrorakte die Folgen der Distanz zwischen Reich und Arm.

Eine vierte und mit der dritten verwandte Hypothese stammt von Robert Kaplan und besagt, dass es überall auf der Erde zum Zusammenbruch sozialer Institutionen gekommen sei, die in der Lage wären, eine Ordnungsfunktion wahrzunehmen (Kaplan 1996). Das Fehlen staatlicher Autorität führe nicht nur zu Zusammenstößen zwischen traditionellen Clans oder Stämmen, sondern zum Kampf zwischen kriminellen Banden. Diese als **„Chaostheorie"** bezeichneten, vor allem in Westafrika zu beobachtenden Tendenzen zum Banden-Kleinkrieg würden sich in der Zukunft überall finden lassen. Angesprochen ist hier vor allem die Süd-Süd-Konfliktlinie mit partiellen Überschwappeffekten zum Süd-Nord-Konflikt. Kalevi Holsti hat diesen Sachverhalt als „Theorie des schwachen Staates" konzipiert, der nicht mehr in der Lage ist, Ordnungsfunktionen zu erfüllen (Holsti 1996).

Fünftens wird vermutet, dass der **Kampf um knappe Ressourcen** in Zukunft wichtiger werden wird. In der Gegend des Aralsees, in Teilen des Mittleren und Nahen Ostens, in der nördlichen Sahelzone sind Dürrezonen entstanden, die zur Rivalität um fruchtbares Land führen könnten. Auch wird vermutet, dass der Zugang zum Wasser des Jordan, des Nils, des Ganges oder zu Euphrat und Tigris die angrenzenden Staaten zu Kriegen veranlassen könnten. Ferner wird das Ringen um den Zugang zu und der Besitz von industriell wichtigen Gütern (Metalle, Öl, Gas etc.) das Konfliktverhalten der Staaten bestimmen. Dieser Ansatz berücksichtigt kaum, dass das Ringen um wirtschaftliche Güter selten zu gewaltsamen Auseinandersetzungen geführt hat. Dies hängt einmal mit der großen Verhandlungselastizität wirtschaftlicher Güter zusammen, zum andern mit gleichgerichteten Interessen, die zwischen Anbietern und Nachfragern bestehen können.

Sechstens ist nicht ausgeschlossen, dass die **Kontrolle von Nuklearwaffen** in Zukunft schwieriger werden wird und dies zu Auseinandersetzungen zwischen Atomwaffenbesitzern und solchen, die danach streben, führen wird. Bei einer solchen Konfliktkonstellation hat der neu Hinzukommende (Iran, Nordkorea) die Gruppe der Waffenbesitzer gegen sich. Solche Konflikte können diplomatisch ausgetragen werden, wie die Beispiele der Carter-Mission in Nordkorea oder der EU im Iran belegen.

Eine siebte Hypothese schließlich basiert auf der Sprengkraft des partiellen **Nationalismus** in seiner völkisch-kulturellen Bedeutung, der in vielen Teilen der Welt ethnischen oder religiösen Minderheiten als Mobilisierungsinstrument dient. Die zutage getretenen ethnischen und Nationalitätenkonflikte in Ost- und Südosteuropa sowie in Afrika haben gezeigt, dass bisher verdeckte oder gewaltsam homogenisierte Konfliktlinien aufgebrochen sind. In diesen Fällen sind vor allem die Süd- und die Ost-Regionen angesprochen.

Die neuen Konfliktphänomene – oder wie einige meinen ‚**neuen Kriege**' – sind, folgt man den verschiedenen Theorien, wirtschaftliche und ökologische Güter, privatisierte Gewalt oder gar inhaltlich undefinierbarer Aktionismus. Als neue Akteure treten vermehrt Privatpersonen und Regionalorganisationen, Groß-(Zivilisationen) und Kleinkulturen (Minoritäten) auf; nicht mehr nur – oder nur ausschließlich – sind Regierungen die Träger, sondern um Autonomie oder Sezession kämpfende Gruppen oder schlicht Jugendbanden. Ihre Mittel sind oft terroristisch, sie wirken oft im Untergrund und entziehen sich somit der Kontrolle. Auch die Trennlinien zwischen sich bekämpfenden Gruppen oder Clans werden undeutlicher, von ideologischen Unterscheidungen ganz abgesehen.

Im Überblick weist das Konfliktpanorama somit einzelstaatliche und regionale Akteure auf. Konflikte zwischen globalen Formationen bilden also nur einen Teil des Konfliktverhaltens in der Welt, zumal die Blockfreie Bewegung gegenwärtig Auflösungserscheinungen zeigt. Während die innerstaatlichen Konflikte meist auf das nationale Territorium beschränkt sind, bilden sich übergeordnete Konfliktformationen vor allem um wirtschaftliche (Märkte, Handel, Ressourcen, Umweltschäden), sowie um soziale und demographische Güter (Überbevölkerung, Migrationsbewegungen, Drogenkartelle, Terrorismus). Als neue Konfliktformation dürfte bei Abwesenheit eines Gegenmodells zum Wirtschaftsliberalismus vor allem der Wirtschaftsregionalismus zu nennen sein. Transnationale Wirtschaftskonflikte tragen in den meisten Fällen nicht das Potential kriegerischer Auseinandersetzungen in sich wie dies im nuklear hochgerüsteten Ost-West-Konflikt der Fall war. Umso wichtiger werden Verhandlungen als Mittel der Konfliktbeilegung.

7   Der wissenschaftliche Zugang

Auf die geschilderte veränderte Lage hat die internationale Konfliktforschung allmählich reagiert. Sie ist dabei zwei verschiedene Wege gegangen und hat entweder einzelne Konfliktfälle untersucht um das jeweils Spezifische zu beschreiben oder die Konfliktforschung hat auf einer breiten empirischen Basis zahlreiche Konfliktfälle untersucht um so zu allgemeineren Aussagen über Konflikte zu gelangen. Beide empirisch-induktiven Ansätze bedürfen aber eines theoretischen Vorverständnisses. Theorie ohne Empirie ist leer, Empirie ohne Theorie ist blind. Man kann die zwei Richtungen in der empirischen Konfliktforschung, das individualisierende Vorgehen nach fallspezifischen Analen und das eher generalisierende Vorgehen nach quantifizierbaren Mustern, aufeinander bezogen betrachten: die Quantifizierer sind auf länderspezifische Informationen angewiesen und die Regionalforscher benötigen länderübergreifende Informationen, um ihren besonderen Fall einordnen und besser bewerten zu können.

7.1 Die Verhandlungstheorie

Die Beschäftigung mit dem Thema ‚Verhandeln in Politik und Wirtschaft' war bisher vor allem eine Domäne der Diplomatie, der diplomatischen und wirtschaftlichen Praxis. Die frühe Literatur zu diesem Thema spiegelt diesen Praxisbezug (Richelieu, de Callières, de Félice, Kaufmann, Grewe, Iklé, Kissinger etc) wieder. Daneben gibt es aber theoretische Bemühungen in verschiedenen Wissenschaftsdisziplinen wie der Psychologie (Moscovici, Guetzkow, Irle, Graumann, Langenheder), der Ökonomie (Bernholz, Downs, Faber, Olson etc.), der Politikwissenschaft (Lehmbruch, Loewenstein, Marin, Sartori, Tullock, Pfetsch etc.), der Soziologie (Bühl, Crozier, Offe etc.), die in ihren Fragestellungen eine fachspezifische Ausrichtung erhalten haben. Im Überblick sind folgende theoretische Ansätze zu finden: Entscheidungstheorie, Theorie der strategischen Spiele inklusive der rational choice-Schule und der Spieltheorie (Brams, Buchanan, Tullock, Allan, Olson etc.), Organisationstheorie (Olson, Thomas, Fink, Irle), Analyse kleinerer Gruppen (Rubin, Swap), Macht- und Führungsanalysen (Zartman, Sjöstedt). Relevant sind ferner empirische Untersuchungen zu Verhandlungen in UN-Organisationen bzw. -konferenzen wie sie z. B. Rothstein unternommen hat. Zur Frage der Vermittlung durch Dritte Parteien gibt es Ansätze vor allem von Bercovitch und Zartman. Zur Frage des kulturgebundenen Entscheidungsverhaltens ist die Literatur zur Politischen Kulturforschung relevant wie sie beispielsweise von Faure, Rubin, Jann, Berg-Schlosser oder Greiffenhagen in den Sozialwissenschaften betrieben wird. Doch auch die Ansätze zur Kommunikations- und Sprachtheorie (Habermas, Luhmann, Chomsky) sind hier relevant sowie die Arbeiten von Assmann und Hardt zur Kulturgedächtnisforschung.

Abbildung 5:   Verhandlungen im Fadenkreuz von Theorie und Praxis

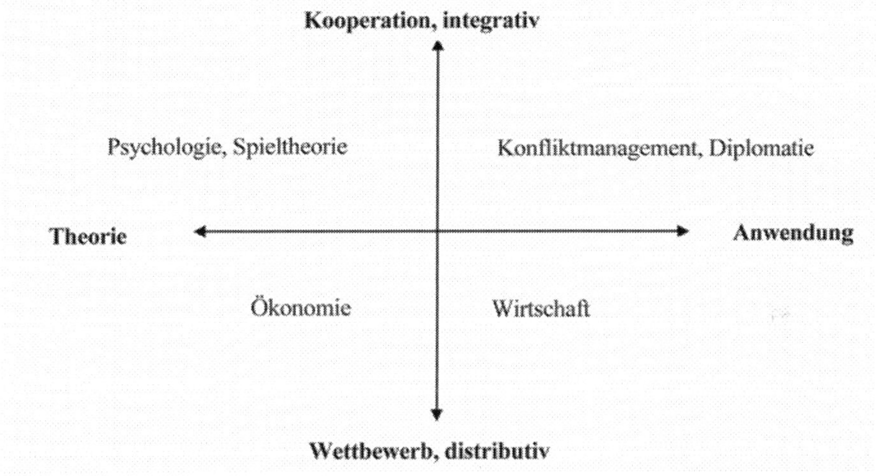

Kooperation, integrativ

Psychologie, Spieltheorie   Konfliktmanagement, Diplomatie

Theorie ←————————————————→ **Anwendung**

Ökonomie   Wirtschaft

Wettbewerb, distributiv

Quelle: Nach Starkey/Boyer/Wilkenfeld 1999: 2

Abbildung 5 ordnet die Literatur nach theoriegeleiteten und praxisbezogenen Arbeiten auf der Horizontalen und durch Kooperation bzw. Konflikt charakterisierten Verhandlungsbeziehungen auf der Vertikalen. Ein Großteil der Literatur beschäftigt sich mit der Praxis von Diplomatie und Unternehmenspolitik (rechte Quadranten). Das unmittelbare Interesse an praktischen Vereinbarungen zur beiderseitigen Zufriedenheit (es gibt nur Gewinner, Positiv-Summen-Spiel, win-win) bzw. auf Kosten eines anderen (es gibt Gewinner und Verlierer, Nullsummen-Spiel) bestimmt diese Art von Literatur. Die wissenschaftliche Literatur (Psychologie, Rechts- und Politikwissenschaft, Konflikt- und Verhandlungstheorie) wird zwar ebenfalls von Gesichtspunkten erfolgsorientierten Handelns bestimmt, doch werden damit zusammenhängende Aspekte systematischer analysiert und logischem Räsonnement zugänglich gemacht.

Verhandlungstheorie gewinnt im Rahmen der verschiedenen Paradigmen in den Internationalen Beziehungen unterschiedliche Bedeutung. Die Sichtweise unter der Verhandlungen in den internationalen Beziehungen gesehen werden können, reichen von einem staatszentrierten bis zu einem Interdependenz-Denken. Im ersten Fall werden Verhandlungen von nationalen Regierungen geführt; deren nationale Interessen müssen gegebenenfalls konfrontativ gegenüber anderen nationalen Interessen durchgesetzt werden (Null-Summen-Spiel). Im zweiten Fall werden Verhandlungen als kooperative Prozesse gesehen, die beiden Seiten zu Vorteilen führen können (Positiv-Summen-Spiel).

Im Paradigma des *Realismus* stehen die klassischen Formen zwischenstaatlichen diplomatischen Verhandelns im Vordergrund. Jedoch überwiegt in diesem Ansatz das Denken in Null-Summen-Kategorien, das heißt im konfrontativen Gegeneinander der verschiedenen nationalen Interessen. Zur Anwendung kommen hier vor allem die rational choice Ansätze, das Spiel der Koalitionen, das Denken in Machtgleichgewichten. Eine wichtige Prämisse im Rationalitätsansatz besteht darin, dass das Ziel (z.b. das nationale Interesse) vorgegeben ist und durch strategische Züge erreicht werden soll.

Das *Liberalismusparadigma bzw. der Neo-Institutionalismus* geht demgegenüber von der These aus, dass Gewinne auch im Miteinander und nicht nur im Gegeneinander der Akteure erzielt werden können. Kooperationsstrategien stehen hier im Vordergrund. Die Theorie sozialer Kommunikation geht davon aus, dass im Verhandlungsprozess auch die Zielbestimmung erreicht werden kann, während der rational choice Ansatz das Ziel bereits als vorgegeben annimmt.

Die Unterscheidung zwischen Struktur und Handlung gibt ebenfalls ein mögliches Einteilungskriterium ab. Die meisten *strukturellen Theorien* beschreiben die Diskrepanz in den Positionen der Akteure. *Handlungsorientierte Theorien* konzentrieren sich auf die Wahrnehmung solcher Diskrepanzen und darauf, wie sie in Handlungen umgesetzt werden. Interaktionstheorien versuchen, Strukturen und Verhalten in den Prozessverlauf zu integrieren.

Bekanntlich können Theorien induktiv über die Beobachtung empirischer Fälle und deren Generalisierung gewonnen oder deduktiv abgeleitet werden von einer generellen Hypothese. In beiden Fällen ist das Bezugsfeld, der empirische Ausschnitt, von Bedeutung und dieser wiederum ist abhängig von den Fragestellungen des Betrachters.

Mit welchen Fragestellungen beschäftigt sich also eine Verhandlungstheorie, die sich auf politische und wirtschaftspolitische Konflikte bezieht? Was wollen wir wissen, wenn wir uns mit Verhandlungen beschäftigen, die im Zusammenhang mit politischen Konflikten geführt werden?

Als Gegenstand empirischer Analyse wollen wir Verhandlungsprozesse analysieren, die Motive für bestimmte Verhaltensweisen verstehen, die Dynamik erkennen, und letztendlich Erklärungen für bestimmte Resultate beim Einsatz bestimmter Mittel finden. Dabei kann sich die Analyse auf ein Zwei-Personen-Spiel beziehen oder drei oder mehrere Personen einbeziehen. Verhandlungen können aus der Warte des Praktikers (wie verhandelt man erfolgreich?) oder aus der des Theoretikers (wie können Verhandlungen verstanden und erklärt werden?) gesehen werden. Als Gegenstand normativer Analyse wollen wir die Be-

dingungen für erfolgreiches Verhandeln kennen lernen bzw. die Gründe für
Scheitern erfahren. Wann, wo, unter welchen Umständen und mit welchem Er-
folg/Misserfolg sind Verhandlungen geführt worden?

7.2 Das Projekt KOSIMO

Das hier vorzustellende und von mir initiierte Projekt des Instituts für Politische
Wissenschaft an der Universität Heidelberg ist zunächst beide Wege gegangen.
In einem fünfbändigen Werk über „Konflikte seit 1945" (Pfetsch (Hrsg.) 1991)
und einem Ergänzungsband für die Jahre 1990 bis 1995 unter dem Titel „Globales Konfliktpanorama" (Pfetsch (Hrsg.) 1996) sind einzelne Konflikte in ihrer
Entstehung und in ihrem Verlauf dargestellt. Dieses historische Material wurde
dann verwendet um eine Datenbank mit allen wichtigen Konflikten der zweiten
Hälft des 20. Jahrhunderts zu erstellen. Das Projekt hat sich zum Ziel gesetzt, die
Mängel der älteren Konfliktforschung zu beheben; diese bestanden darin, dass
erstens die Kriegsursachenforschung sich vor allem auf die Entstehungsgründe
militärischer Konflikte, d.h. beinahe ausnahmsweise auf Kriege konzentrierte;
zweitens wurden auch und vor allem internationale Konflikte bearbeitet; und
drittens sind vor allem staatliche Akteure beachtet worden.

Diese drei Gesichtspunkte hat das Heidelberger Projekt aufgegriffen und in
den achtziger Jahren neben den Konfliktbeschreibungen das quantitativ angeleg-
te Projekt KOSIMO (Abkürzung für KOnflikt-SImulation-MOdell)[6] ins Leben
gerufen. Dieses Forschungsprojekt hat folglich auch die Analyse nicht gewaltsamer, interner und nicht-staatlicher Konflikte vorangetrieben. Jeder der mehr als
500 Konflikte, die für die Zeit zwischen 1945 und 2004 registriert worden sind,
wird mit insgesamt zahlreichen Merkmalen, wie etwa seiner Dauer, seiner geo-
graphischen Lagerung, seiner Intensität (latenter Konflikt, Krise, Ernste Krise,
Krieg), mit seinen direkt oder indirekt Beteiligten, mit seinem Streitgut und seinem zugehörigen politischen Regime erfasst. Von Anfang an wurde Wert gelegt
auf die Berücksichtigung der Art der Konfliktbearbeitung, wobei der Gesicht-
punkt der Beendigung eine wichtige Rolle spielt. Damit war der Anschluss an
das Verhandlungsthema gefunden.

---

[6]   KOSIMO Konfliktdatei dokumentiert in: Pfetsch, Frank R. (Hrsg.): Konflikte seit 1945. Daten-
        Fakten-Hintergründe. 5 Bde. Freiburg: Ploetz 1991 und ders. (Hrsg.): Globales Konfliktpano-
        rama 1990-1995; ders./Billing, Peter: Handbuch nationaler und internationaler Konflikte. Ba-
        den-Baden: Nomos 1994; ders./Rohloff, Christoph: National and International Conflicts. Lon-
        don 2000. www.hiik.de

7.3 Konflikte und Konfliktbewältigungsstrategien

Je nach Konfliktintensität ist der Einsatz unterschiedlicher Instrumente der Bearbeitung angemessen: einseitige Durchsetzung, Druck, Gewalteinsatz, Ausgleich von Interessen, Verhandlung. Die Verhandlungstheorie selbst steckt noch in den Kinderschuhen. Es gibt Systematisierungen, Typologiebildungen, Thesen über selektive Zusammenhänge sowie deren Überprüfung. Aber es gibt keinen integrierten Ansatz zu einer Verhandlungstheorie, der einerseits so allgemein wäre, dass er sämtliche Verhandlungsmodalitäten einbeziehen würde und gleichzeitig so speziell wäre, dass er Erklärungen für das Verhandeln politischer oder wirtschaftlicher Güter liefern würde. Die Verhandlungstheorie hat kaum das Stadium einer Theorie mittlerer Reichweite erlangt; was folgt sind somit Hypothesen, deren Überprüfung mit Methoden der empirischen Sozialforschung ansteht; aus dem Ensemble von Hypothesen können Elemente einer allgemeinen Verhandlungstheorie sichtbar werden.

Verhandlungen als Prozess der Lösungsfindung von Konflikten weisen viele Merkmale auf. Auch wenn jeder Fall von Verhandlungen ihm eigene Merkmale besitzt, so gibt es doch Gemeinsamkeiten, die einer auch quantitativen Erfassung zugänglich sind.

Wie schon erwähnt zerfällt der Verhandlungsprozess – und damit ähnlich dem Konfliktablauf – in unterschiedliche *Phasen*; man kann den Konfliktverlauf in Phasen (Entstehungs- Entwicklungs- Beendigungsphase) mit unterschiedlichen Intensitäten (Latenz, Manifestation, Krise, schwere Krise, Krieg) unterteilen und man kann den Verhandlungsprozess in eine Vor-, Haupt- und Nachphase einteilen. Diese Unterteilungen sind selbstredend analytischer Natur; in der Praxis ist eine scharfe Trennung kaum möglich. Die Beziehungen zwischen Konflikt- und Verhandlungsphasen sind *komplex* und bedürfen der Klärung. Es wird wahrscheinlich nicht möglich sein, ein eindeutiges Muster in den Beziehungen zwischen beiden Abläufen herzustellen. Möglich ist aber die Bestimmung von Konfliktphasen und darauf bezogenem Mitteleinsatz, denn die Angemessenheit der Mittel wird u.a. von der Intensität der Konflikte bestimmt (vgl. Abb.6): die Konfliktlatenz bzw. das Krisenmanagement verlangt nach Mitteln wie der Prävention, der Frühwarnung (Diplomatie und andere Mittel aus Kap. VI UN-Charta (Verhandlung, Untersuchung, Vermittlung, Vergleich, Schiedsspruch, gerichtliche Entscheidung, Inanspruchnahme regionaler Einrichtungen). Der ernsten Krise muss mit den Mitteln der Kriegsverhütung begegnet werden, und zur Kriegsbeendigung stehen Mittel der Friedenserzwingung bzw. -durchsetzung zur Verfügung wie sie in Kapitel VII der UN-Charta (Unterbrechung von Wirtschafts- und Verkehrsbeziehungen, Abbruch diplomatischer Beziehungen oder wenn diese nicht ausreichen militärische Maßnahmen) aufgeführt sind. Schließlich ist die Nachkriegsphase wichtig, in der die Friedenskonsolidierung ansteht, d.h. der Aufbau von demokratischen Strukturen, wie die Durchführung von Wahlen und ihre Beobachtung, Hilfen für den wirtschaftlichen Aufbau etc. Die Entwicklung nach verschiedenen Eskalationsstufen kann man sich auch als Zyklus denken; er tritt immer dann auf, wenn Konflikte nicht gelöst worden sind. Häufig ist nämlich zu beobachten, dass Konflikte immer wieder aufbrechen, dann aber wieder eine Zeit lang ruhen. Dieses Auf und Ab im Konfliktgeschehen kann z.B. am Nordirlandkonflikt, am Konflikt im Baskenland oder am Kurdenkonflikt studiert werden. Das Zyklusmodell ermöglicht aber auch, die verschiedenen Instrumente der Konfliktbearbeitung zu verorten und insbesondere zu bestimmen, in welcher Phase der Konfliktentwicklung Verhandlungen zu führen sinnvoll und Erfolg versprechend sind (vgl. Kap. I).

Abbildung 6:   Konfliktzyklus und Bearbeitungsmodalitäten

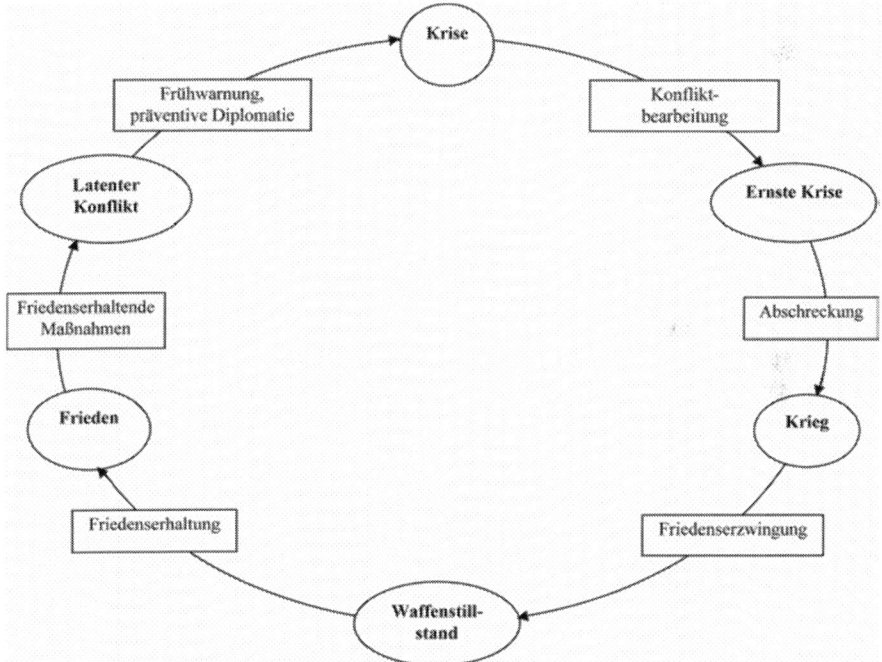

Kapitel III
Wer verhandelt?

Die weltpolitische Bühne kennt eine Vielzahl von Akteuren, deren Entscheidungen für ein größeres Kollektiv relevant sind. Per definitionem haben Entscheidungen von Großmächten weitreichendere Bedeutung als die von kleineren Staaten. In der Zeit nach dem Zweiten Weltkrieg hat sich die Zahl wichtig gewordener staatlicher wie privater Akteure erhöht; sowohl die Demokratisierungsprozesse in einigen Ländern als auch die Prozesse der Globalisierung und Regionalisierung haben nicht-staatliche Akteure auf die Bühne gebracht, so dass das Netz von politisch relevanten Akteuren dichter geworden ist und die Verhandlungen zwischen ihnen komplexer. Verhandlungstheorien haben sich auch mit den individuellen Gegebenheiten der Personen beschäftigt, die als Träger von Verhandlungen in Erscheinung getreten sind. Wer also verhandelt und was sind die Eigenschaften eines Verhandlers?

1 Der Verhandler[7]

> Le négociateur public ... a besoin d'une connaissance profonde des affaires et des hommes; d'un talent singulier pour se servir des passions d'autrui et pour dominer les siennes. - Der politische Verhandler muss profunde Kenntnisse über Sachen und Personen besitzen; ein besonderes Talent, um sich der Leidenschaften des anderen zu bedienen und die seinen zu beherrschen. (de Félice 1778)

Die Zentren der weltpolitischen Entscheidungen befinden sich in der Nachkriegszeit bekanntlich bei den neu aufgestiegenen europäischen Flügelmächten USA und UdSSR, die mit ihren jeweiligen Bündnispartnern interagierende Konstellationen bilden. Die ideologisch-machtpolitisch bestimmte Konfliktlinie Ost-West wird zur bestimmenden Formation. Nach dem Ende des Kalten Krieges bestimmt jedoch selten ein einzelner Staat die Konfliktlinien, wenngleich Abstufungen im Machtgefälle vorherrschende Positionen erkennen lassen. Eine

---

[7] Der Begriff ‚Verhandler' soll austauschbar mit ‚Unterhändler', ‚Verhandlungspartner', ‚verhandelnde Partei' verwendet werden. Der deutsche Begriff ‚Verhandler' ist nicht so gebräuchlich wie ‚negotiator' im Englischen oder ‚négociateur' im Französischen.

solche Position nehmen z.Z. bekanntlich die USA ein; aber auch Regionalmächte
wie China, Russland, Indien oder Brasilien können Einfluss auf ihr jeweiliges
Umfeld ausüben.

Das Bild wirtschaftlicher Vernetzungen zeigt zwei miteinander konkurrie-
rende Ausformungen des liberalen Modells: einerseits drängt die Welthandelsorganisation WTO (als Nachfolgerin des GATT) auf weltweite Liberalisierung,
andererseits versuchen in allen Kontinenten Regionalorganisationen den Gedanken des Freihandels auf regionaler Ebene zu realisieren. Universalismus steht
neben Regionalismus. Die wichtigsten regionalen Wirtschaftspole sind die amerikanischen bzw. amerikanisch-pazifischen Freihandelsorganisationen NAFTA,
FTAA und APEC mit den USA als zentraler Wirtschaftsmacht, die Europäische
Union mit Deutschland als stärkster Ökonomie und Japan bisher ohne asiatische,
wohl aber interkontinentale (z.B. APEC, OECD) Kooperation. Daneben müssen
als sich entwickelnde Regionalorganisationen der Mercosur in Südamerika mit
Brasilien und Argentinien als wichtigsten Staaten, ASEAN u.a. mit Indonesien,
Thailand, Malaysia, Philippinen, Singapur, etc. oder SADC im südlichen Afrika
mit Südafrika genannt werden. Der Bericht der Weltbank „World Development
Report 1997" vermag noch kein abschließendes Urteil über das Für und Wider
regionaler wirtschaftlicher Zusammenschlüsse abzugeben. Der Gefahr regionaler
Abschottung stehen interregionale Wohlfahrtsgewinne gegenüber. Die Pole intensiver Handels- und Produktionsbeziehungen stehen miteinander in Konkur-
renz und lösen Wirtschaftskonflikte aus, die aber im allgemeinen unterhalb der
Schwelle der Gewaltsamkeit bleiben. Die neuen Konfliktformationen werden
sich mit aller Wahrscheinlichkeit an diesen Regionalorganisationen festmachen
lassen, die vor allem wirtschaftliche Interessen verfolgen.

Der Wechsel von staatlicher Machtpolitik zu koordinierter Regionalpolitik
im Europa nach 1945 hat zugleich auch neue Akteure hervorgebracht. Die den
transnationalen Gedanken tragenden multinationalen Konzerne und nicht-staatlichen Organisationen werden immer dominanter und treten zu den staatlichen
Akteuren hinzu.

Konfrontatives bzw. distributives Verhandeln

Man kann grundsätzlich zwischen „hartem" oder konfrontativem und „weichem"
oder integrativem Verhandeln unterscheiden (vgl. Walton/Mackersie 1965: 11ff.,
137ff.).

Hartes Verhandeln sucht einseitigen Vorteil. Druck, Drohung, Bluff, List
etc. sind Methoden, den anderen „übers Ohr zu hauen" oder „über den Tisch zu
ziehen". Kompromissschließen, Gesichtswahrung, Angebote in der Hinterhand,
Konzessionsbereitschaft etc. gehören zu den weniger konfrontativen, eher distri-

butiven Verhandlungsmethoden. Die einseitige Durchsetzung von Interessen steht in der Tradition traditioneller klassischer Kabinettspolitik. François de Callières hat Regeln für ein solches Verhandeln präzisiert, die in Auszügen wiedergegeben allerdings nicht die vollen Ansichten des Autors über Verhandeln beinhalten:

Übersicht 1:   Regeln des „harten" diplomatischen Verhandelns nach François
                  de Callières (1716)

- Verstecke deine Gefühle;
- Lass dir nicht in die Karten schauen;
- Verbirg deine Interessen;
- Zieh Vorteil aus der Schwäche des anderen;
- Tritt selbstsicher und entschlossen auf;
- Benutze die Kunst zu schmeicheln;
- Zeige nie öffentlich, dass du ein gerissener Manipulator bist.

Quelle: François de Callières: De la manière de négocier avec les souverains. Genève 2002 : 77ff.

Neben diesen harten Regeln erwähnt de Callières auch Elemente, die man zu den weichen Regeln zählen würde wie z. B., dass ein guter Verhandler seinen Erfolg niemals auf falsche Versprechungen, auf Täuschung und Untreue gründen solle. Er solle diskret und ausdauernd verhandeln und seine Leidenschaften kontrollieren können. Er müsse fähig sein, sein Metier kennen und von hohem Stand (Adel) sein. Reichtum mache den Verhandler unabhängiger. Reisen, nicht nur Lektüre würde den Verhandler in die Gebräuche des anderen Landes einführen; er könne so Sprachkenntnisse erwerben und Verständnis für den Verhandlungspartner aufbringen (de Callières: 2002: 77-107).

Integratives Verhandeln

‚Weiches' Verhandeln ist auf Ausgleich gerichtet und versucht, den Verhandlungspartner mit einzubeziehen und zusammen mit ihm und nicht gegen ihn zu einem Ergebnis zu kommen. Als Verhandlungstechniken kommen diejenigen Instrumente zur Anwendung, die sich auf die Akteure, die Gegenstände, die Prozesse und das Umfeld beziehen (vgl. Kap. V) und eine Lösung im beiderseitigen Einvernehmen anstreben. De Félice hat die Regeln dafür folgendermaßen formuliert:

Übersicht 2:   Regeln des „weichen" diplomatischen Verhandelns nach Fortuné
                 Barthélmy de Félice (1778)

- Sei offen und ehrlich; praktiziere eine von der Moral angeleitete Politik.
- Erkenne, dass Interessen mit Leidenschaften (passions) verknüpft sind; Menschen handeln nicht immer nach ihren Interessen.
- Zügle deine Leidenschaften (Liebe, Hass, Freundschaft, Rache, Neid, Lust, Geiz).
- Versuche hinter die Maske deines Gegenüber zu schauen.
- Die Kunst der Rede und die Kunst des Schreibens befördern den Verhandlungserfolg.
- Verwechsele Verhandlung nicht mit Intrige (finesse).
- Berücksichtige die Bedeutung von Gefühlen, wie Angst, Zweifel, Mut und Leidenschaft.
- Entwickle freundschaftliche Beziehungen zu deinem Verhandlungspartner.
- Übe Geduld und warte auf die günstige Gelegenheit, die die Natur des Geschäftes und die Haltung deines Verhandlungspartners bieten.
- Wähle mit Bedacht die Mittel aus, die du zum Erreichen deiner Ziele benötigst.
- Ohne Macht ist Verhandlung ein stumpfes Schwert, ohne Verhandlungen ist Macht (Gewalt) ein allzu hartes Mittel,
- Das besondere Talent des Verhandlers besteht in der Kenntnis der Materie und der Personen.

Quelle: Fortuné Barthélmy de Félice: Code de 'humanité, la législation universelle, civile et politique. Tome IX, 1778: S. 603-625

Das Verhandlungsdilemma

Ob hartes oder weiches Verhandeln, beide Male kann für den Verhandler ein kaum lösbares Dilemma auftreten: Sollte man hart in Verhandlungen auftreten und die Chance auf ein günstiges Ergebnis nutzen, dabei aber die Chance überhaupt zu einem Übereinkommen riskieren? Oder sollte man weich verhandeln und damit die Chance auf ein Abkommen erhöhen, dafür aber die Chance, zu einem günstigen Ergebnis zu gelangen, verspielen? Dieses Dilemma sei – so wird vermutet – unlösbar. Die Wahl der einen oder anderen Strategie hängt von der Einschätzung des Verhandlungspartners und dessen Machtverhältnissen ab. In einer asymmetrischen Konstellation wird der Stärkere seine Stärke ausspielen wollen, also hart verhandeln, während der Schwächere zunächst die weichere Strategie wählen muss. Bei der Wahrnehmung symmetrischer Machtverhältnisse wird eine Partei hart verhandeln, wenn auch die andere Seite hart verhandelt und weich, wenn die andere Seite ebenfalls weich verhandelt. Um das Dilemma zu umschiffen, schlägt William Zartman eine kombinierte Strategie aus weich und hart vor, je nach zu verhandelndem Gut: Eine Partei sollte hart bleiben bei vitalen Interessen, wenn sie bei weniger wichtigen Gütern mit weicheren Mitteln kompensieren oder mit neuen Ansätzen aufwarten kann. Ein Tausch zwischen unterschiedlich eingeschätzten Gütern könnte die Lösung zu dem Dilemma sein, ebenso wie alle anderen Mittel ein Positiv-Summen Spiel zu erzeugen, wie z.B. Verbindungen („linkages") herstellen zwischen interdependenten Wirtschaftssektoren bzw. politischen Verhandlungsfeldern (Zartman 2002: 5).

Persönliche Eigenschaften von lösungsorientierten Verhandlern

Zu den Verhandlungstechniken gehört, dass die Verhandler ihre Interessen dem jeweils anderen mitteilen. Ohne klare Aussagen zu den wahren Interessen können Missverständnisse entstehen, die ein Ergebnis verhindern. Es lassen sich fünf grundlegende Fähigkeiten erfolgsorientierten Verhandelns nennen:

Übersicht 3: Fünf Fähigkeiten des erfolgreichen Verhandlers

Der lösungsorientierte Verhandler soll fähig sein,

- Empathie zu zeigen und Dinge so zu sehen, wie andere sie wahrnehmen, d.h. das Verhalten des anderen in dessen System zu verstehen;
- dem Partner die Vorteile des eigenen Vorschlages so darzustellen, dass er bereit ist, seine Position zu verändern;
- Stress auszuhalten und komplizierte Situationen sowie unvorhergesehene Forderungen zu bewältigen;
- seine Ideen so auszudrücken, dass es dem Partner möglich ist, sie zu verstehen;
- Sensibilität zu besitzen, den kulturellen Kontext des anderen zu verstehen und die eigenen Vorschläge den situativen Zwängen und Begrenzungen anzupassen.

Aufgrund der oben erwähnten Entwicklungen im Rahmen der Globalisierung und Regionalisierung und durch die inhaltliche Annäherung spezialisierter Ausbildungswege weisen Forscher und Praktiker einerseits auf eine *Tendenz der*

globalen Annäherung von Verhandlungsstilen hin, die ansatzweise eine internationale Verhandlungskultur hervorgebracht hat (Zartman 1993). Die Grundzüge
einer solchen international richtungweisenden Verhandlungskultur sind nach
Lang (1993: 44-45) durch fünf Charakteristika gekennzeichnet: Der Verhandler
sollte einen ausgeprägten Sinn für Akkomodierung haben; ein Bewusstsein für
die Notwendigkeit effizienter und zuverlässiger Kommunikation besitzen; Flexibilität und Kreativität hoch bewerten; die Bereitschaft besitzen, die Hindernisse
eines „Nationalcharakters" hinter sich zulassen und der Streitprävention Priorität
vor Streitaustragung einräumen.

Solchen Eigenschaften können – wenn auch nicht deckungsgleich – den
fünf Fähigkeiten erfolgreichen Verhandelns (Übersicht 3) zugeordnet werden.

2   Ratschläge für den Praktiker

Der ehemalige Außenminister der Niederlande Bernard Bot (2004: xi-xiii) und
frühere Repräsentant seines Landes bei der Europäischen Union empfiehlt zehn
Regeln erfolgreichen Verhandelns[8]. Als zusammenführende Prinzipien des Verhandelns schlage ich folgende sieben Verhaltensregeln für den Praktiker vor:

1. Erkunde den Verhandlungswillen der Gegenseite; wo liegen die Grenzen
    für Parteien, an Verhandlungen teilzunehmen?
2. Identifiziere die maßgebenden Parteien, innerhalb und außerhalb derer, die
    in dem Konflikt involviert sind; bestimme die Machtstrukturen bzw. -ver-
    hältnisse und konzentriere dich auf die wichtigsten Parteien.
3. Bestimme die Streitgegenstände und ihre Wichtigkeit; setze Prioritäten nach
    deiner und der anderen Seite Einschätzung.
4. Halte Ausschau nach kompatiblen und nicht-kompatiblen Streitgegenstän-
    den sowie nach Möglichkeiten der Verrechnung (z.B. package deals, log
    rolling etc.).

---

[8]   Diese sind:
      -erhalte das Vertrauen derer, die du repräsentierst;
      -stelle klar, dass du die Position des anderen respektierst;
      -mach dich vertraut mit den Dossiers;
      -kümmere dich um ein gutes Netzwerk;
      -behalte das Gefühl für das politische Machtgewicht;
      -achte darauf, dass dein Gegner nicht sein Gesicht verliert;
      -lerne, auf Nebenschauplätzen zu agieren;
      -achte auf deine Standfestigkeit und Ausdauer;
      -mache Konzessionen zur rechten Zeit, um im Tausch etwas zu bekommen;
      -sei du selbst und halte an deinem Verhandlungsstil fest.

5. Bilde dir ein Urteil über die Verlässlichkeit und das Vertrauen, das du dem Verhandlungspartner entgegenbringen kannst, aber auch über dessen Grenzen; versichere Dich, ob er die Verpflichtungen auch erfüllen kann bzw. wird.

6. Berücksichtige die Umstände in Zeit und Raum, die die Entscheidung bestimmen und bewerte ihre Bedeutung.

7. Entwickle Strategien für den Fall, dass die genannten Verhaltensregeln nicht eingehalten werden können.

Die Komplexität der Gegenstände lässt die Bedeutung von Experten in Verhandlungen steigen. Im Unterschied zu Karrierediplomaten verfügen solche Fachleute hingegen kaum über Erfahrungen mit der globalen Verhandlungskultur. Die *Tendenz zur Spezialisierung* kann daher als ein Vorgang interpretiert werden, der „Gruppen-Kulturen" – nicht notwendigerweise Nationalkulturen – stärkt. Daraus müssen sich nicht notwendigerweise Kommunikationshindernisse ergeben. Der einzelne Verhandler hat eine bestimmte berufliche Bildung durchlaufen, die seine Wahrnehmung der Probleme sowie sein Auftreten beeinflussen. Professionalität und ein gemeinsames oder zumindest ähnliches berufliches Selbstverständnis lassen Verhandlungen zwischen Angehörigen einer bestimmten Berufsgruppe (z.B. Juristen, Ingenieure, Politiker etc.) aus unterschiedlichen Ländern unter Umständen besser gelingen als zwischen Landsleuten, deren beruflicher Hintergrund verschieden ist (Hofstede 1989). Übersicht 4 zeigt die Merkmale verschiedener Berufskulturen auf und ordnet sie bestimmten Berufgruppen zu. Nach den Merkmalen ‚kulturelle Werte', ‚kulturelle Orientierung' und ‚Verhandlungs- und Kommunikationsstil' sind verschiedene Berufsgruppen (Ingenieure, Juristen, Ökonomen, Politiker) in ihren Einstellungen und Orientierungen beschrieben. Während Ingenieure in Kategorien technischer Gesetze denken und als praxisorientierte Problemlöser mit präzisen Empfehlungen handeln, denken Politiker in Kategorien von Machtverhältnissen, fühlen sich als Verteidiger öffentlicher Interessen und beanspruchen eine letztentscheidende führende Rolle in den Verhandlungen. Der Wirtschaftler richtet sein Augenmerk auf ökonomische Gesetzmäßigkeiten und finanzielle Zusammenhänge (Kosten, Preise, Zahlungen etc.) in Wirtschaftsunternehmen oder nationalen oder transnationalen Wirtschaftskreisläufen.

Übersicht 4:   Profile einiger Berufskulturen

Indizes	Ingenieure	Juristen	Ökonomen	Politiker
Kulturelle Werte				
Glaube an:	physikalische Gesetze	Statute u. Rechts- normen	ökonomische Gesetzmäßigkeiten	das „Gesetz des Überlebens"
Respekt für:	Technologie, Berechnungen, Materialien, Entwürfe	Autoritäten, Präzedenzfälle, die „Heiligkeit der Verträge", Regeln und Richtlinien allgemein	Theorien u. statistische Daten	Patronage-Quellen, Parteien, Parteiloyalität bzw. -disziplin
Kulturelle Orientierung				
Sehen sich selbst als:	Konstrukteure und Problemlöser	Verteidiger der Gerechtigkeit, Anwälte einer Partei	Planer und Politikberater	Verteidiger öf- fentlicher Inte- ressen; Vermittler, letzte Entschei- dungsträger
Drücken sich aus durch:	Zahlen und Werte	Fachtermini und Dokumente	Geld	Billigungen und Direktiven
Misstrauen gegenüber:	Projektumsetzunge n innerhalb des Zeitrahmens und Leistung der Arbeitskräfte	gutem Willen und Versprechungen der Parteien	soziopolitischen Variablen	ihren Rivalen unter den Bürokraten u. ehrgeizigen Untergebenen
Verhandlungsstil				
Rolle(n) im Team:	Führungsrolle oder Spezialist	Führungsrolle, Sprecher, Berater,	Führungsrolle oder Finanzberater	Führungsrolle
Schwerpunkt- setzung auf:	technische Spezifizierungen	Rechte und Pflichten der Parteien	Kosten, Preise, Zahlungen	Zufriedenstellung von Übergeord- neten, Vermeidung von Kritik
künftige Belange:	Projektimplemen- tierung	Konfliktlösungen	Risiken des *Cash-flows*	Projektbeendigung
Kommunikations- stil:	präzise und quantifizierend	präzise u. logisch, aber vielfach argumentativ	technisch und konservativ	vorsichtig und auf Selbstschutz bedacht

Quelle: Nach Lang 1993: 42

Kapitel IV
Verhandlungskulturen

> La culture c'est ce qui demeure dans l'homme lorsqui'il a tout oublié. – Kultur ist das, was übrig bleibt, wenn man alles andere vergessen hat.
>
> (Herriot 1962)

In internationalen Versammlungen oder Konferenzen gehören die Entscheidungsträger verschiedenen nationalen, regionalen oder lokalen Kulturen an, die auf die eine oder andere Weise den Weg zu Entscheidungen prägen und die Inhalte mitbestimmen können. Bei aller internationalen und/oder professionellen Prägung erscheint es wenig wahrscheinlich, dass Individuen völlig *über* ihrer eigenen Kultur stehen und ausschließlich „kosmopolitisch" agieren können (Salacuse 1993: 208). Es ist daher wichtig, die Kulturgegebenheiten von Verhandlungen zu beleuchten und Praktiker für diesen Aspekt der Verhandlungen zu sensibilisieren.

Die Wirkung kultureller Faktoren wird in der Literatur unterschiedlich bewertet. Einerseits wird gesagt, dass kulturelle Faktoren einen die Verhandlungen determinierenden Einfluss haben und den Verhandlungsprozess sowohl als auch das Verhandlungsergebnis zumindest mitbestimmen, andererseits wird die These vertreten, dass nationale Kulturen keinen bedeutenden Einfluss ausüben, weil sie von professionellen Gemeinschaftskulturen überlagert werden.

1 Verhandlungsstile, Verhandlungskulturen

Kultur und Stil der Verhandler können das Ergebnis des Verhandlungsprozesses je nachdem positiv oder negativ beeinflussen. Man kann grob unterschiedliche Kulturmuster wie angelsächsisch, japanisch, arabisch, lateinisch/romanisch, slawisch, christlich-orthodox, teutonisch etc. identifizieren. Huntington hat bekanntlich die Unterscheidung nach Kulturkreisen bzw. Zivilisationen vorgenommen: es gebe eine westliche, eine konfuzianische bzw. sinische, eine japanische, islamische, christlich-slawisch-orthodoxe, lateinamerikanische, afrikanische sowie eine Hindu-Kultur.

Was versteht man unter Kultur? Der französische Schriftsteller und Politiker Edouard Herriot hat Kultur als das definiert, was übrig bleibt, wenn man alles vergessen hat. Diese paradoxe Behauptung erfasst ein wichtiges Merkmal von Kultur, nämlich die Tatsache, dass es sich dabei nicht um etwas Materielles, sondern um eine Art des Denkens und Handelns unbewusster Natur handelt. Kultur kann definiert werden als *"a set of shared and enduring meanings, values, and beliefs that characterize national, ethnic, or other groups and orient their behaviour"* (Faure & Rubin 1993: 3).

Interkulturelle Verhandlungen werden zu einem gewissen Maß durch kulturelle Gegebenheiten der verhandelnden Parteien bestimmt. Das Verstehen oder Missverstehen hängt in hohem Maße vom Wissen über die Denk- und Ausdrucksformen der jeweils anderen Partei ab. Oder, wie Christer Jönsson formuliert, "shared meaning, which is a prerequisite for effective communicaton, presupposes some common cultural code or at least sensitivity to cultural divergences" (Jönsson 1990: 47). Die Sprache ist dabei ein wichtiges Kommunikationsmedium, ein „system of signs" (Hitz 1977: 41). Andererseits ist Sprache auch Ausdruck einer Art zu denken, zu fühlen und sich zu verhalten. Diese zwei Funktionen von Sprache müssen auseinander gehalten werden. Englisch als Kommunikations- oder Konferenzsprache kann keine andere Nationalsprache als Denk- und Ausdrucksform von Kultur ersetzen.

Das Missverstehen oder das Missdeuten der Absichten des jeweils anderen kann weitreichende Konsequenzen haben. Beispielhaft dafür ist das Wiener Treffen zwischen Kennedy und Chruschtschow 1961. Der frühere deutsche Botschafter in Moskau Hans Kroll schreibt dazu: „Chruschtschow gewann von der Persönlichkeit des neuen amerikanischen Präsidenten einen falschen Eindruck. Er [Chruschtschow] sagte mir nach seiner Rückkehr aus Wien, dass er Kennedy entschlusslos, überdies schlecht unterrichtet und überhaupt wenig imponierend gefunden habe. Auch dieses Mal zeigte sich wieder, dass Chruschtschow, wie den meisten russischen Politikern, die angelsächsische Mentalität nicht lag. Die Reserviertheit und Zurückhaltung Kennedys erschien ihm, dem temperamentvollen, dynamischen und entschlussfreudigen Tatmenschen als Schwäche, Mangel an Mut, Härte und Entschlossenheit. Mit einem Wort: Kennedy war für Chruschtschow ein etwas blasser Intellektueller" (Kroll 1967: 494). Diese Fehleinschätzung aufgrund der unterschiedlichen politischen Kulturen der beiden Länder führt zu falschen Schlüssen über die Intentionen des anderen und ließ u.a. den sowjetischen Führer in das Kuba-Abenteuer des Jahres 1962 schliddern. Die aus Unkenntnis des kulturellen Kontextes resultierende Fehleinschätzung des anderen hätte beinahe zu einem Nuklearkrieg geführt.

Diese Begebenheit zeigt, dass die Verhandler in ihren Umgangsformen und Ausdrucksweisen in ihrer national geprägten Kultur und Mentalität verhaftet sind. Die Wahrnehmung geschieht häufig über Stereotypen oder Images nationaler Eigenschaften wie sie tradiert werden. Die folgenden Übersichten geben einige Portraits von Verhandlern wieder wie sie in national-kulturellen Prägungen vorhanden sind oder sein können.

Übersicht 5:   Portrait eines amerikanischen Verhandlers

Der amerikanische Verhandler

- weiß, wann er einen Kompromiss schließen muss;
- legt seine Position zu Beginn der Verhandlungen dar;
- lehnt es ab, schon zu Beginn Konzessionen zu machen;
- gibt seine Absichten nach und nach bekannt;
- akzeptiert einen Kompromiss nur, wenn die Verhandlungen in einer Sackgasse stecken;
- legt die Gesamtstrategie dar sowie einzelne Punkte;
- verschließt sich von Beginn an keiner möglichen Option;
- respektiert sein Gegenüber;
- erklärt verständlich seinen Standpunkt;
- erkennt den Moment, an dem man die Sache vorantreiben muss;
- kennt seine Unterlagen und alle Verhandlungsgegenstände;
- ist sich des Zeitablaufs bewusst und bleibt konsistent;
- macht Anstalten, sein Gegenüber zu einer klaren Aussage zu bringen und behält seine Position bis zum Schluss;
- lässt seinen „Gegner" Vorschläge machen und kann so besser das Spiel bestimmen.

Übersicht 6:   Das Portrait eines italienischen Verhandlers

Der italienische Verhandler ist jemand:

- der Sinn für das Theatralische hat,
- der seine Gefühle, die teils authentisch und teils vorgetäuscht sind, nicht versteckt,
- der es versteht, Gesichtsausdrücke und Gesten zu interpretieren,
- der Geschichte berücksichtigt,
- der niemandem vertraut,
- der viel in sein Aussehen investiert und der sehr auf sein Erscheinen bedacht ist,
- der eher an individuelles Handeln als an das der Gruppe glaubt,

- der es versteht, ein guter Begleiter und jederzeit sympathisch zu sein,
- der sehr lebendig ist,
- der sich nie endgültig auf irgendeine Meinung festlegt,
- der fähig ist, plötzlich seinen Verhandlungsstil zu verändern, um seinen Gegner zu paralysieren,
- der mit Takt und Feingefühl die Machtspiele beherrscht,
- der die Intrige liebt,
- der Schmeicheleien zu benutzen versteht,
- der die anderen Verhandlungspartner in unmögliche Situationen bringen kann.

Quelle: Nach L. Barzin: The Italians. N.Y.: Bantam Books 1969

Übersicht 7:   Portrait eines deutschen Verhandlers

Der deutsche Verhandler

- pflegt eher einen deduktiven Verhandlungsstil,
- bevorzugt ein systematisch strukturiertes Vorgehen,
- versucht mit Argumenten das Gegenüber zu überzeugen,
- versucht Gegensätze eher als komplementär denn als unvereinbar zu betrachten,
- richtet sein Vorgehen auf Kompromisssuche aus und behält dabei den größeren Zusammenhang und das Ziel im Auge,
- praktiziert nach außen einen eher nüchternen, emotionslosen Verhandlungsstil,
- wird häufig als besserwisserisch, dem Dozieren nahe angesehen,
- setzt auf Zuverlässigkeit und Vertrauen,
- setzt auf wirtschaftliche Verhandlungsmacht,
- richtet sich eher nach Bündnissen aus, berücksichtigt die Weltlage und die Interessen anderer,
- lehnt so weit wie möglich militärische Optionen ab.

Quelle: Nach W.R. Smyser: 2003

Der Begriff der *politischen Kultur* bezieht sich vor allem auf die Wahrnehmung von Politik und Einstellung zu ihr seitens der Bürger, bezieht sich somit auf die subjektive Dimension des sozialen Fundaments des politischen Systems. Politische Kultur schließt aber auch das Verhältnis der politischen Akteure untereinander mit ein. Beispielsweise gehören parteipolitische Koalitionen in Deutschland und Italien zur politischen Kultur, sind aber in Großbritannien unbekannt. Britische Politiker haben daher größere Probleme, Vereinbarungen mit Partnern in der EU zu treffen, als es deutsche oder italienische Politiker haben.

In vielen Teilbereichen des gesellschaftlichen und politischen Lebens wird von Kultur gesprochen: Solche Bindestrichkulturen sind etwa die *Unternehmenskultur, die Rechtskultur, die Verhandlungskultur, die Verwaltungskultur, die Sprachkultur etc.* mit ihren je eigenen Deutungen, Verhaltensnormen und Symbolen (vgl. Kap. *III.1*, Übersicht 1: Profile einiger Berufskulturen). Dies betrifft die unterschiedliche je eigene Art etwas zu machen.

Demonstrationsfall: Ein Beispiel aus der Unternehmens- oder Verwaltungskultur: Drei Gruppen aus Deutschland, Frankreich und Großbritannien wurde ein und dasselbe Problem zur Lösung vorgelegt. Sie sollten einen Konflikt zwischen zwei Abteilungen einer Firma behandeln. Die Franzosen gaben die Entscheidung an die oberste Spitze der Hierarchie weiter, die Deutschen schlugen vor, die Kompetenzen der jeweiligen Abteilungen präzise in schriftlicher Form zu fixieren und die Briten sahen die Lösung in der Verbesserung der Kommunikation zwischen den Verantwortlichen der beiden Abteilungen. Drei Wege also, die die nationalen Verwaltungskulturen kennzeichnen: Hierarchie, horizontale Abgrenzung und Prozess.

Es existieren zwei Vorstellungen von nationaler Kultur: eine, die man als traditional bezeichnen kann, die nicht übertragbar ist und die das Sein und das Dazugehören zum Ausdruck bringt; die andere, die man als post-traditional bezeichnen kann, die übertragbar ist und die das Sein und Werden zum Ausdruck bringt. Erstere basiert auf der Vorstellung einer relativ homogenen kulturellen Einheit, letztere lässt sich hingegen durch antagonistische und nicht einheitliche kulturelle Muster charakterisieren. Objektive bzw. subjektive Kultur sind nur andere Bezeichnungen für diesen Sachverhalt. Die Kultur ist objektiv, weil sie auf objektiv beobachtbaren Kriterien, wie Sprache, Religion, Ethnie etc. beruht, sie ist subjektiv, weil sie auf dem politischen Willen basiert. Beide Formen sind für identitätsstiftende politische Gemeinwesen von Bedeutung.

Es gilt aber zu berücksichtigen, dass sich die Frage, *welche* Gemeinschaft (Huntington'scher Kulturraum, grenzüberschreitende Region, Nation, subnationale Einheit etc.) als Bezugspunkt für „Kultur" sinnvoll ist, nicht immer leicht klären lässt (Zartman 1993: 19). Tatsächlich hat sich die Forschung bisher hauptsächlich auf *nationale* Verhandlungsstile konzentriert (vgl. die Fallstudien in Faure/Rubin 1993, Berton/Kimura/Zartman 1999, Solomon 1999, Blaker/Giarra/Vogel 2002, Smyser 2003). Wohlgemerkt spielen auch Subkulturen unterhalb der nationalen Ebene eine Rolle. Dies umfasst ethnische Minderheiten ebenso

wie die bereits erwähnten organisationsgebundenen Unternehmens- oder Berufskulturen (Lang 1993, Faure 1999).

Verhandler sind schließlich an *Weisungen* gebunden, die eng mit nationalen
politischen und ökonomischen Interessen verknüpft sind. Das Regierungssystem
eines Landes, der Einfluss von Interessengruppen, die „politische Saison" (z.B.
Wahlkampf) und die Bedeutung der öffentlichen Meinung kommen hier zum
Tragen. Während die Ausnutzung von Spielräumen innerhalb bestehender Vorgaben wiederum mit persönlichen und kulturellen Faktoren verbunden ist, stehen
doch der Verhandlungsprozess insgesamt sowie das strategische Vorgehen der
Parteien weitgehend unter dem Einfluss politischer oder wirtschaftlicher Interessen und wahrgenommener Handlungsoptionen. Lang (1993: 43) warnt daher
davor, jedes auf den ersten Blick unerklärliche Verhalten der Gegenseite einfach
als „kulturbedingt" zu interpretieren.

Zusammenfassend kommt Kultur auf vier Ebenen eine Bedeutung zu:

Umgangsformen/Etikette: Während im 18. und 19. Jh. die französische Diplomatie zusammen mit ihren sozialen Umgangsformen und der französischen
Sprache den Standard setzte (Kremenyuk 1991: 50), konkurriert heute eine globale Verhandlungskultur mit nationalen und regionalen Besonderheiten sowie
funktional differenzierten Subkulturen. Etikette als vielleicht *epiphänomenale*
(Zartman 1993) Komponente dient zunächst der Schaffung einer angenehmen
Atmosphäre und der Vermeidung von Missverständnissen. Sie ermöglicht die
störungsfreie Konzentration auf die Inhalte während des eigentlichen Verhandlungsprozesses. Während beispielsweise Umarmungen und Wangenküsse in
Lateinamerika und Südeuropa den Rahmen des Höflichen keineswegs sprengen,
wirken sie auf Ostasiaten und Japaner, die sich zur höflichen Vorstellung in
räumlicher Distanz verbeugen, befremdlich bis unverschämt. Zu Verwirrung hat
außerdem schon häufig der Umstand geführt, dass Japaner mit Kopfnicken Aufmerksamkeit signalisieren und – sofern sie nicht „westliche" Umgangsformen
anwenden – auf Fragen, die inhaltlich negativ beantwortet werden sollen, zunächst mit einem „Ja" und Nicken reagieren (Berton 1999: 107-108). Verhandler
sind daher gut beraten, sich über die Unterschiede der Etikette zu informieren
und sie zu respektieren. Darüber hinaus ist es hilfreich, sich zumindest Grund-
kenntnisse über die Kultur (i.S. der Sprache, Geschichte und Zivilisation) der
Gegenseite anzueignen. In erfolgreichen Zusammenkünften dürfen sich die Verhandlungspartner weder durch Arroganz noch durch Ignoranz herabgesetzt fühlen. Die Frage, wer welche Etikette bestimmt, muss von Fall zu Fall bestimmt
werden. Der Begegnungsort spielt dabei ebenso eine Rolle wie Status- und
Machtverhältnisse oder die Frage, wer der Fordernde und wer der Geber ist.

Perzeptionen: Die Wahrnehmung der Problemstellung und die Einschätzung der vorhandenen Möglichkeiten werden auch von der Kultur der Verhandler geprägt (Faure 1999: 19). Dabei ist es nicht wichtig, ob die Wahrnehmungen intersubjektiv nachprüfbar („wirklichkeitsgetreu") sind oder nicht. Auch die Frage, welche Art von Ergebnis wünschbar, tragbar oder aber unannehmbar ist, hängt nicht nur mit Interessen, sondern auch mit dem kulturellen Hintergrund zusammen. Die Perzeption der eigenen Position und derjenigen der Gegenseite steht auch in Verbindung mit *Images*, Stereotypen und historischen Erfahrungen. Beispielsweise ist die Projektion der als demütigend empfundenen Erfahrungen, die China im 19. Jh. mit Großbritannien gemacht hat, auf die USA als dem Hegemon des späten 20. und beginnenden 21. Jh. ein Faktor im Verhandlungsverhalten Chinas mit den Vereinigten Staaten (Berton 1999: 95-96). Übersicht 8 stellt einige angenommene Eigenschaften von Japanern, Nordamerikanern und Lateinamerikanern zusammen. Dabei ist zu beachten, dass die aufgeführten Punkte keine empirisch gültigen Aussagen über „Nationalcharaktere" zu machen beabsichtigen, sondern vielmehr *Images* aufführen, welche die Sicht auf die jeweils anderen mitbestimmen.

Kommunikation: Allgemein ist hier zu erwähnen, dass Dolmetscher oder eine gemeinsame Geschäftssprache nicht alle Barrieren beseitigen. Die Wertorientierung der Verhandlungsteilnehmer und die Beachtung der für ihre Funktion üblichen Umgangsformen prägen das Kommunikationsverhalten in unterschiedlichem Maße mit. In diesem Kontext ist zwischen der eher „expliziten", die oberflächliche Bedeutungsebene betonenden *low context*-Kommunikation (z.B. bei den Deutschen, Skandinaviern, Amerikanern, Franzosen und Briten) und der eher „impliziten" *high context*-Kommunikation (z.B. bei Südeuropäern, Arabern, Chinesen und Japanern), die *Timing*, Rhetorik und symbolische Gesten tendenziell stärker zur Anwendung bringt, unterschieden worden (Hall 1976). Kommunikationskanäle wie der Einsatz von Augenkontakt und Körperbewegungen, aber auch allgemein die körperliche Nähe bzw. Distanz werden weltweit unterschiedlich genutzt. Auch die Bedeutung, die nonverbale Kommunikation erhält, variiert (Berton 1999: 106-110). Eine Beachtung dieser Unterschiede ist sinnvoll, insbesondere wenn zu erwarten ist, dass die Tendenzen einer internationalen Standardisierung bei den Verhandlungspartnern eher weniger ausgeprägt sind.

Identität: Guy Olivier Faure (1999: 27) nennt Identität „the untouchable core of negotiations". Der Verhandlungsprozess kann ernstlich behindert werden, wenn *Identitätsbildung* in den Prozess hineingetragen wird und über die Abgrenzung von der anderen Seite bzw. durch einen symbolischen „Sieg" über den anderen vollzogen werden soll. Damit geht eine gegenseitige Abwertung einher, die

Missverständnissen Vorschub leistet, Ressentiments schürt und schlimmstenfalls zum Abbruch des Prozesses bzw. zur Verschärfung des Konfliktes führt. Solche Konstellationen können in hoch ideologisierten Verhandlungen, etwa in Fragen der „territorialen Integrität", „nationalen Unabhängigkeit" oder „Souveränität" entstehen. Illustrierende Beispiele sind die Verhandlungen Frankreichs mit der algerischen Befeiungsbewegung FLN in Melun 1960, oder die Verhandlungen zwischen Nord- und Südsudanesen bezüglich des Jonglei-Kanals und der Nilwasserverteilung in den 1970er Jahren. Problematisch wird es ebenfalls, wenn der *Verhandlungsgegenstand* als untrennbarer Bestandteil der identitätskonstituierenden Symbole verstanden wird. Beispiele hierfür finden sich hauptsächlich in politischen Verhandlungen (z.B. die Jerusalem-Frage), mitunter auch in der Wirtschaft (z.B. die Protektion von japanischem Reis). Da Identität aber ein dynamisches und veränderbares Konzept ist, kommt dem Verhalten der Akteure hohe Bedeutung zu. In der Praxis ist grundsätzlich vor einer Herangehensweise zu warnen, die Kultur gezielt *defensiv* als „Festung" oder *offensiv* als „Waffe" einsetzt. Vielmehr kann der Versuch der Schaffung von Synergie durch den Bezug auf gemeinsame Werte und Interessen helfen, Blockaden abzubauen und exklusivistische Identitätsvorstellungen zu mildern (Salacuse 1993: 202-206, Faure 1999: 28).

Übersicht 8:   Angenommene kulturelle Eigenschaften: Japan, Nordamerika,
Lateinamerika

Kulturen Annahmen	*Japanisch*	*Nordamerikanisch*	*Lateinamerikanisch*
1.Gefühle, Emotionen	- Starker Wertbezug, der jedoch versteckt werden muss	- Kein großer Wertbezug; - „Man lässt sie vor der Tür, bevor man eintritt"	- Haben viele Werte. - Sind in Verhandlungen präsent.
2. Machtverhältnisse	- Feine Machtspiele; - Suche nach Aussöhnung	- Ständige Anwendung von Machtverhältnissen; - Man sucht eher den Konflikt, als die Aussöhnung – man ist sich selbst schuldig, stark zu sein	- Regelmäßiger Gebrauch der Machtverhältnisse. - Versuch wesentlich stärker zu sein als die anderen.
3.Entscheidungsfindung	- Entscheidungen werden in Gruppen getroffen	- Man bereitet in Gruppen die Arbeit des Entscheidungsträgers vor	- Entscheidungen werden von delegierten Individuen getroffen.
4. soziales Verhalten	- Das Gesicht muss stets gewahrt bleiben; - Entscheidungen werden getroffen, nur, um zu verhindern, dass jemand in Verlegenheit kommt.	- Die Entscheidungen werden auf der Grundlage der Vorteile/Kosten getroffen; das Gesicht zu wahren ist nicht das Wichtigste.	- Man muss um jeden Preis das Gesicht wahren; davon hängt Ehre und Würde ab.
5. Überzeugung	- Nicht sehr demonstrativ; eher ruhig, wenn man Recht hat; - Bedacht auf Respekt und Geduld; - Bescheidenheit und Zurückhaltung haben große Bedeutung.	- Ob richtig oder falsch, immer demonstrativ. - Man bringt sich nicht persönlich ein. - Man bleibt konkret.	- Leidenschaftlich, erregbar. - Lässt sich leicht hinreißen; - Liebt angeregte Diskussionen.

Fallbeispiele anhand des japanischen und des deutschen Stils

Japan

Das Verhandlungsverhalten der Japaner ist seit den amerikanisch-japanischen Verhandlungen nach dem Zweiten Weltkrieg und basierend auf der wirtschaftlichen Bedeutung des Landes Gegenstand der Forschung (vgl. Blaker/Giarra/ Vogel 2002). Die Trennlinie zwischen tatsächlich beobachteten Charakteristika und freien Interpretationen bzw. Projektionen ist nicht leicht zu ziehen. Auf japanischer Seite stoßen viele Ergebnisse der Verhandlungsforschung auf Skepsis bzw. Verärgerung, da man sie für Klischees hält. Andererseits gibt es auch japanische Wissenschaftler, die auf grundsätzlichen Unterschieden zwischen der japanischen Kultur und der US-amerikanischen oder schlicht der „westlichen" bestehen (Blaker 1999: 33-37, Berton 1999: 105).

Nach Auffassung einiger Wissenschaftler wird die japanische Kultur durch ein dynamisches Spannungsverhältnis von harmonischer Kooperation und klassischer „Krieger-Ethik" gekennzeichnet (vgl. Faure 1999: 15-16). Ein statisches Konzept japanischer Kultur stößt demnach sofort an seine Grenzen. Von Ruth Benedict (1946) stammt die Zuordnung Japans zur sog. „Schamkultur" im Unterschied zur westlichen „Schuldkultur". Andere Eckpfeiler der japanischen Kultur bilden Berton zufolge der „Japanismus" (*nihonkyo*) und die Betonung der Gruppenorientierung vor dem Individualismus. Dazu gehören eine starke Ausprägung sozialer Hierarchie, die sich z.B. auch in der japanischen Sprache nachvollziehen lässt, und eine Wertschätzung von Akkomodierung. Die Begriffe *wa* (Harmonie), *tatemae* (formales angemessenes Auftreten), *amae* (die Bereitschaft, sich auf das Wohlwollen der Menschen zu verlassen, von denen man abhängig ist) und das *awase*-Ethos (Ideal der Anpassung an die Umwelt) werden in der Analyse der japanischen Gesellschaft von Forschern häufig angeführt (Cohen 1993: 28, Berton 1999: 99-100). Die Konsequenzen dieser Normen stellen sich wie folgt dar (Berton 1999: 100, Blaker 1999: 34, Faure 1999: 20; vgl. auch Übersicht 8):

- ein holistisches Gesamtverständnis der Agenda, umfassende Lösung;
- die genaue Auslotung der Lage;
- das Meiden direkter, unzweideutiger Äußerungen; geringe Offenheit;
- hoher Zeitbedarf für die Ausarbeitung von Angeboten und für die Entscheidungsfindung;
- Bevorzugung einer defensiven, adaptiven Strategie.

In den Augen vieler Japaner ist Japan ein verletzliches Land, das unter Ressourcenknappheit, geographischer Isolation und sicherheitspolitischer Abhängigkeit von den USA leidet. Diplomatie und Verhandlungen (insbesondere mit den USA) stehen in einem zwiespältigen Licht – einerseits unvermeidlich und wünschenswert, andererseits risikobeladen und mit negativen historischen Erfahrungen belastet (Blaker 2002: 66-67).

Die Untersuchung des japanischen Verhaltens gegenüber US-amerikanischen Forderungen nach Öffnung des japanischen Marktes für amerikanischen Reis, die in der Uruguay-Runde 1993 zu einer Einigung führte, bzw. die Verhandlungen zwischen beiden Staaten 1970/71 über die Begrenzung der japanischen Textilexporte in die USA (vgl. Kissinger 1979: 363ff.) bieten Gelegenheit, die kulturellen Thesen zu prüfen. Reis als stark national konnotiertes Symbol galt sowohl unter Politikern als auch unter der japanischen Bevölkerungsmehrheit als Tabu, das nicht verhandelbar sein durfte. Michael Blaker (1999 u. 2002) kommt zu dem Ergebnis, dass Japans Verhandlungsstrategie folgende Charakteristika aufwies:

- die „Spieleröffnung" und Agenda-Gestaltung wird der amerikanischen Seite überlassen;
- defensive, adaptive Vorgehensweise der Japaner;
- zeitaufwendige Erarbeitung von Gegenvorschlägen;
- Verzögerungstechnik;
- Vermeidung der Aufnahme bestimmter Themen in die Agenda (*issue-avoidance*);
- Minimierung unvermeidlicher Konzessionen (*issue-minimization*);
- Konzessionsbereitschaft als Folge der Empfindlichkeit gegenüber wirtschaftlichem Druck und der Angst vor internationaler Isolation.

Blaker sieht diese Strategien in hohem Maße durch die Besonderheiten des japanischen Regierungssystems bedingt. In einer „Konsensdemokratie" erhält die Akkomodierung verschiedener Interessen, die von politischen Parteien und Interessengruppen aus der Wirtschaft vorgebracht werden, hohe Bedeutung. Die Langsamkeit und mangelnde Flexibilität der japanischen Delegation erklärt sich durch die ständige Rückbindung an die relevanten Akteure zu Hause. Darüber hinaus waren die Regierungsmitglieder darum bemüht, die Verantwortung für die Zugeständnisse allein den „Umständen" zuzuschieben. Insgesamt spiegelte das japanische Vorgehen die Fixierung der öffentlichen Meinung, insbesondere der Medien, auf das Reisthema wider. Die zentrale Bedeutung dieses Naturprodukts ist mit der japanischen Kultur verknüpft. Allerdings erscheint die Anpassung an nationale Befindlichkeiten weniger als Folge einer spezifischen Weltsicht, denn als Verfolgung der politischen Interessen gewählter Volksvertreter, die ihre Wiederwahl nicht gefährden wollen. Tatsächlich scheint es, dass Kultur hier in erster Linie die thematische Substanz der Verhandlung beeinflusst hat und weniger den Verhandlungsstil vorgibt (vgl. dazu auch Salacuse 1993: 200). Dieser wird verständlich, stellt man ihn in Zusammenhang mit den *politischen Rahmenbedingungen* in Japan.[9]

Michael Blakers Analyse zeigt, dass kulturelle Faktoren in subtiler Weise mit *hard politics* interagieren. Kenntnis des anderen im Sinne von kultureller Kompetenz ist daher sinnvoll, sollte aber nicht das Verständnis für den politischen Prozess im Hintergrund einer jeden Verhandlungsrunde verstellen.

Deutschland

William Richard Smyser hat das Verhandlungsverhalten der Deutschen untersucht und in seiner Analyse historische Erfahrungen, intellektuelle Traditionen und die Besonderheiten des politischen Systems Westdeutschlands bzw. des vereinigten Deutschland berücksichtigt. Die Geschichte habe Deutschland ein widersprüchliches Erbe hinterlassen. Smyser (2003: 31, 37-55) führt folgende Charakteristika auf:

1. Eine aus historischer Erfahrung ableitbare Vorliebe für horizontale und vertikale Brechung von Kompetenzen (infolgedessen Föderalismus),
2. Eine ausgeprägte Wertschätzung diplomatischer Beziehungen (Grundlage des modernen Multilateralismus) als Folge des Nebeneinanders der Kleinstaaten innerhalb des Heiligen Römischen Reiches (bis 1806),
3. Die klare Ablehnung der militärischen Option in der Verfolgung nationaler Interessen, die Abwendung von jeglichem Unilateralismus und ein vertieftes Bekenntnis zu Bündnispolitik infolge der Erfahrungen unter Kaiser Wilhelm II. und insbesondere der nationalsozialistischen Schreckensherrschaft.

Für die Periode vom Ende des Zweiten Weltkrieges bis in die frühen 1990er Jahre ließen sich dementsprechend drei Ziele und Richtlinien des westdeutschen bzw. deutschen Verhandlungsverhaltens ausmachen:

1. Rehabilitierung und Sicherung eines ehrenvollen Platzes für Deutschland in der internationalen Gemeinschaft,

---

[9]   Die Frage, inwiefern der politische Prozess von der politischen Kultur als Unterfunktion der „nationalen Kultur" bestimmt wird, ist hier eher von theoretischem Interesse und für die Praxis irrelevant.

2. Sicherheit und Stabilität,
3. zuverlässige Bündnispolitik und Gemeinschaftsgeist.

Seit der Wiedervereinigung und Deutschlands vertiefter (auch militärischer) Einbindung in internationale multilaterale Projekte trete die Frage der *Rehabilitierung* gegenüber der Problematik der sog. „*Normalität*" in den Hintergrund. Deutschland wünsche, nicht weiterhin mit den Verbrechen der Vergangenheit assoziiert zu werden, sondern an seiner aktuellen politischen Performanz gemessen zu werden (Smyser 2003: 192).

Hinsichtlich intellektueller Faktoren sei der Einfluss der deutschen Philosophie, insbesondere des Deutschen Idealismus bedeutsam: so stehe logische Deduktion vor induktivem Vortasten; außerdem spiegle sich die Hegelsche Dialektik in der Bereitschaft deutscher Verhandler wider, gegensätzliche Positionen ohne Probleme als komplementär und nicht als unvereinbar zu interpretieren.

Die Besonderheiten des *politischen Systems* übten ebenfalls sichtbaren Einfluss aus. Bei internationalen Themen sind die Verhandler an das Auswärtige Amt und an weitere ressortmäßig betroffene Bundesministerien gebunden. Aufgrund der Richtlinienkompetenz des Bundeskanzlers kann auch das Kanzleramt in außenpolitischen Fragen eine tragende Rolle spielen und mitunter am Auswärtigen Amt „vorbei arbeiten". Kompliziert wird das Kompetenzengefüge durch das Prinzip des Föderalismus, das den Bundesländern das Recht auf Beteiligung an internationalen Verhandlungen zugesteht, sofern ihre Interessen berührt werden. Beispielsweise übertreffen die Vertretungen der Bundesländer bei der EU in Brüssel das Aufgebot der Bundesregierung hinsichtlich des Personals. Deutsche Delegationen sind daher häufig sehr groß. Alle relevanten Akteure suchten um direkte Beteiligung nach oder sorgten zumindest für eine gute Beobachterposition. Daraus folge eine gegenseitige „Überwachung" der einzelnen Teilnehmer. Amerikanischen Verhandlern fällt eine Neigung zu umständlichen, ja ermüdenden Präsentationen auf, die offenbar dem Ziel dienen, den Akteuren Gelegenheit zur Profilierung gegenüber der eigenen Klientel zu geben. Die Koordination solch umfangreicher Delegationen funktioniere allerdings in der Regel durch klare Funktionszuweisung.

Die Vorbereitungen im Vorfeld des Verhandlungsprozesses stehen im Zusammenhang mit der deutschen Rolle in der internationalen Gemeinschaft. Insbesondere die Berücksichtigung der Weltlage und fremder Interessen bei der Ausarbeitung der eigenen Positionen unterscheide das deutsche Vorgehen von US-amerikanischen Verhandlungen, die in hohem Maße vom Vertrauen auf die Anpassungsbereitschaft der übrigen Staaten geprägt seien. Die sorgfältige Analyse ausländischer Haltungen durch die deutsche Ministerialbürokratie wirke auf die Verhandlungspartner oft überraschend: "They [die Deutschen] knew the facts

of our situation and what we might want better than we did ourselves," bemerkt mancher von Smyser befragte Diplomat (Smyser 2003: 58-85).
Smyser beschreibt den deutschen Verhandlungsstil folgendermaßen:

Konzeptionelle Logik: Deutsche Forderungen stünden im Rahmen eines „Gesamtkonzeptes", das durch die Hauptinteressen geformt und häufig durch übergreifende Formeln oder Punkte-Listen strukturiert wird. Jeder Eintrag auf der Agenda stehe in einem logisch begründeten Verhältnis zu diesem Gesamtkonzept (deduktive Methode). Details und Formulierungen erhielten hohe Bedeutung, was externen Verhandlern oft pedantisch erscheine. Die Durchsetzung von Interessen erfolge gern mittels des Versuchs, die anderen Partner von der *Vernünftigkeit* und Geschlossenheit der Argumentation zu überzeugen. Amerikanische Verhandler empfinden dies nicht selten als Neigung zum „besserwisserischen Dozieren". Deutsche Verhandlungen wirkten auf Amerikaner mitunter auch überstrukturiert.

Beharrlichkeit und Ausdauer: Deutsche Delegationen würden nicht verhandeln, um *irgendein* Abkommen zu erzielen oder Zeit zu schinden. Die Gespräche verliefen unter genauer zeitlicher Planung und in enger Bindung an das Gesamtkonzept. Den Verhandlern schreibt Smyser ein „zielbewusstes" Auftreten und eine Vorliebe für prägnante, unzweideutige Formulierungen zu.

Kompromisse im Rahmen logischer Entwürfe: Kompromissbereitschaft kennzeichnet deutsche Verhandler durchaus. Denn die ausgiebige Berücksichtigung der Interessen anderer eröffne Raum für Zugeständnisse, was das Interesse an Konsens und internationaler Zusammenarbeit reflektiert. Einseitige Interessendurchsetzung gelte weder als praktikabel noch wünschenswert. Doch Zugeständnisse würden kaum losgelöst von den Zielen des Gesamtkonzeptes eingeräumt. Darüber hinaus sorgten die Rückbindung der Verhandler an ihre politischen Auftraggeber und ebenso das föderalistische Institutionengeflecht für hohen Zeitbedarf bei der Modifikation von Positionen. Zwar gewährleiste das deutsche Vorgehen eine zuverlässige Implementierung der Ergebnisse, doch wirkt es sich nachteilig aus, wenn Spontaneität und Flexibilität gefordert sind (Smyser 2003: 81-87, 92, 96-97).

Die Nutzung ökonomischer Ressourcen und Vorteile: Während es für Deutschland undenkbar sei, diplomatischen Forderungen mit militärischen Mitteln Nachdruck zu verleihen, verfüge das Land mit seiner leistungsstarken Wirtschaft über ein außenpolitisch effektiv nutzbares Instrumentarium. Beispielsweise wurde die Hallstein-Doktrin, die einer internationalen Anerkennung der DDR entgegenwirken sollte, in der Dritten Welt auch durch die Gewährung bzw. Vorenthaltung deutscher Wirtschaftshilfe unterstützt. Verhandlungen mit der UdSSR im Kontext der Brandt'schen Ostpolitik wurden von Krediten und der Lieferung wichtiger Produktionsgüter an die Sowjetunion begleitet. Deutschlands Beteiligung an der Gründung der G-5 (mittlerweile G-8) ermöglichte dem Land ebenfalls, seine politische Bedeutung signifikant auszuweiten (Smyser 2003: 179-181).

Hinsichtlich der Etikette gelten die Deutschen im Vergleich zu den Amerikanern als eher steif und formbedacht: *"Germans are formal even when they are informal"*. Amerikanischen Beobachtern fällt beispielsweise auf, dass der Einsatz von Emotionen von Deutschen tendenziell negativ bewertet und als Schwäche interpretiert wird. Die in den USA zulässige Signalisierung von Nähe durch Späße oder Schulterklopfen wirke ebenfalls eher befremdlich (Smyser 2003: 202-209).

Man kann Smysers Ansatz eine Überbetonung geistesgeschichtlicher Faktoren vorwerfen. Es stellt sich die Frage, ob Berufsprofile nicht stärkere Auswirkungen haben als hier eingeräumt. Die Dominanz von Karrierediplomaten, die mehrheitlich eine juristische Ausbildung genossen haben, spielt gegenwärtig vielleicht eine wichtigere Rolle als der Deutsche Idealismus. Im Unterschied dazu wird in den USA bei Regierungswechseln ein viel höherer Anteil des Personals im *State Department* ausgetauscht und mit politischen Akteuren besetzt. Auch wenn diese nicht selten ebenfalls aus der Rechtswissenschaft kommen, sind sie durch ihre Tätigkeit stärker an Grundsätze politischen Handelns gewöhnt als vergleichsweise „technokratische" Karrierediplomaten (vgl. Kap. *III.1*, Tab. 1: Profile einiger Berufskulturen).

Einen Hinweis auf die dynamischen Prozesse innerhalb der deutschen Kultur liefert die Untersuchung neuerer Trends in *Wirtschaftsverhandlungen*. Smyser (2003: 145-150) stellt eine Veränderung des Verhandlungsstils fest. Parallel zum Gesamtkonzept und zu gründlicher Planung hält eine beachtliche Flexibilisierung Einzug. Erhöhte Risiko-Bereitschaft, härteres Auftreten und unnachgiebigere Präsentation eigener Interessen zeichnen den neuen Stil aus. Die alte Vorliebe für die logisch-argumentative Darlegung klarer Positionen weicht taktierendem Ausspielen von Forderungen und Zugeständnissen. Der Umgangston wird v.a. in der Computer-Branche formloser.

Diese Entwicklungen im wirtschaftlichen Bereich sind aufgrund der fehlenden Rückbindung an ein komplexes Institutionen-Gefüge nicht allzu überraschend. Außerdem weisen die Verhandler in der privaten Wirtschaft einen anderen beruflichen Hintergrund auf als etwa im Auswärtigen Amt. Wie Smyser darüber hinaus ausführt, motiviert die heutigen Manager – im Gegensatz zur „klassischen" deutschen Unternehmenskultur – zunehmend das Interesse an hohen Umsätzen, schnellem Zugang zu Spitzengehältern und internationaler Bedeutung.

Insgesamt prognostiziert Smyser aber eine Fortdauer des alten Stils. Zwar befördern die zahlreichen Veränderungen der internationalen Institutionen (NATO, EU) eher die Flexibilisierung des deutschen Verhaltens. Der neue Stil der Wirtschaftsverhandler erfährt aber gerade durch die Krisen der *New Economy* einen Dämpfer, so dass eine breite Ausstrahlung in andere politische Bereiche unwahrscheinlich erscheint (Smyser 2003: 193-195).

In jedem Fall dürfte das Verhandlungsverhalten der Deutschen von der internationalen Position des Landes (Verhältnis zu den USA, Stellung in der EU, wirtschaftliche Entwicklung) beeinflusst werden. Das Interesse an Multilateralismus und Stabilität bleibt auf absehbare Zeit erhalten. Doch es ist denkbar, dass der vorsichtige, von Rücksichtnahmen geprägte Stil, der z.B. das Vorgehen bei der Wiedervereinigung kennzeichnete, von den Außenpolitikern und Verhandlern der Zukunft immer weniger als notwendig angesehen wird. Die Auswirkungen kultureller Prägungen, historischer Lernprozesse, politischer Institutionen und Interessen sowie berufsgruppengebundener Besonderheiten stehen in einem Spannungsverhältnis, das Prognosen schwierig gestaltet.

2   Verschiedene nationale Kulturen und Stile in Europa

Europa ist von Nationalkulturen geprägt. Das multikulturelle Ensemble bestimmt die europäische kulturelle Landschaft. Für Verhandlungszusammenhänge spielen interkulturelle Vergleiche unterschiedlicher europäischer Länder und deren Verhandlungspartner deshalb eine wichtige Rolle. Anhand thematisch unterschiedlicher Beispiele sollen solche Unterschiede aufgezeigt werden.

2.1 Drei Diskurse zur Nationenbildung

Der Bereich des Politischen und Gesellschaftlichen, der sich im Prozess der europäischen Nationenbildung herausgebildet hat, erhält unterschiedliche Ausprägungen je nachdem welche der drei Dimensionen Vernunft, Wille und Gerechtigkeit dominant waren. Sie bestimmten den philosophischen und politischen Diskurs zur Zeit der Aufklärung und führten zu Beginn des 19. Jahrhunderts zu wirtschaftlicher Modernisierung und zu nationalen Bewegungen innerhalb der europäischen Staaten.

Abbildung 7: Verschiedene Gesellschaftstypen

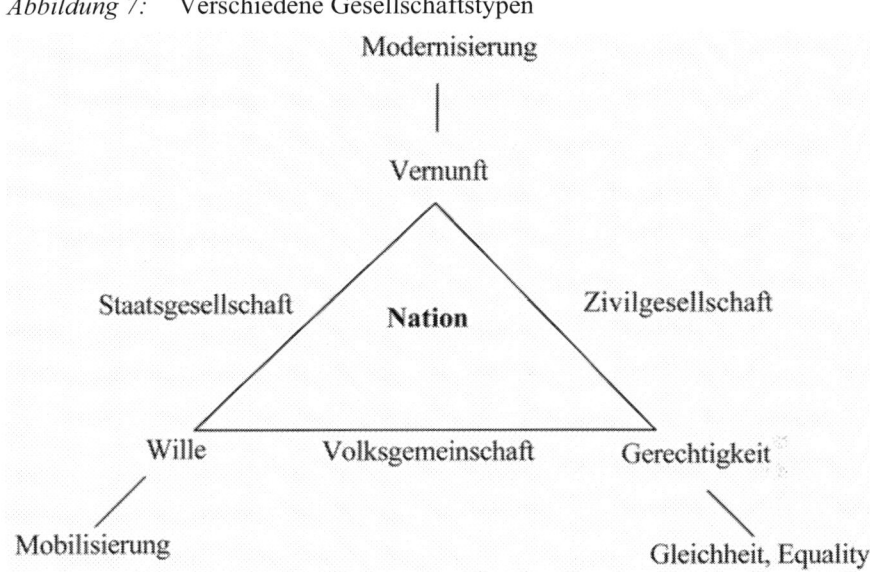

Quelle: nach Didier Lapeyronnie 1998, 229

Rationalismus als Leitmotiv der Aufklärung sollte den Menschen von der selbstverschuldeten Unmündigkeit befreien (Kant). Im Zuge der französischen Revolution betrat das Volk als neuer Akteur mit einem politischen Willen die Geschichte und wurde zum Hauptakteur der nationalen Bewegungen. Diese Verbindung eines aufklärerischen Bürgertums mit neuem politischen Bewusstsein und Willen führte zur wirtschaftlichen Mobilisierung innerhalb der Nationalstaaten. Die dritte Dimension der Gerechtigkeit gab der Modernisierung eine gewisse Legitimation. Chancengleichheit wurde zum Slogan der amerikanischen Verfassungsväter. Die Vernunft modernisiert, der Wille mobilisiert und die Gerechtigkeit egalisiert (vgl. Abb. 7).

Je nach Kombination und Gewichtung der drei Ecken eines aus diesen drei Elementen gebildeten Dreiecks lassen sich drei unterschiedliche Gesellschaftstypen herstellen. Die Kombination aus modernisierender Vernunft und mobilisierendem Willen determinierte den Modernisierungsprozess Kontinentaleuropas und beeinflusste das Handeln der Staatseliten im Rahmen des Nationalstaats. Der gesellschaftlichen Typus eines solchen Systems könnte als staatszentriert bezeichnet werden und hat in Frankreich seinen Niederschlag gefunden.

Die Kombination aus mobilisierendem Willen und egalisierender Gerechtigkeit führte hingegen zum Konzept der Volksgemeinschaft und entspricht der

Idee einer Volksnation mit dem Volk als neuem Akteur und hat Deutschland zur Heimstätte.

Schließlich führte die Kombination aus modernisierender Vernunft und egalisierender Gerechtigkeit zu einer Zivilgesellschaft mit intermediären Akteuren als neuer treibender Kraft mit Schwerpunkt in Großbritannien.

Somit haben sich in diesen drei Ländern unterschiedliche politische Kulturen herausgebildet, in Frankreich die staatszentrierte, in Deutschland die gemeinschaftsorientierte und in England die zivilgesellschaftsorientierte politische Kultur.

Um eine vierte Variante, nämlich die italienische Konzeption zu charakterisieren: sie ist ganz an der Basis angesiedelt und kommt der deutschen Volksgemeinschaft nahe, ohne allerdings das gleiche Staatsverständnis zu besitzen. Die italienische Nation sei – so Ernesto Galli (1998) – „molto politica e poco stato, molto ideologia e poca cultura dello Stato" – „viel Politik und wenig Staat, viel Ideologie und wenig staatliche Kultur", eine Beobachtung, die schon Goethe während seines Italienaufenthalts gemacht hat. Die Italiener hätten „den sonderbarsten Provinzial-und Stadteifer, können sich alle nicht leiden, die Stände sind in ewigem Streit und das alles mit immer lebhafter gegenwärtiger Leidenschaft".

2.2 Sprachgruppen und intellektueller Stil

In der heutigen EU existieren mindestens drei kulturell dominierende Gruppen, in der Zukunft werden es mindestens vier sein: die englischsprachige, die lateinische oder romanische, die deutschsprachige und in Zukunft die slawische Sprachgruppe. Man kann diesen Sprachgruppen intellektuelle Stile zuordnen: der „angelsächsische" oder „sachsonische" Stil, so Johan Galtung (1983: 308), pflegt besonders die Debatte, er ist reich an Fakten und dürftig an Theorie, er ist reich an formaler Sprache und arm an Eleganz; aber er pflege auch den Humor und das vertrauliche Schulterklopfen. Der Stil klammere sich an Anschaulichem und Faktischem. Der „gallische" Stil zeichne sich durch Eleganz und den Gebrauch von bons mots, Doppeldeutigem und Anspielungen aus. Verglichen damit zeichne sich der „teutonische" Stil durch deduktive Theoriebildung aus, beginnend mit Prämissen und gewissen Wirkungszusammenhängen und mit einer Vielzahl von Schlussfolgerungen endend. Dem Stil wird oft nachgesagt er sei trocken, pedantisch und ohne Humor. Die Theoriebildung folge einer Pyramide mit Annahmen zu Beginn, gefolgt von einer Vielzahl von Ableitungen. Zum Vergleich sei noch die japanische Sprache angeführt: Der nipponische intellektuelle Stil ist dadurch gekennzeichnet, dass er absolute und kategorische Aussagen vermeidet; die Mehrdeutigkeit der japanischen Sprache kommt ihm dabei zu Hilfe. Theorien oder theoretische Deduktionen sind diesem Stil fremd; hingegen ist eine Neigung zur Mathematik erkennbar. Man kann weitere nationale Stile hinzufügen wie z.b. den homerischen Erzählerstil der Griechen, den gestenreichen Vortragstil der Spanier oder Italiener etc. Diese Unterscheidungen sind selbstverständlich Idealtypen und wahrscheinlich stark vereinfachend; aber sie bringen nichtsdestoweniger Charakteristisches zum Ausdruck.

Diese politischen Kulturen können nochmals nach einer kontinental-europäischen und einer atlantischen Variante unterschieden werden: auf dem europäischen Kontinent haben die politischen Kulturen der Einzelstaaten die Institutionen und die plebiszitären Elemente stärker betont und dem Utopischen und Idealistischen, ja Visionären in der Politik größeren Raum gegeben, während der angelsächsische transatlantische Politikstil stärker vom Prozesshaften und Pragmatischen geprägt ist. In dieser Kultur haben sich repräsentative statt plebiszitäre Auffassungen durchgesetzt. Giovanni Sartori hat diesbezüglich zwischen „rationalen" und „empirischen" Demokratieauffassungen unterschieden. Während jener von größerer Abstraktion und rationaler Konsistenz geprägt sei, ist dieser eher antidogmatisch und von einer wait-and-see Haltung geprägt. Der „trial-and-error"- Ansatz Popperscher Provenienz ist das ausgearbeitete Konzept diese Ansatzes, während die deduktive Konsistenz marxistischer Ansätze Ausdruck rationaler Auffassungen sind. Sartori lässt keinen Zweifel daran, dass er die Flexibilität angelsächsischen Denkens der Fragilität rationalistischen, oft dogmatischen Denkens in der Politik vorzieht.

Visuell lassen sich vier Denkfiguren aus unterschiedlichen Kulturen folgendermaßen darstellen: Der angelsächsische Stil ist in Form einer Raupe dargestellt; die verschiedenen Zacken symbolisieren einzelne Fakten, die nur lose mit einander verbunden sind und vage Versuche darstellen, Daten miteinander zu verbinden. Der teutonische Stil in Form „gigantischer teutonischer Pyramidenkonstruktionen" symbolisiert die geordnete theoriegeleitete Ordnung empirischer Vielfalt; er beinhaltet das intellektuelle Risiko, dass die Pyramide in Stücke zerfällt. Der nipponische Stil ist als flexibles Rad dargestellt, das sich durch allerlei Fakten dreht. Schließlich symbolisiert die Hängematte auf zwei Theoriepfeilern den gallischen Denkstil, der zwischen zwei dialektisch angeordneten Pfeiler hin und her pendelnd.

2.3 Zum Thema politische Mobilisierung und Protest

Neben der Einstellung der Bürger zur Politik beschäftigt sich die politische Kulturforschung mit der Teilnahme an Politik und mit Protestverhalten. Die politische Partizipation des Einzelnen kann gemessen werden an der Zugehörigkeit zu und am freiwilligen Engagement in politischen Organisationen wie politischen Parteien, Dritte-Welt-Initiativen, Menschenrechts- oder Umweltorganisationen, in Friedensbewegungen, Tierschutzgruppen oder Gewerkschaften und beruflichen Vereinigungen. Protestverhalten kann an der Teilnahme an Protestbewegungen (neue soziale Bewegungen, Arbeiterbewegungen, Streiks, Boykotte, Demonstrationen oder Gebäudebesetzungen) abgelesen werden.

Anhand einer empirischen Untersuchung in 14 europäischen Ländern lassen sich drei europäische Ländergruppen voneinander unterscheiden: die nördlichen, skandinavischen Länder, wie Schweden, Island, Dänemark, Norwegen gefolgt von den Niederlanden, mit sehr hohen Beteiligungsraten; niedrigere Werte lassen Südspanien, Portugal, Italien gefolgt von Frankreich erkennen; und eine dritte Ländergruppe, bestehend aus Deutschland, Belgien, Großbritannien, Österreich und Irland weist durchschnittliche Werte auf.

Die politische Kultur dieser Länder zeigt verschiedene Protestformen. Während in Deutschland und den Niederlanden neue soziale Bewegungen einen hohen Partizipationsgrad besitzen, liegen Großbritannien, Frankreich und Spanien mit Streiks an der Spitze. Ebenso sind gewalttätige Aktionen in Frankreich und Spanien üblicher als in den Niederlanden, Deutschland und Großbritannien. Diese Ergebnisse können, unter anderem, vor dem Hintergrund der oben erwähnten unterschiedlichen Gesellschaftsmodelle interpretiert werden: Die hohe Partizipation der nordeuropäischen Länder bestätigt ihre Nähe zum Zivilgesellschaftskonzept; die geringe Partizipation in den südeuropäischen Ländern deutet auf ihre (ehemals) staatszentrierte Ausrichtung hin; und die durchschnittliche Partizipationsrate für Deutschland kann ein Indiz für die Entwicklung von einem (einst) staatszentrierten, gemeinschaftsbezogenen Land zu einer Zivilgesellschaft (Verwestlichung) mit hohen Partizipationswerten bei sozialen Bewegungen sein. Frankreich stellt mit seiner geringen Partizipation bei sozialen Bewegungen aber hohen Werten bei Demonstrationen und Streiks eine besondere Variante eines zentralistischen Systems dar; die sozialen Bedürfnisse finden oft über klientelistische Kanäle ihren Weg zum Staatsapparat.

2.4 Die Perzeption des Demokratiedefizits in der EU

Es ist eine weit verbreitete Ansicht, der EU mangele es an einem ausreichenden Maß an Legitimierung. Zwar gibt es Wahlen zum europäischen Parlament, aber die Wahlbeteiligung ist niedrig und nationale Themen bestimmen den Wahlkampf. Es ist ein weit verbreitetes Gefühl, dass es so etwas wie den europäischen Bürger, der seinen Willen im europäischen Kontext zum Ausdruck bringt, nicht gibt. Europa ist (noch) keine Nation, in der die Bürger über ihr Schicksal ent-

scheiden; das Parlament hat nur begrenzte Kompetenzen, die Vertreter im Ministerrat sind nur national legitimiert und an den Entscheidungsnetzwerken sind nur
Interessen- bzw. Parteivertreter beteiligt.

In Bezug auf dieses Legitimationsdefizit gibt es drei verschiedene Positionen, und jede von ihnen steht in Verbindung mit den je verschiedenen Traditionen und Kulturen in Frankreich, Deutschland und England.

Die *britische Kritik* am Demokratiedefizit in der EU bezieht sich auf ein
fehlendes Repräsentationssystem, bei dem die Repräsentanten den Repräsentier-
ten gegenüber verantwortlich sind, sowie auf das Fehlen von Verantwortlichkeit
in wichtigen europäischen Institutionen, unter anderem vor allem in der Kommission gegenüber den europäischen Bürgern. Es gibt nach britischer Auffassung keine Demokratie ohne Verantwortlichkeit und demokratischer Rechen-
schaft. Die Kommission sowie, mit einigen Abstrichen, auch der Ministerrat und
das Europaparlament seien entweder nicht gewählt oder der Wählerschaft gegenüber nicht verantwortlich.

Die *deutsche Kritik* bezieht sich vor allem in Juristenkreisen auf das Fehlen
eines Grundelements der Staatlichkeit, nämlich des Staatsvolkes. Dies deutet auf
die Unvereinbarkeit zwischen einer wirklich existierenden Demokratie und einem wirklich existierenden europäischen Volk hin. Solange es keinen europäischen Bürger gebe, kann es auch keinen europäischen Staat geben. In seiner
Urform bedeutet es, dass jede politische Gemeinschaft auf einer gemeinsamen
oder gar homogenen Kultur basieren muss, oder wenigstens den gemeinsamen
Willen haben muss, zusammen leben zu wollen.

Die *französische Kritik* am Demokratiedefizit zielt schließlich auf den Nationalstaat selbst. Eine Europäisierung bedeutet für Einige das Verschwinden der
politischen Nation. Es ist genau diese Gefahr, die die Debatte in Frankreich bestimmt, denn sie bezieht sich auf den für die Franzosen heiligen Begriff der Souveränität. Souveränität bedeutet die Integration der Bevölkerung nach innen und
die Bestätigung der Existenz nach außen. Zwei unterschiedliche Positionen gegenüber einer Souveränitätseinschränkung sind sichtbar: die eine widersetzt sich
solange jeder Kompetenzübertragung an die Union, bis sie politisch klar definiert
ist; und eine zweite Position favorisiert einen schrittweisen Souveränitätstransfer
auf verschiedene Ebenen, bis eine klare Machtverteilung stattgefunden hat.

2.5 Der Fall der Nominierung des Präsidenten der Europäischen Zentralbank

Die Diskussion über die Nominierung des Präsidenten der Europäischen Zentralbank (EZB) spiegeln sehr augenscheinlich die verschiedenen Kulturmuster. Die
Debatte war nicht nur ein persönliches Duell zwischen dem deutschen Bundes-

kanzler und dem französischen Staatspräsidenten, sie verdeutlichte auch die in diesen beiden großen europäischen Ländern tief verwurzelten, unterschiedlichen politischen Kulturen. Die Wahl war zu treffen zwischen Helmut Kohls Kandidat, dem niederländischen Zentralbanker Wim Duisenberg, und dem von Jaques Chirac favorisierten Franzosen Jean-Claude Trichet. Das Ergebnis ist, entsprechend den offiziellen Verlautbarungen direkt nach den Konsultationen vom 2.5.1998, bekannt: Duisenberg wurde mehr oder weniger genötigt anzukündigen, dass er nicht beabsichtige, die vorgesehene volle Amtszeit von acht Jahren zu erfüllen, sondern einige Zeit vorher aus gesundheitlichen Gründen auszuscheiden. Er soll dann durch Trichet ersetzt werden, der dann eine komplette Amtszeit von acht Jahren im Amt bleiben soll.

Wie kann man diesen „Kompromiss" erklären? Eine Antwort lässt sich in den unterschiedlichen politischen Kulturen Deutschlands und Frankreichs finden. Beide Länder klammerten sich an ihr Verständnis politischer Kultur, an ihre Obsessionen und Prioritäten.

Wie oben bereits erwähnt, misst Frankreich der Nation und ihren politische Eliten große Bedeutung bei und folglich der persönlichen Repräsentation. Die Nation, „une et indivisible", steht in der Tradition monarchischer und/oder republikanischer Herrschaft und ist das Symbol der Selbstidentifikation. Ein französischer Kandidat würde die Bedeutung der französischen Nation unterstreichen. Auf der anderen Seite steht Deutschland, das aufgrund der historischen Erfahrungen auf die Stabilität der Währung programmiert ist und diese mit Hilfe klar abgegrenzter Kompetenzen, Regeln und Abläufen der Europäischen Zentralbank zu erreichen versucht. Autonomie und Unabhängigkeit von der Politik sind hierzu unerlässliche Voraussetzungen.

Von diesen verschiedenen Bewertungen von Institutionen und Personen abgesehen, gibt es Prioritätenunterschiede. Während in der französischen Politik Personen Priorität gegenüber Institutionen genießen, gibt die deutsche politische Kultur den institutionellen Arrangements eine hohe Priorität. Institutionen bleiben, Personen wechseln – dies könnte das deutsche Konzept knapp wiedergeben; in der französischen Politik können Verfassungen schon eher auf den persönlichen Stil eines Politikers zugeschnitten werden. De Gaulle formte die V. Republik nach seinen persönlichen Ambitionen, und auch später wurde zu verschiedenen Zeitpunkten die Verfassung geändert, wenn dies die Politik verlangte. Menschen können verschiedene Kleider tragen.

Hinzukommt, dass beide Länder unterschiedliche Wirtschaftspolitiken verfolgen. Während die deutsche Seite davon ausgeht, dass die EZB, ähnlich der Bundesbank in Frankfurt, autonom und unabhängig sein sollte, sehen die Franzosen die Geldpolitik als einen integralen Bestandteil der Wirtschaftspolitik insgesamt. Daher machten sie auch den Vorschlag, der Bank ein Wirtschaftska-

binett zur Seite zu stellen. Dieser Vorschlag, der auch in anderen Ländern durchaus Anklang fand, käme aber wiederum der Realität der Bundesbank recht nah,
die ebenfalls ihre Politik in der Vergangenheit zu verschiedenen Anlässen (Vereinigung, Aufwertung) der der Bundesregierung anpassen musste. In der Praxis
konvergieren somit die beiden Auffassungen.

Somit zeigt dieser Fall, dass Unterschiede in der politischen Kultur, wozu
die verschiedene Gewichtung und Priorität von Institutionen und Personen gehören, eine Personalentscheidung wie die des europäischen Zentralbankpräsidenten
erklären können.

2.6 Zentrale Begriffe im europäischen Diskurs

Verständigungsschwierigkeiten zwischen europäischen Politikern entstehen auch
daraus, dass zentrale Begriffe und Konzepte, die in den drei wichtigen Sprachgruppen Verwendung finden, unterschiedliche Bedeutungen haben. Hierzu habe
ich nicht die Fachliteratur, sondern Lexika konsultiert.

Politikverfahren: Föderalismus, Subsidiarität, Demokratie, Regierung

Die Bedeutung des Begriffs *Föderalismus*[10] unterscheidet sich im Angelsächsischen und Deutschen. Diejenigen Länder mit föderalen Strukturen definieren ihr
System als differenziertes Mehrebenensystem mit aufgeteilten Kompetenzen
zwischen den verschiedenen Ebenen der lokalen, Staats-, Regions-, Länder- und
Zentralregierungen. Dabei werden „der übergeordneten Gewalt jeweils nicht
mehr Regierungsbefugnisse gegenüber nachgeordneten Gewalten eingeräumt, als
im Interesse des Ganzen geboten ist". Im Englischen und in den romanischen
Sprachen bedeutet das Wort „federal" oder „fédéral" innenpolitisch die Übertra-
gung bestimmter Regierungsgewalten auf eine Zentralregierung und außenpolitisch eine den Einzelstaaten übergeordnete „unité internationale distincte". Der

---

[10] *Federal*: relating to the central government of a federal union; pertaining to a compact or union
of federal states, which agree to delegate certain specific governmental powers to the central
government. Consisting of a group of states independent in local matters but united under a
central government for other purposes; defense.
Föderalismus: Beziehung für ein Gestaltungsprinzip sozialer Gebilde, u.a. von Staaten; soll der
Sicherung der Eigenständigkeit und Selbstverantwortung gesellschaftlicher Teilbereiche dienen
in dem Sinne, daß der übergeordneten Gewalt jeweils nicht mehr Regierungsbefugnisse gegenüber nachgeordneten Gewalten eingeräumt wird, als im Interesse des Ganzen geboten ist. (...)
Fédéral: Relatif à un groupement d'Etats qui constitue une unité internationale distincte, su-
perposée aux Etats membres, et à qui appartient exclusivement la souveraineté externe.

zum Föderalismus gehörige Begriff der *Subsidiarität*[11] wird ebenfalls unterschiedlich verstanden. Er ist im EWG-Vertrag in Artikel 3b definiert: „In den Bereichen, die nicht in ihre ausschließliche Zuständigkeit fallen, wird die Gemeinschaft nach den Subsidiaritätsprinzip nur tätig, sofern und soweit die Ziele der in Betracht gezogenen Maßnahmen auf Ebene der Mitgliedsstaaten nicht ausreichend erreicht werden können und daher wegen ihres Umfanges oder ihrer Wirkungen besser auf Gemeinschaftsebene erreicht werden können...“. Diese Definition entspricht der katholischen Soziallehre als „Beistand sofern die Kräfte zur Existenzerhaltung und Aufgabenerfüllung nicht ausreichen“. Es ist bezeichnend, dass weder die englischen noch die französischen Lexika eine Subsidiaritätsdefinition anbieten.

Es gibt viele *Demokratie*bedeutungen[12] und -formen, an deren Anfang aber immer das „Volk“ bzw. die „Bürger“ steht. Hier unterscheidet sich die englische Bedeutung von der des Kontinents. Auf dem europäischen Kontinent dominierte die Auffassung einer „Herrschaftsform, in der die Macht bei allen Bürgern liegt“ oder da, wo „le peuple exerce la souveraineté“ und unterscheidet sich von „government by the people, usually through elected representatives“ in England und den USA. Die Idee einer direkten, idealen oder radikalen Demokratie hat auf dem Kontinent ihren Ursprung, während die Idee einer gewählten verantwortlichen Repräsentation dem englischen Demokratieverständnis näher ist. Auch das Wort „*Regierung*“[13] hat unterschiedliche Bedeutung auf beiden Seiten des Kanals und des Atlantiks. Government meint ein „established system of administering state affairs“ oder „persons entrusted with the affairs of the state“. Auf dem Kontinent bezieht sich *Regierung* hauptsächlich auf das exekutive „Staatsorgan“ oder auf „ceux qui gouvernent un Etat“. Im Englischen hat das Wort somit einen viel breiteren Begriffsinhalt.

---

[11]   *Subsidiarität*: gesellschaftspolitisches Grundprinzip für den Aufbau von Staat und Gesellschaft und deren Beziehungen. Dem Subsidiaritätsprinzip zufolge hat die übergeordnete Gemeinschaft die Pflicht, der nach- und untergeordneten Gemeinschaft behilflich zu sein (subsidium=Reserve, Beistand) sofern deren Kräfte zur Existenzerhaltung und Aufgabenerfüllung nicht ausreichen (Schmidt 1995)

[12]   *Democracy*: Government by the people, usually through elected representatives.
Demokratie: die Herrschaftsform, in der die Macht bei allen Bürgern liegt. (...)
Démocratie: Gouvernement où le peuple exerce la souveraineté.

[13]   *Government*: Established system of administering state affairs. Persons entrusted with the affairs of a state.
Regierung: Staatsorgan, das die richtunggebenden und leitenden Funktionen in einem politischen System ausübt;.. Spitze der Exekutive in einem Staat. (...)
Gouvernement : Ensemble de ceux qui gouvernent un Etat.

Kultur, Zivilisation

Bei dem Begriff *Kultur*[14] verläuft die Trennlinie nicht zwischen Kontinent und
Übersee, sondern zwischen den englischen und romanischen Sprachgruppen auf
der einen Seite und der deutschen Sprachgruppe auf der anderen. Die oft zitierte
klassische aber etwas veraltete Definition für Kultur lieferte Thomas Mann 1914
in seinen „Betrachtungen eines Unpolitischen", als er schrieb: „Der Unterschied
von Geist und Politik enthält den von Kultur und Zivilisation, von Seele und
Gesellschaft, von Freiheit und Stimmrecht, von Kunst und Literatur; und
Deutschland das ist Kultur, Seele, Freiheit, Kunst und nicht Zivilisation, Gesellschaft, Stimmrecht, Literatur." Kultur hat im deutschen Verständnis eine nach
innen auf kreative Tätigkeiten „zur Entwicklung, Bereicherung und Veredelung
des geistigen Lebens" gerichtete Bedeutung, während *Zivilisation*[15] eine beson-

---

[14] *Culture:*Training of the mental or moral powers, or the result of such a training: refinement;
improvement and development through care and training. Particular type or stage of civilization, as of a people or period; appreciation of art, music, literature.
Kultur: das von Menschen zu bestimmten Zeiten in abgrenzbaren Regionen in Auseinandersetzung mit der Umwelt in ihrem Handeln Hervorgebrachte (Sprache, Religion, Ethik, Institutionen, Recht, Technik, Kunst, Musik, Philosophie, Wissenschaft), auch der Prozess des Hervor-
bringens der verschiedenen Kulturinhalte und -modelle... und entsprechen der individueller und
gesellschaftlicher Lebens- und Handlungsformen. (...)
Kultur (1871): eigentlich höhere Ausbildung und Vervollkommnung eines derselben fähigen
Objekts, z.B. Kultur des Bodens, der Waldungen, der Thiere, besonders aber die Erzeugung,
Entwicklung, Bereicherung und Veredelung des geistigen Lebens des Menschen. Nur in diesem Sinne wird das Wort gebraucht, wenn von der Geschichte der Kultur die Rede ist, und
auch da wird es nicht auf die Menschheit im Allgemeinen angewendet, sondern nur auf die
Völker, welche auch wirklich zu den Kulturvölkern, d.h. zu denjenigen Völkern gehören, die
auf ihrem Gebiete mit eigenen Kräften Eroberungen gemacht, zu ihrem Fortschreiten und zu
ihrer Entwicklung selbstthätig mitgewirkt, dem geistigen Leben neue Formen gegeben oder
von anderen Völkern angenommene eigenthümlich ausgebildet haben und eben dadurch eine
selbständige Ausstrahlung des großen geistigen Mittelpunktes der menschlichen Bildung darstellen.
Culture: Ensemble des connaissances acquises: instruction, savoir. Ensemble des structures so-
ciales, religieuses, etc., des manifestations intellectuelles, artistiques, etc. , qui caractérisent une
société.

[15] *Civilization*: Countries marked by a highly developed technology and culture. Total culture of
a given people or period. A stage of development in human society that is socially, politically,
culturally, and technologically advanced.
Zivilisation: in der engl./frz. Bedeutung, die sich seit 1945 auch weitgehend im deutschen
Raum durchgesetzt hat (wo der Begriff ursprünglich nur auf die guten Sitten sowie auf gutbür-
gerliche Lebensart bezogen war), das Selbstverständnis der modernen bürgerlichen Gesellschaft als ein Konglomerat von Stand der Technik, Umgangsformen, sowie der wissenschaftlichen Erkenntnis. (...)
Civilisation: Ensemble des caractères communs aux sociétés évoluées. Ensemble des caractères
propres à la vie intellectuelle, artistique, morale et matérielle d'un pays ou d'une société.

ders durch Oswald Spengler geprägte pejorative Wertung erhielt. Im angelsächsischen und romanischen Bereich gibt es keine Unterscheidung zwischen Kultur und Zivilisation; er beinhaltet sowohl „hoch entwickelte Technologien als auch Kultur". Das eingeschränkte Verständnis von Kultur im Deutschen macht in anderen Sprachen keinen Sinn. Zu Beginn des letzten Jahrhunderts wurde der Begriff der Zivilisation von deutschen Kritikern abschätzig gebraucht, indem man sich auf eine, dem Geistigen gegenüberstehende, technische Welt der Ingenieure bezog. Diese Unterscheidung geht mit der Zwei-Kulturen-Debatte Hand in Hand, bei der die Differenzierung zwischen der Kultur der Geisteswissenschaften und der der Natur- oder Ingenieurswissenschaften gemacht wurde. Heutzutage werden die Begriffe Kultur und Zivilisation zunehmend synonym verwendet.

Gibt es und kann es eine europäische Verhandlungskultur geben? Elemente einer europäischen Kulturgemeinschaft

Kann es bei all diesen möglichen Verständnisschwierigkeiten überhaupt eine gemeinsame europäische Kultur geben?

Eine europäische Kultur unterscheidet sich durch einige Besonderheiten von jenen die in den nationalen europäischen oder amerikanischen Kulturen bekannt sind. Die Geschichte Europas ist die Geschichte politischer und kultureller Unterschiede. Jedes Land hat seine eigene nationale Geschichte und daher verschiedene kulturelle, wirtschaftliche und politische Ausrichtungen. Diese jeweils für sich stehende Vielfalt unterscheidet Europa von den Vereinigten Staaten von Amerika.

Bisher habe ich die Vielfalt und Unterschiedlichkeit als historisches Erbe und besondere als Eigenart der europäischen Völker betont. Dem muss sich jetzt die Frage anschließen, wie die Völker friedlich koexistieren können oder wie sie dazu gebracht werden können zusammen zu leben ohne die Besonderheiten der verschiedenen Kulturen zu verlieren?

Die Beispiele unterschiedlicher Kulturen, dem aus dem europäischen Reservoir beliebig andere hinzugefügt werden könnten, zeigt, wie die politischen Kulturen verschiedener europäischer Länder Politik bestimmen können. Kann es bei so markanten Unterschieden, die die Verständigung nicht eben erleichtern, überhaupt ein gemeinsames europäisches Kulturverständnis geben?

Das europäische Projekt wurde als „Verhandlungssystem" oder als „verhandelndes System" beschrieben, das sowohl nach innen als auch nach außen auf Verhandlung angelegt ist. Ein gemeinsames Kulturverständnis kann ein solches System befördern. Hierzu lassen sich sechs Elemente für die Herausbildung einer europäischen politischen Kultur und damit Identität angeben, die sowohl institutionelle, als auch normativ-kulturelle Faktoren umfassen: das europäische Erbe gemeinsamer Werte, sich ergänzende nationale Kulturen, gemeinsame Institutionen, eine gemeinsame Außen- und Sicherheitspolitik, ein föderales Politiksystem, das die Vielfalt mit der Einheit verbindet und schließlich die Herstellung einer europäischen Öffentlichkeit.

Das gemeinsame Erbe, die gemeinsamen Werte

Die Erinnerung an gemeinsame geschichtliche Erfahrungen, intellektuelle und künstlerische Strömungen, an positive wie negative „Erinnerungsfiguren" (Assmann), an Symbole der Identität etc. bilden das bewusste oder unbewusste Reservoir an Gemeinsamkeit, das allerdings immer wieder in Erinnerung gerufen werden muss, um lebendig zu sein. Die politischen und ökonomischen Werte und Ideologien des Kopenhagener Kriterienkatalogs von 1993 (Demokratie, Rechtsstaatlichkeit, Menschenrechte, Marktwirtschaft) können allerdings auch jenseits des europäischen Kontinents in Amerika oder im Pazifik gelten und damit nicht exklusiv auf Europa bezogen werden. Hinsichtlich des *way of life* gibt es aber Europa spezifische Prägungen.

Komplementarität der Kulturen

Die erwähnten nationalen Divergenzen, Unterschiede, Widersprüche etc., die als Merkmal des europäischen Projektes hervorgehoben worden sind, markieren zwar Unterschiedliches, können aber auch als komplementäre Ergänzungen aufgefasst werden. Die Vielfalt schließt solchermaßen die Einheit nicht aus. Heraklit beschreibt diesen Sachverhalt philosophisch überhöht: Die Menschen erkennen nicht, dass alles was sich widerspricht, dadurch mit sich in Einklang kommt."

Gemeinsame Institutionen

Institutionen bilden den gemeinsamen Rahmen für Politik und das wie auch immer komplexe Institutionensystem aus supranationalen (Kommission, Parlament, Gerichtshof) und intergouvernementalen (Ministerrat, Rat der EU) Elementen ermöglicht mit wenigen Koordinationskosten verbundene Wahrnehmung internationaler Verpflichtungen und reduziert mittels geschaffener und noch auszubauender Transparenz die Transaktionskosten. Mit dem Verfassungsvertrag wurde mit Präsident und Außenminister eine personalisierte Repräsentanz geschaffen, die schneller und flexibler auf Krisenentwicklungen reagieren kann und das Gemeinschaftsprojekt auch nach außen vertritt.

Gemeinsame Außen- und Sicherheitspolitik

Das Dokument zur europäischen Identität wurde bereits 1973 in Kopenhagen konzipiert und geht davon aus, dass eine gemeinsame Außen- und Sicherheitspolitik die Identität und Unabhängigkeit Europas in Europa und der Welt fördert. Europäische Politik wird schon seit geraumer Zeit in internationalen Foren praktiziert und hat zu einem Esprit de Corps der Europapolitiker geführt.

Föderalismus

Europas Identität wächst auch von unten nach oben in einem politischen Mehrebenensystem. Unterschiedliche Ausprägungen und Schwerpunktbildungen hat die Vielfalt in der Einheit hervorgebracht. Das in den EU-Verträgen formulierte Subsidiaritätsprinzip und die im Verfassungsvertrag festgeschriebene Kompetenzverteilung zwischen der Union und den Mitgliedstaaten qualifiziert das EU-Politiksystem als quasi föderales System oder als Föderalismus im Entstehen. Die Organe der EU sind mit Kompetenzen ausgestattet worden, die ein auf gemeinsamen Interessen beruhendes Verhandlungssystem hervorbringen können.

Europäische Öffentlichkeit

Schließlich gehört zur Herausbildung eines legitimen europäischen Politiksystems eine Öffentlichkeit, die übernationale Diskurse ermöglicht. Ein europäisches Bürgerbewusstsein ist Voraussetzung dafür, dass eine gemeinsame Willens- und Entscheidungsfindung möglich wird. Eine solche europäische Öffentlichkeit gibt es nur in Ansätzen; das nationale Politiksystem ist nach wie vor der wichtigste Identifikations- und Loyalitätsbezug. Je mehr gemeinsame Herausforderungen auf Europa zukommen, um so eher kann ein europäisches Bürgerbewusstsein entstehen.

Damit sind die Elemente einer sich entwickelnden europäischen Kultur und Identität genannt. Die Einübung von Gemeinsamkeiten, das Bewusstwerden gemeinsamer Geschichte, das Kennenlernen und Verstehen anderer Kulturen ist vor allem eine pädagogische Aufgabe, bei der der Sprachenvermittlung eine zentrale Rolle zukommt. Die nationalen Kulturen können nur über Begegnungen und Vermittlungsinstanzen einander näher gebracht werden, damit das kulturelle Gewebe der europäischen Politik die „Seele" (Delors) einhauchen kann. Für die Verhandlungskultur bedeuten solche Gemeinsamkeiten, dass das Verstehen europäischer Politiker innerhalb Europas erleichtert werden kann und trotz aller Unterschiede in nationalen Verhandlungsstilen immer noch mehr Gemeinsamkeiten zu erkennen sind, wenn mit außereuropäischen Politikern Verhandlungen geführt werden. Europäisches Bewusstsein hat sich längst in internationalen Foren herausgebildet, wie z. B. die Verhandlungen um das Koyoto-Protokoll oder die Landminenkonvention belegen.

Kapitel V
Instrumente der Verhandlung

> Man kann nicht einem Kind mit einem Hammer
> das Klavierspielen beibringen (nach K.W. Deutsch)

Verhandlungstechniken beziehen sich auf die Mittel, die ein Verhandler besitzt oder sich im Verlauf des Verhandlungsprozesses erwirbt. Verhandlungsstrategien bzw. Verhandlungstaktiken beziehen sich auf die Prozessgestaltung und die sozialen Beziehungen, die zwischen den verhandelnden Parteien bestehen. Wenden wir uns zunächst den Instrumenten zu, die beim Verhandeln eines bestimmten Gutes zum Einsatz kommen können und fragen nach den Neuerungen.

Was Verhandlungen so flexibel gestalten lässt, ist die Existenz einer großen Zahl von Verhandlungstechniken. Der Begriff Technik kann hier in einem allgemeineren Sinne verwendet werden und ist nicht eingeschränkt nur auf Instrumente, sondern umfasst auch Strategien, Taktik, d.h. all die Mittel, die das soziale Verhältnis zwischen den Verhandlern betrifft.

Praktiker vor allem haben eine große Zahl von solchen Techniken erfunden, die dazu dienen, die eigene Position zu stärken und/oder die des anderen zu schwächen. Solche Strategien haben allerdings nicht immer, sondern eher selten zum Ziel geführt. Zwar hatte die alte Realpolitik geglaubt, dass der eigene Nutzen nur auf Kosten des anderen zu erreichen wäre. Im Zeichen kooperativer Politik weiß man, dass dieser Politikstil für Verhandlungen ungeeignet ist und Gewinne auf beiden Seiten gemacht werden können. Die gegenseitige Rücksichtnahme ist ein Gebot der eigenen Vorteilssuche.

1 Typologisierung von Verhandlungstechniken bzw. -ressourcen

Verhandlungsinstrumente können nach akteurszentrierten, gegenstandsbezogenen und auf Prozeduren bezogene Mittel eingeteilt werden; sie können separat oder in Kombination eingesetzt werden. Andere Typologisierungen unterscheiden zwischen distributiven und integrativen Taktiken oder zwischen konfrontativen und akkommodierenden Techniken. Wieder andere Einteilungskriterien können sich auf unterschiedliche Machtressourcen beziehen wie die zwischen Zwangs-, Struktur- und Konsensinstrumenten. Am Schluss des Kapitels werden synoptisch diesen Machtressourcen Instrument und Strategien zugeordnet (vgl. Übersicht 9).

Während Zwang und Druck Gewaltmittel implizieren, bleibt die Macht, die in Strukturen steckt bei „sanfter Gewalt", d.h. vornehmlich bei ökonomischen Machtmitteln. Nichtentscheidungen und autoritative Entscheide gehören zum Arsenal struktureller Macht. Die dritte Form von Ressource ist konsensueller Art und betrifft all diejenigen akteurszentrierten Mittel, die das Verhandlungs-, Überzeugungs-, Überredungsgeschick des Verhandlers ausmachen. Übersicht 9 führt Instrumente und Strategien auf und ordnet sie entsprechenden Machtressourcen zu.

2   Akteurszentrierte Ressourcen

Sozialpsychologische Experimente haben gezeigt, dass eine Gruppe nicht notwendigerweise entschlussfreudiger ist als der einzelne. Im Gegenteil. Der Mut zum Wagnis muss von einem „geborenen Führer" aufgebracht werden, um eine Gruppe zu aktivieren (vgl. Irle 1971). Bei Konferenzen und Tagungen kommt insbesondere dem Verhandlungsführer (Diskussionsleiter, Parlamentspräsidenten, Konferenzpräsidenten etc.) eine nicht zu unterschätzende Amtsautorität zu; er kann Konferenzergebnisse beeinflussen durch formelles und informelles diplomatisches Verhandeln, Erkundungsreisen im Vorfeld einer Konferenz, Halten der Eröffnungsrede, Aufstellung der Tagesordnung, Einberufung des Gremiums, Abbrechen einer Sitzung, Aufstellen der Rednerliste, Beeinflussung der Medien, Entwerfen des Schlussdokuments sowie weiteres Ausnutzen von Verfahrens- und Organisationsregeln (vgl. Raven 1965: 371-382, Kaufmann 1968: 50, 76-79, 83-101). Robert Michels (1911/1989) hat diese Führungsstrukturen schon zu Beginn des 20. Jahrhunderts beobachtet und als Oligarchie-Gesetz formuliert. Das Ziel, die Konferenz zu einem Ergebnis zu führen, setzt diplomatisches Geschick im Umgang mit den Gruppenmitgliedern voraus. Ein Beispiel für die Möglichkeiten, Einfluss auf einen Konferenzverlauf durch Ausnützung der Gastgeberrolle zu üben, lieferte Kuba, das 1979 die VI. Gipfelkonferenz der Blockfreien Bewegung ausrichtete. Es gelang Fidel Castro zunächst gegen heftigen Widerstand einige Länder auf die Formel, die Sowjetunion sei der „natürliche Verbündete" der Dritten Welt, einzuschwören. Doch fand seine Forderung schließlich keinen Niederschlag im Schlusskommuniqué der Konferenz. Die Literatur erwähnt eine Fülle von Eigenschaften, die es dem Verhandler ermöglichen, erfolgreich in Verhandlungen zu bestehen. Nachfolgend werden solche personenbezogene und konzeptionelle Erfolgsstrategien vorgestellt. [16] Die Liste von Verhandlereigenschaften liest sich wie folgt:

- Flexibilität;
- zwischenmenschliche Empfindsamkeit (Empathie);
- Erfindungsreichtum bei der Lösungssuche;
- Geduld, Beharrlichkeit;
- Angebote zu beidseitigem Gewinn;
- Informationsvorsprung, der der informierten Partei Vorteile bringt;
- Argumentieren unter Verweis auf Regeln, Gesetze, Verfahren, d.h. Wegbegeben vom Gebiet der Politik hin zum Recht;
- Hochschrauben von Forderungen, denen der andere nicht zustimmen kann;
- auf Zeit spielen in Erwartung besserer Verhandlungspositionen; offen halten, Verzögern, aufschieben,
- Druck und/oder drohen mit militärischen, ökonomischen oder politischen Mitteln;
- Vermittlung.[17]

---

[16] Zur Literatur siehe ferner: Bercovitch 1985: 163,164; Iklé 1964; Simkim 1971. Zu Strategien siehe Kaufmann 1962; Fisher 1981; Iklé 1964; Zartman 1985; Burton 1972.

[17] "The difference between negotiation and mediation is that the negotiator is himself an active and interested party, whereas the mediator is a third party not directly involved in the negotiation process". Nach Bercovitch (1984) besitzt im Idealfall ein Vermittler folgende Eigenschaften:
- er wird freiwillig von den Konfliktparteien akzeptiert; er kann nur durch das Vertrauen der Gegner zum Erfolg kommen;
- er muss als unabhängig und glaubwürdig gesehen werden; er muss unparteiisch sein;
- er schaltet sich in den internationalen Konflikt ein mit der Absicht ihn zu verändern, zu beeinflussen oder zu modifizieren;
- er gebraucht nur friedliche Mittel, um die Konfliktparteien zur Zustimmung zu einem Vorschlag zu bringen;
- er verändert die Dyade zu einer Triade der Interaktion;
- Sein Engagement wird von allen als zeitlich begrenzt gesehen;
- in den meisten Fällen ist der Vermittler nicht ohne Eigeninteressen, insbesondere wenn der Vermittler ein Staat ist.
Als Qualifikationen des Vermittlers können genannt werden: Kenntnis des Konflikts, Verständnis für die Position des anderen, aktives Zuhören, Gefühl für Zeit, Kontaktfreudigkeit, Verfahrenskenntnisse und die Fähigkeit zum Krisenmanagement (vgl. Wehr 1979).

2.1 Das Harvard Konzept

Einen konzeptionellen Neuansatz haben Roger Fisher, William Ury und (später) Bruce Patton mit ihrem 1981 bekannt gewordenen *Harvard-Konzept* „getting to yes" vorgelegt (Fisher/Ury/Patton 1997). Nach diesem *Konzept* gibt es einige goldene Regeln, um bei Verhandlungen zu einem „yes" zu kommen, die an dieser Stelle genannt werden sollen:

1. Persönliches und Sachliches sollen getrennt voneinander behandelt werden.
2. Die Verhandler sollen sich auf Interessen konzentrieren, nicht auf Positionen.
3. Optionen zum beiderseitigen Vorteil sollen entwickelt werden.
4. Neutrale Beurteilungskriterien sollen Anwendung finden.
5. Bei Scheitern sollen bessere Alternativen entwickelt werden („Best Alternative to Negotiated Agreement"; BATNA) (vgl. auch Fisher/Ury/Patton 1997: 37-143).

Vier Verhaltensmaximen sollen also im privaten wie im öffentlichen Bereich erfolgreiches Verhandeln bestimmen: Erstens sollen *persönliche und sachliche Elemente* voneinander getrennt werden; zweitens sollen sich Verhandlungen *auf Interessen und nicht auf Positionen* im Sinne festgefahrener Ideologien oder Wertfixierungen konzentrieren, drittens sollen *Optionen zum Vorteil* aller entwickelt werden und viertens sollen *objektive Kriterien* als Argumente in die Verhandlungen eingeführt werden. Dieses Konzept leuchtet unmittelbar ein und ist in zahlreichen Experimenten erprobt worden. Bei politischen, z.T. auch bei wirtschaftlichen Verhandlungen ergeben sich allerdings Probleme, die im individuell-privaten Bereich nicht oder nicht in demselben Maße auftreten, nämlich die Gebundenheit an Zwänge (Vgl. Kap. VII).

2.2 Pendeldiplomatie

Bei internationalen Verhandlungen zumal solchen, die globale Dimensionen haben, muss der gesamte Kontext betrachtet und analysiert werden. Als Beispiel bietet sich die Pendeldiplomatie Henry Kissingers nach dem Jom-Kippur-Krieg 1973 zwischen Israel und Ägypten an, die dadurch gekennzeichnet war, dass der amerikanische Sicherheitsberater und spätere Außenminister ständig zwischen Assuan und Jerusalem hin und her pendelte und der jeweils anderen Seite den Standpunkte der gegnerischen Seite erklärte und in einem Prozess sukzessiver Angleichung die Standpunkte näher brachte. Dabei war das Heraushalten der zweiten Supermacht UdSSR ein strategisches Ziel des Vermittlers selbst. Der

Krieg wurde durch einen Waffenstillstand und die Truppenentflechtung beigelegt. Kissinger konzentrierte sich nach eigenen Angaben auf folgende Verhandlungstechniken:

- Aufteilung der Konfliktgegenstände in verhandelbare und nicht-verhandelbare Gegenstände;
- jede Partei musste über die Interessen der jeweils anderen informiert werden;
- jede Partei sollte ihre Vorschläge unterbreiten;
- Drängen auf Konzessionen;
- Drohen und Druck;
- Anbieten von Wirtschafts- und Militärhilfe.

Diese Shuttle-Diplomatie wurde bei anderen Gelegenheiten (Vietnam, Sowjetunion oder China) ebenfalls praktiziert (Vgl. Starkey et al 1999: 57). Bei der Auswahl der Mittel spielten somit die politischen Interessen des Vermittlers selbst eine große Rolle: es sollte die andere Großmacht herausgehalten werden, ebenso wie die Palästinenser, deren Interessen nicht verhandelbar waren. Kissinger konnte die dominierende Rolle der Großmacht USA ausspielen, die Verhandlungen auf seine Person zuschneiden, und damit Konzessionen von beiden Seiten fordern. Die Shuttle-Diplomatie war erfolgreich, die Truppenentflechtung wurde erreicht und der Grundstein für spätere Verhandlungen zwischen Ägypten und Israel gelegt (Camp David 1979). Die Sowjetunion blieb ohne Einfluss auf die Konfliktlösung, die USA behielten als Vermittler das Heft des Handelns in der Hand.

2.3 Das Brainstorming u. a.

Als kreative Heuristik bezeichnet Bertram Spector ein Verfahren, das neue oder andere Einstellungen und Sichtweisen zu Tage fördert. Hierzu rechnet er das *Denken in Analogien* wodurch neue Problemsichten entstehen, den *Rollentausch*, der die Interessenwahrnehmung des anderen erkennen lässt, das *brainstorming*, das das Entdecken neuer oder anderer Ideen möglich macht. Vor allem das Denken oder Schließen in Analogien ermöglicht Kreativität, wobei verschiedene Formen möglich sind: bei der direkten Analogie wird ein Problem in einen gänzlich anderen Kontext versetzt und in diesem Kontext analysiert; die Phantasie-Analogie projiziert ein Problem in eine ideale Lösungssituation; die personale Analogie läuft über die Identifikation mit einem bestimmten Problem; die symbolische Analogie verbindet ein Problem mit einem image. Es gibt des weiteren das Verfahren des *„fallbasierten Schließens"* (case based reasoning), das darin besteht, dass ein neuer Konflikt- oder Verhandlungsfall mit allen anderen bekannten Fällen verglichen wird, um aus der historischen Analogie heraus Erkenntnisse im Umgang mit dem neuen Fall zu gewinnen. Dieses Verfahren läuft über ein maschinelles mathematisches Verfahren, das die größtmögliche Ähnlichkeit zwischen Fällen erkennen kann (Petrak/Trappl/Fürnkranz 1994).

3 Gegenstandsbezogene Ressourcen

Es gibt wichtige Unterschiede zwischen politischen und kommerziellen Verhandlungsmaterien. Internationale Verhandlungen über wirtschaftliche Themen beziehen sich meist auf *Interessenkonflikte* mit teilbaren Wirtschaftsgütern, während Verhandlungen über politische Themen häufig auf *Wertkonflikte* (z.B. Werte nationaler Identität) bezogen sind. Wirtschaftsverhandlungen werden meist mit „weichen Machtmitteln", also mit strukturellen Mitteln oder Mitteln des Konsens geführt, während bei Verhandlungen über politische Themen auch Zwangsmittel eingesetzt werden können. Empirische Untersuchungen haben gezeigt, dass wertgebundene Verhandlungsthemen, wie nationale Integrität oder Souveränität (Grenzverläufe, Gebietszugehörigkeit, Bevölkerung, Regierung), viel schwerer zu verhandeln sind als Streitigkeiten, die sich auf ökonomische Güter beziehen (Pfetsch/Rohloff 2000: 129). Dies hängt damit zusammen, dass Interessenkonflikte teilbare Güter besitzen, während Wertkonflikte sich der Aufteilung entziehen. Konflikte über Ressourcen wie Öl, Wasser oder Mineralien sind teilbar nach Menge und Qualität, nach Preis oder nach dem Zeitpunkt ihrer Lieferung usw., können also ausdifferenziert werden. Kompromisse können hier durch eine Vielzahl von Verhandlungstechniken gefunden werden und zu *Winwin*, anstatt von *Win-lose* Ergebnissen führen; eine positive Auszahlungsmatrix kann damit eher erreicht werden als eine Nullsummenmatrix.

Der Einsatz von Verhandlungsinstrumenten bedarf der sorgfältigen Auswahl, damit das gewünschte Ergebnis erzielt werden kann. Es kommt auf die *Dosierung der Machtmittel* an, damit die gewünschte Wirkung erzeugt werden kann. Weder Überdosierung noch Unterdosierung führt zum Ziel. Die Angemessenheit der Mittel ist Ausdruck der Symmetrie der Mittel entsprechend dem Stadium, in dem sich ein Konflikt befindet. Wie Karl W. Deutsch betont, ist ein Hammer nicht das geeignete Mittel, um einem Schüler das Klavierspielen beizubringen. Bei Konflikten niedriger Intensität sind so genannte weiche Mittel angemessen, während bei Konflikten hoher Intensität harte Mittel ein entsprechendes Gegengewicht bilden können. Es gibt im Konfliktzyklus eine Relation zwischen dem jeweiligen Intensitätsstadium und den Mitteln, die zur Bewältigung geeignet sind (Pfetsch/Rohloff 2000: 15f.). Für Konflikte auf niedriger Intensitätsstufe sind die Mittel der Diplomatie und der Wirtschaftspolitik angemessen, während bei Konflikten, die mit militärischer Gewalt ausgetragen werden, meist nur Gegengewaltmittel Wirkung zeigen. Die Kriege um Bosnien oder um den Kosovo lehren dies. Letztlich waren es die Großmacht USA und die militärischen Mittel der NATO, die dem Morden ein Ende gesetzt haben. Die EU, die UNO oder die OSZE waren mit ihren „weicheren Mitteln" nicht in der Lage, die Kriege zu beenden (Vgl. Kap. 7.3.). Die Liste gegenstandsbezogener Mittel liest sich wie folgt:

- Zerlegen von komplexen Verhandlungsgegenständen in verhandelbare und nicht verhandelbare Teile;
- Ausdifferenzierung nach Gütern, Quantität, Qualität, nach Preisen, Lieferkonditionen für kommerzielle Güter; materielle Gegenstände der Verhandlung werden wie z. B. der Rohstoff Öl oder die Entlohnung (Lohn/Gehalt) entweder in ihre Bestandteile zerlegt (Öl: Menge, Qualität, Lieferzeiten, Transportkosten etc.) oder um Elemente erweitert (beim Lohn: Lohnnebenkosten, Prämien, Staffelung etc.), so dass das Gewünschte erreicht werden kann.
- Der Bereich materieller Verhandlungsmaterien kann auch dadurch erhöht werden, dass Entscheidungseliten in mehreren Gremien sachlich zusammenhängende Lösungen finden müssen, wie dies im umfassenden System der Wirtschafts- und Sozialpartnerschaft in Österreich der Fall ist oder im System der internationalen westeuropäischen bzw. atlantischen Organisationen. Die Personalunion in verschiedenen Gremien erhöht nicht nur die Kompromissbereitschaft durch gegenseitiges Sichkennen, sondern auch durch „Schnüren von Paketen" zum Zweck des Tauschs. Ein solcher Tausch (log-rolling) ist insbesondere dann möglich, wenn in einem Paket Güter unterschiedlich begehrt werden, so dass Tauschgeschäfte möglich sind. Tauschgeschäfte lohnen sich immer dann, wenn zwei Akteure ohne Tauschgeschäft bei einer für sie wichtigen Angelegenheit in der Minderheit bleiben würden (Bernholz 1972: 216). Voraussetzung ist, dass in einem solchen Tauschgeschäft (explicit log-rolling) entsprechend der Wert-Erwartungstheorie, wonach die Stärke der Präferenz die Handlungen bestimmt (vgl. Breyer 1981: 126), die Verhandlungspartner auf die Durchsetzung günstiger Alternative bei den Entscheidungsmaterien verzichten, bei denen sie die Unterschiede zwischen den Alternativen nicht sehr hoch bewerten. Mit anderen Worten, durch Aufgabe erster Prioritäten in weniger wichtigen Entscheidungsmaterien vermögen Verhandlungspartner durch Stimmabsprache insgesamt ein besseres Ergebnis zu erzielen als ohne Absprachen. Auf diesem Weg sind wichtige historische Kompromisse zwischen bürgerlichen und sozialistischen Parteien in der Bundesrepublik und Österreich zustande gekommen (vgl. Marin 1982: 79/80).

3.1   Erweiterung bzw. Ausdifferenzierung materieller Bereiche

Teilbare und ausdifferenzierbare Verhandlungsmaterien erleichtern das Finden allerseits akzeptierbarer Lösungen. Je umfassender der Bereich materieller Konfliktgegenstände, umso leichter fällt ein Kompromiss und damit die Lösung kontroverser Fälle. Mehrfachmaterien erleichtern das Aushandeln. Ein breitgefächertes Politikfeld gibt die Möglichkeit, nach Materien auszudifferenzieren und damit Verhandlungsgegenstände in Form gegenseitigen Austausches zu ‚verrechnen' (vgl. Kap. V). Ökonomische interessengeleitete Güter sind solchen Differenzierungen gegenüber leichter zugänglich als wertgeladene politische. Güter, „die physisch nicht in Teile zerlegt werden können, können nicht zum Kompromiss geführt werden" (Albin 1991:47). In seiner empirischen Studie zur „Paritätischen Kommission" in Österreich kommt Marin etwas überspitzt zu dem Ergebnis: *„Cooperative interest intermediation thus works either comprehensively or not at all"* (Marin 1983: 215).

Lösungen können dadurch gewonnen werden, dass der Bereich der Entscheidungsmaterien erweitert wird, so dass Konsens durch Addition oder Tausch gefunden werden kann – oder es werden aus einem Gesamtpaket konsensfähige Teile herausgenommen oder zu nicht konsensfähigen erklärt. Der Verweis auf „vitale nationale Interessen" im Luxemburg-Kompromiss der EG von 1966 wonach in national für wichtig gehaltenen Fragen eine Veto-Position des betreffenden Staates möglich ist, oder auf die drei „essentials" in der amerikanischen Berlin-Politik 1961 wonach die Anwesenheit amerikanischer Truppen in Westberlin, der freie Zugang von und nach West-Berlin und die Freiheit und Lebensfähigkeit der Stadt gewährleistet werden sollen, dient als Beispiele.

Durch Differenzierung nach Gütern und durch Teilung in verhandelbare und weniger verhandelbare Güter können zumindest Teillösungen eher gefunden werden als eine Gesamtlösung. Mit Hilfe eines „Menu Ansatzes" können festgefahrene Verhandlungen beenden werden; Güter werden häufig von den Verhandlungsparteien unterschiedlich begehrt; beim Tausch gibt eine Partei etwas auf, was sie weniger begehrt gegen ein Gut, das sie mehr begehrt und das gleiche gilt für den anderen Verhandler; durch einen solchen integrierten Verhandlungsansatz können beide Seiten Gewinne verbuchen.

Demonstrationsfall: Die Politik des OPEC-Kartells zeigt, wie eine Organisation ihre Einheit durch Ausdifferenzierung nach Konditionen, Mengen, Preisen, Qualität etc. des Erdöls über viele Jahre hat wahren können. Der Zunahme an inneren Spannungen versuchte die Organisation dadurch zu begegnen, dass zunächst Richtpreise festgelegt wurden, die anders als einheitliche Fixpreise für einzelne Mitglieder einen gewissen Verhandlungsspielraum zuließen. Nachdem auch die Richtpreise nicht mehr eingehalten werden konnten, versuchte das Kartell durch zeitliche Staffelung Preise festzuschreiben bzw. Preise und Mengen nach Ölqualität zu differenzieren. Als auch diese Festlegungen nicht mehr von allen eingehalten werden konnten, sollte eine neutrale Kontrollkommission die Einhaltung der Preise und Förderquoten überwachen. Diese und ähnliche Mittel der Konditionierung ermöglichten zunächst, das Einstimmigkeitsprinzip aufrechtzuerhalten. Als die Spannungen zu groß wurden, ging die Organisation de facto zum Mehrheitsbeschlussverfahren über; diese Beschlüsse sind jedoch unverbindlich, d. h., die einzelnen Staaten sind zur Einhaltung nicht verpflichtet; nur so konnte nach außen die Geschlossenheit demonstriert werden.

3.2 Interessenausgleich

Bei sich überlappenden Interessen in Bezug auf ein Gut kann durch Interessensausgleich eine Lösung zur beiderseitigen Befriedigung erreicht werden, ohne dass an den Wünschen der Verhandler Abstriche gemacht werden müssen. Interessen können *kompatibel* sein und müssen als solche erkannt werden. Um erfolgreich zu verhandeln ist es wichtig, die jeweiligen *Interessen explizit zu machen*, so dass unterschiedliche Interessen auch wahrgenommen und entsprechend verhandelt werden können.

Demonstrationsfall: Ein viel strapaziertes Beispiel für unausgesprochene Intentionen ist das eines jungen Paares, das als Zeichen ihrer Liebe sich ein Geschenk machen wollen. Das Mädchen hat schöne lange Haare, aber keinen Kamm um sie zu kämmen. Der Knabe hat eine Uhr geerbt, aber keine Kette um sie zu tragen. Da beide sehr arm sind, verkauft der Knabe seine Uhr und kauft dafür einen Kamm, das Mädchen schneidet ihre Harre ab und erwirbt dafür eine Kette. Als beide sich beschenken wollen, müssen sie erkennen, dass ihre Geschenke vollkommen wertlos sind, denn was soll eine Kette ohne die Uhr und was soll ein Kamm ohne Haare? Hätten sich beide ihre Absichten mitgeteilt, wäre es nicht zu einem solchen Missverständnis gekommen.

Ein weiteres Mittel zum Interessenausgleich zu kommen besteht darin, komplexe Verhandlungsmaterien auszudifferenzieren und *Teillösungen* anzustreben. Auf diese Art wurde der wohl komplexeste Konfliktfall der Gegenwart angegangen, nämlich der Nahostkonflikt, der aus zahlreichen Einzelkonflikten besteht. Zu diesem Komplex gehören die Beziehungen Israels zu seinen arabischen Nachbarstaaten, wobei in Teilabkommen die Beziehungen zwischen Israel und Ägypten und zwischen Israel und Jordanien zumindest vorläufig und bei weitem nicht abschließend geregelt werden konnten; die Beziehungen zwischen Israel und den Palästinensern sind trotz zahlreicher Abkommen nicht geregelt worden. Nach wie vor gespannt sind auch die Beziehungen zu Syrien und zum Libanon.

Verhandlungen können daran scheitern, dass die Kompatibilität zu verhandelnder Gegenstände nicht erkannt wird und die darauf bezogenen „wahren" Interessen des anderen nicht bekannt sind. Die Identifikation und Klarstellung von Gütern und Interessen gehören neben anderen kommunikationserleichternden Formulierungs- und Manipulationsstrategien zu den Aufgaben der Verhandlern selbst oder einer dritten Partei.

Demonstrationsfall: In zahlreichen Fällen schließen sich scheinbar unterschiedlich gelagerte Interessen nicht aus wie das folgende Beispiel zeigt. Zwei Schwestern streiten um eine Orange. Es gibt nur eine Orange, die beide begehren. Im Streit zeigt sich, dass die eine Schwester mit der Orange einen Kuchen backen will und dafür lediglich die äußere Schale benötigt. Die andere Schwester will damit einen Orangensaft machen und benötigt dazu das Fruchtfleisch. Beide Wünsche können, ohne dass eine Seite etwas aufgeben müsste, erfüllt werden. Die Wünsche sind kompatibel.

Das *Kompromisseschließen* ist ein allgegenwärtiges Mittel zu einem Interessenausgleich zu gelangen. Dabei können die verschiedenen Verhandlungsinstrumente zum Interessensausgleich zur Anwendung kommen.

Demonstrationsfall: Ein Beispiel aus dem Wirtschaftsleben illustriert, wie die Umstände von Verhandlungen eine Rolle spielen.

Im Jahre 1998 fusionierten die beiden großen Autokonzerne Daimler-Benz und Chrysler. Ein Teil des Verhandlungspakets betraf die Namensgebung. Der neu zu schaffende Konzern konnte weder Daimler-Benz, noch Chrysler heißen, sondern musste beide Firmen auch im Namenszug enthalten. Eine aus drei Namen bestehende Lösung war zu unhandlich und der erstgenannte hätte ein Plus. Am 3. Mai 1998 fragte der deutsche Konzernchef Jürgen Schrempp seinen amerikanischen Partner, Eaton, fast beiläufig „Wie wollen Sie es mit dem Namen halten?" Dieser antwortete „Das Unternehmen soll Chrysler-Daimler-Benz heißen". Für Schrempp war die Zweitnennung unannehmbar und schlägt stattdessen Daimler-Benz-Chrysler vor; oder wie wäre es mit Daimler-Chrysler-Benz? Eaton lehnt diesen Vorschlag kategorisch ab: „Sie wissen, dass dies für mich unmöglich ist, ich habe bereits genug gegeben, ausgeschlossen." Schrempp daraufhin: „Und Sie wissen, dass mir mein Aufsichtsrat keinen Namen genehmigen wird, der mit Chrysler anfängt." Schrempp erklärt seinem Verhandlungspartner, dass das Unternehmen zwei Gründer habe, Gottlieb Daimler aus Stuttgart in Schwaben und Carl Benz aus Mannheim in Baden, aus dem er stamme. Er werde etwas aufgeben, an dem ihm sehr viel liege. „Ich biete Ihnen Daimler-Chrysler an". Eaton lehnt dies ab und der Dialog wird unterbrochen. Am nächsten Tag signalisiert die amerikanische Seite, dass sie Daimler-Chrysler akzeptieren könne, falls Chysler acht statt sieben Vorstandsmitglieder stellen würde. Für Daimler standen von vornherein zehn Sitze im Vorstand fest. Schrempp bleibt hart:

„Nur über meine Leiche". Gegenüber der damaligen Bürochefin Lydia Deininger und späteren Ehefrau äußert sich der Daimler-Chef, dass er sich nicht erpressen lasse und Firmenname und Verstandssitze hätten nichts miteinander zu tun. Der Deal schien also geplatzt. Daraufhin sucht Frau Deininger zu vermitteln, indem sie heimlich den Chrysler-Leuten vorschlägt, sie sollten am nächsten Morgen ohne Bezug auf den künftigen Namen um einen weiteren Vorstandssitz bitten. Am nächsten Tag geht alles Schlag auf Schlag. Wall Street hatte zwischenzeitlich den Deal bekannt gegeben, es gab also kein zurück. Eaton reist nach Frankfurt und trifft dort Schrempp und den Aufsichtsrat Kopper von der Deutschen Bank. Scheinbar beiläufig fragt der Chrysler-Chef den Daimler-Chef um den Gefallen zu einem zusätzlichen Vorstandsposten. Schrempp zieht das Logo des neuen Unternehmens, das noch in der Nacht angefertigt worden war, aus seiner Aktentasche und in blauen Buchstaben auf grauem Grund steht geschrieben „Daimler-Chrysler Aktiengesellschaft". Der Deal war perfekt und wird zwei Tage später offiziell bekannt gegeben.

Dieser Verhandlungspoker zeigt viele Facetten eines Verhandlungsprozesses: die Suche nach einem Kompromiss, wobei Daimler-Benz den Namen Benz aufgibt und Chrysler die Erstnennung; er zeigt den Versuch einer Linkage-Bildung durch Einhandeln eines zusätzlichen Gutes, das aufgrund der stärkeren Position des einen Verhandlungspartners aber nicht zum Zuge kommt; und er zeigt die Vermittlung einer dritten Partei, die die Interessen beider Seiten zum Ausgleich zu bringen versucht. Schließlich demonstriert der Fall auch, wie durch Verweis auf das Klientel (Aufsichtsrat) die Konzessionsbereitschaft begrenzt wird und zur Unterstützung benutzt wird (vgl. Waller 2000).

3.3 Quoten- und Proporzbildung

Institutionalisierte wie informelle Formen der Repräsentation ermöglichen zumindest theoretisch eine proportionale Beteiligung der wichtigsten politischen und sozialen Kräfte. Mit dem Mittel der Proporz- oder Quotenbildung können u. U. stabile Entscheidungen erreicht werden. Dass diesem Mittel in ethnisch-religiösen Konflikten wie z.B. im Libanon oder auf Zypern nur Teilerfolge beschieden waren, hängt sicherlich mit den zu großen Spannungen zusammen, die zwischen den sehr heterogenen Volksgruppen existierten bzw. damit, dass die Quotenregelung nicht alle Gruppen einschloss oder dass der Verteilungsschlüssel als ungenügend empfunden wurde.

3.4   Tausch bzw. „Junktimierung"

Weitere Mittel, bei gegensätzlichen Vorstellungen zum Interessenausgleich zu kommen, sind Tauschgeschäfte oder die Bildung von Junktims. Tauschgeschäfte in Form des log-rolling sind in den USA Techniken der „Allianz von punktuellen Einzelinteressen, die anders nicht zu einer Mehrheit verbunden werden können" (Lehmbruch 1967: 28). Die Kopplung zweier Materien oder/und Ämter aneinander ist eine alte Konfliktregelungsstrategie, die insbesondere im Vielvölkerstaat der Habsburger Tradition hatte und in der heutigen Republik Österreich bis zum Tausch von Außenministerposten gegen Milchpreiserhöhungen reichen kann (vgl. Marin 1982: 79). Der NATO-Doppelbeschluss von 1981, den Kanzler Helmut Schmidt anregte, dürfte eine besonders prägnante Variante eines beabsichtigten Kopplungsgeschäfts gewesen sein. Sein Vorschlag koppelte den Verzicht auf die Stationierung von Raketen vom Typ Pershing II auf westlicher Seite an den Verzicht der Mittelstreckenraketen SS 20 auf sowjetischer Seite.

3.5   Emissionsquotenverrechnung

Eine neuartige Verrechnungsmethode wurde von den USA während der Klimakonferenz vorgeschlagen, die darin besteht, dass das Verhandlungsgut (Emissionen) aufgeteilt werden konnte zwischen Käufern und Verkäufern. Emissionsquoten konnten gutgeschrieben werden bei Ländern, die weniger Ausstoß haben als die Norm vorschreibt und an solche Länder verkauft werden, die mehr produzieren. Ein solcher *Handel mit Emissionen durch Differenzierung* ist jedoch auf großen Widerstand gestoßen, weil sich damit die USA als Hauptproduzent statt Reduktionen vorzunehmen, freikaufen konnte. Die Mehrheit der Konferenzteilnehmer befürwortet eine Reduktion der Emissionen in allen Staaten.

4   Prozessbezogene Ressourcen: Strategien, Taktik

Prozessbezogene Strategien betreffen einen größeren Ausschnitt aus dem über Zeit und Raum sich erstreckenden Verhandlungsprozess und beziehen sich auf die zehn Besonderheiten internationaler Verhandlungen wie sie oben (Kap. II. 2.1) beschrieben worden sind, so vor allem auf den sozialen Prozess des Verhandelns mit mehrheitsbildenden Koalitionen, auf das Fehlen einer übergeordneten Sanktionsinstanz, auf die Überwindung kultureller Unterschiede und Meisterung zeitlicher Pressionen, auf die Chancen einer dritten Partei zur Vermittlung und auf die Gestaltung der Kontexte zum Erreichen akzeptabler Ergebnisse. Es sind somit nicht einzelne Maßnahmen, die hier angesprochen sind, sondern sich über die Zeit erstreckende Verhandlungszusammenhänge.

4.1 Aufschieben, Verzögern

Wenn Entscheidungsprozesse in die Gefahr geraten, in einer Sackgasse zu enden oder das gewünschte Ergebnis nicht erreicht zu werden droht, oder das Klima bei Verhandlungen aufgeheizt ist, kann eine Vertagung oder Auslagerung in Ausschüsse erfolgen, die dem Zeitgewinn, der Informationsbeschaffung und -verarbeitung, der Abkühlung der Atmosphäre etc. dient. Ein Mittel, unvereinbare Interessen zum Ausgleich zu bringen, kann auch der Verweis auf nachfolgende Ausführungsgesetze sein, wie dies bei Verfassungsberatungen häufig der Fall ist. Der Hinweis, „das Nähere regelt ein Gesetz", ist in einigen Fällen Ausdruck von Nicht-Entscheiden-Können oder -Wollen, auch wenn in der Mehrzahl der Fälle die Konkretisierung im Detail Absicht eines solchen Hinweises ist.

4.2 Flucht in Allgemeinheit und Ideologisierung

Eine Form der Nichtentscheidung im Konkreten ist die Flucht in unverbindliche Leerformeln („catch all"-Begriffe) oder in radikale Ideologisierung. Der Abstimmungsgegenstand kann ideologisch verpackt werden (was manchmal auch politisch genannt wird; sogenannte „blue-sky"-Vorschläge). Ideologische Schlagworte haben in diesem Zusammenhang – und von den Akteuren her gesehen – den Vorteil, Konkretes kaum auszuschließen und damit für jedermann im weiten ideologischen Rahmen etwas anzubieten. Umverteilungsprobleme werden damit ausgeschlossen, ein heterogenes Gremium kann zusammengehalten werden und ist in der Lage, nach außen geschlossen in Erscheinung zu treten.

4.3 Two-Track-Verfahren („track two setting")

Ein Verfahren im Verhandlungsablauf stellt das „Gleis-Zwei-Verfahren" („track two setting") dar, das beispielsweise in den Verhandlungen zwischen den Palästinensern und den Israelis praktiziert wurde. Initiiert wurden die Verhandlungen durch eine dritte Partei, dem Außenminister von Norwegen, der auf nicht offizieller Verhandlungsebene die Streitparteien zu einer gemeinsamen Position führen konnte und damit das Why River Abkommen möglich machte. Die Me-

thode besteht somit darin, offizielle Verhandlungen durch Nichtbeteiligte vorzu-
bereiten und auf der technischen Verhandlungsebene nach Lösungen zu suchen.

4.4 Das Reframing

Während Verhandlungstechniken und -strategien sich überwiegend auf die Mittel konzentrieren, die ein Verhandler besitzt, kann eine Lösung auch in einer
Neudefinition der Rahmenbedingungen („reframing") gefunden werden. Die
„Bildung neuer Kontexte" ist insbesondere dann eine Erfolg versprechende Methode, wenn besonders verhärtete Gegensätze bestehen. Ein Beispiel hierfür ist
der Streit um den Besitz einer Stadt, wie z.B. Danzig in den zwanziger Jahren
oder Jerusalem heutzutage oder beim Streit um ein bestimmtes Territorium, wie
z.B. des Affenfelsens Gibraltar, Streitgegenstände also, die am heiligen Prinzip
der Souveränität rütteln und die, weil wertbelastet und damit an Emotionen gebunden, besonders hartnäckig verteidigt werden. Souveränitätsansprüche sind
nicht ohne weiteres teilbar und können nicht nach den Techniken der Verhandlung wirtschaftlicher Güter differenziert werden. Zwei Lösungen bieten sich an:
einmal kann das Streitgut den Streitparteien genommen und einem Dritten über-
geben werden, wie dies der Fall der Enklave Danzig nach dem ersten Weltkrieg
der Fall war als der Völkerbund zum Verwalter bestellt wurde. Die andere Lösung besteht darin, das emotionalisierte Gut nach seinen Funktionen aufzu-
schlüsseln und unter den Streitparteien aufzuteilen. Solche Vorschläge sind zu
Jerusalem gemacht worden. Um den Besitz dieser Stadt streiten sich bekanntlich
Israelis und Palästinenser, die beide dort wohnen und zudem Stätten ihrer Religion haben. Als Lösung wurde vorgeschlagen, die Stadt nach ihren Funktionen
zu betrachten und bestimmte Funktionen in die Hand unterschiedlicher Parteien
zu geben. Z.B. könnten Selbstverwaltungsaufgaben von gewählten israelischen
oder palästinensischen Vertretern wahrgenommen oder gegebenenfalls gemeinsam behandelt werden (Albin 1997).
    Durch Wechsel der Position, durch Reformulierung und unterschiedliche
Bedeutungszuschreibung z.B. durch Einführung neuer Ziele, Erweiterung auf
zusätzliche Güter, Umformulierung des Problems kann die Perzeption eines
Verhandlungsgegenstandes verändert werden; die Schaffung neuer Rahmenbedingungen („Reframing") kann die Lösungssuche erleichtern, indem sie weg-
führt von falsch und richtig, von gerecht und ungerecht, von Gewinn und Verlust. Dieses Verfahren ist – wie erwähnt – besonders chancenreich bei emotional
hoch bewerteten und unteilbaren Gütern wie solchen, die sich auf die Souveräni-
tätsrechte eines Landes beziehen.

4.5 Perspektivwechsel

Beim *Perspektivwechsel* begeben sich die Verhandler außerhalb ihres begrenzten Gesichtsfeldes und suchen von diesem neuen Standpunkt aus zu Position zu gelangen, die ohne den Perspektivwechsel nicht möglich gewesen wären. Nicht immer nämlich liegt das Heil im Verhandeln. Kann ich ohne Verhandlung zu einem besseren Ergebnis kommen? Nicht zu verhandeln kann eine bessere Strategie sein und die Position eher erhalten oder stärken. Sogar Kriegführen oder mit Repressalien drohen, kann eine bessere Alternative zum Verhandeln sein. Ein viel zitiertes Beispiel hierfür ist die so genannte „Beste Alternative zur Verhandlungsübereinkunft", im Englischen als BATNA (Best Alternative to Negotiated Agreement; Fisher/Ury/Patton 1997: 143) bezeichnet. Die Frage, ob unter allen Umständen verhandelt werden soll, stellt sich angesichts von so genannten Schurkenstaaten. Soll man mit Tyrannen wie Hitler, Stalin, Saddam Hussein oder Milosevic verhandeln? Die Autoren des Harvard Konzepts bejahen diese Frage. Der frühere israelische Außenminister Abba Eban erklärte, dass nationale Führer ihrem Klientel gegenüber eine Verpflichtung haben, direkt und so früh wie möglich selbst mit den verabscheuungswürdigsten Schurken zu verhandeln, um pragmatische Kompromisse zu erreichen (Washington Post v. 9.9.1994). Andere sehen bei dieser Frage Grenzen. In der verhandlungstheoretischen Literatur werden Faktoren wie Wendepunkte (Druckman 1986*)*, Reife (Zartman 1989, 1991*)*, Kreativität (Spector 1993) genannt, die die Parteien zur Aufnahme von Verhandlungen bringen können. Die Erfahrungen internationaler Verhandlungen geben Argumente für beide Standpunkte. Mit Hitler wurde das Münchner Abkommen ausgehandelt, jedoch nicht mit zukünftigen Feindstaaten vor und während des Zweiten Weltkriegs, mit Milosevic sind zahlreiche Abkommen ausgehandelt worden, mit Saddam Hussein zu verhandeln hat Präsident George W. Bush abgelehnt, nachdem er als „Tyrann" oder als „Reich des Bösen" etikettiert worden war; eine Münchner Appeasement-Politik wollte Senior Bush nicht riskieren, um nicht als zu weich gegenüber Diktatoren zu erscheinen; die zahlreichen vor der Rückeroberung unternommenen Vermittlungsversuche blieben denn auch ohne Erfolg. Mit Kim il Sung haben die Amerikaner über einen Mittelsmann verhandelt, aber nicht mit Gaddafi. Die USA haben mit den Militärmachthabern in Haiti über die Rückkehr des gewählten und entmachteten Präsidenten Aristide und die Abdankung der Militärs verhandelt.

Die Ansichten, ob verhandelt werden soll oder nicht, können sich auch im Zeitablauf verändern. Die radikalen Bewegungen der Irisch-Republikanischen Armee IRA, der Palästinensische Befreiungsorganisation PLO, der Baskischen Untergrundorganisation ETA, der African National Convention ANC etc. wurden zunächst (und z.T. bis auf den heutigen Tag) als terroristische Organisationen bezeichnet mit denen zu verhandeln abgelehnt wurde und die schließlich später doch als Verhandlungspartner akzeptiert wurden. Ein solcher Wechsel stellt eine große Herausforderung für die jeweilige Regierung dar, denn sie muss der Bevölkerung einen solchen Wechsel klar machen und geht dabei ein großes Risiko ein. Mit ehemals als „Feinde" oder gar „Teufel" bezeichneten Gegnern zu verhandeln, hat schon manchen Politiker nicht nur die Wählergunst, sondern gar das Leben gekostet. Der ägyptische Präsident Anwar al Sadat oder der israelische Premier Rabin wurden von Gegnern ihrer auf Ausgleich gerichteten Politik ermordet.

4.6 Die Verhandlungsformel

Ein weiteres lösungsorientiertes Konzept ist das der so genannten „*Formel*", die zunächst einen groben Rahmen, eine Plattform abgeben soll für weitere Verhandlungen. Formeln sind eine größtmögliche gemeinsame Basis, auf der sich die Streitparteien treffen, um in weiteren Verhandlungsrunden Details zu konkretisieren. Die Erarbeitung solcher Formeln ist an sich schon ein wichtiges Verhandlungsergebnis, das beim Zustandekommen den Willen der Streitparteien zum Ausdruck bringt, verhandeln zu wollen. „Land für Sicherheit" oder „Land für Frieden" sind solche Formeln, die im Nah-Ost-Konflikt benutzt wurden und den Verhandlungen zwischen Israel und seinen arabischen Nachbarn als Verhandlungsplattform dienen sollten. „Keine Unabhängigkeit vor afrikanischer Mehrheitsregierung" war ein Slogan, der vor der einseitigen Unabhängigkeitserklärung Rhodesiens lanciert wurde und Kompromissversuche verhindern sollte.

Oft sind es auch nur Formulierungen, auf die sich die Unterhändler einigen können. Beispielsweise spielte das Konzept der Reziprozität bei den Verhandlungen während des Helsinki-Prozesses eine wichtige Rolle. Der Westen verstand darunter „äquivalente Vorteile und Verpflichtungen" („equivalent advantages and obligations"), was von östlicher Seite als diskriminierend empfunden wurde. Die USA schlugen als Kompromissformel „gegenseitig akzeptable Balance" („mutually aceptable balance") vor. Die EG favorisierte die Formulierung gleicher Wichtigkeit („equal importance"), die Schweiz die Formulierung „reziproke Vorteile und Verpflichtungen („reciprocal advantages and obligations"). Letztlich wurde keine dieser Formeln akzeptiert.

Die „Zwei-plus-Vier" Formel zum deutschen Vereinigungsprozess bildete den Rahmen für die Verhandlungen zum „Vertrag über die abschließende Regelung in Bezug auf Deutschland" (Zwei-plus-Vier-Vertrag). Diese Verhandlungen sind ein Musterbeispiel moderner Verhandlungskunst im Klima entspannter internationaler Verhältnisse. Bekanntlich führten die Verhandlungen zu einem Abkommen, das die Interessen aller wichtigen Betroffenen und Beteiligten berücksichtigt hat. In multilateralen und bilateralen Verhandlungen wurden in verschiedenen Gremien und auf unterschiedlichen Ebenen Verhandlungen geführt, die erkennen lassen, dass in einem iterativen Prozess ein Ausgleich der zunächst sehr unterschiedlichen Interessen herbeigeführt worden konnte. So war der 10-Punkte-Plan zu einer Konföderation der beiden deutschen Staaten von Helmut Kohl bald obsolet und durch die Ereignisse in der DDR selbst überholt geworden. Schon die Einigung auf die Zwei-plus-Vier-Formel stellt ein wichtiges kreatives Verhandlungsergebnis dar. Zuvor reichten die Vorschläge von Verhandlungen der vier Siegermächte ohne Beteiligung der Deutschen zur Vier-plus-Zwei-Formel, bis zu Vorschlägen, die die Beteiligung aller über 50 am Zweiten Weltkrieg beteiligten Staaten forderten. Durchgesetzt hat sich schließlich der Vorschlag des Chefs des Politischen Planungsstabes des State Department, Dennis Ross, gegen den Widerstand des Nationalen Sicherheitsrats und der Europaabteilung im amerikanischen Außenministerium (Pond 1993). Der anfängliche Widerstand von Michael Gorbatschow gegen eine NATO-Mitgliedschaft des vereinigten Deutschland und das Insistieren vor allem der USA und Großbritanniens auf dem Verbleib in den westlichen Bündnis- und Integrationssystemen NATO und EG/EU führte schließlich nach Gegenleistungsangeboten zur Aufgabe des Widerstandes. Als Besonderheiten dieses Fallbeispiels kreativen Verhandelns können somit hervorgehoben werden das Handeln zum richtigen Zeitpunkt in Form der Veröffentlichung des 10-Punkte-Plans vor dem Gipfeltreffen der Supermächte auf Malta, also das Gespür für die Gelegenheit (Machiavellis „occasione") zu der der Politiker „den Mantel des Schicksals" (Bismarck) ergreifen kann, die Einsicht in die sich ständig verändernden neuen politischen Gegebenheiten von allen Seiten und das flexible Reagieren darauf, die Konsenssuche in allen wichtigen Gremien und das persönliche Gespräch zwischen den handelnden Personen.[18]

4.7 Das Ein- bzw. Zwei-Text-Verfahren

Eine erprobte Methode bei Verhandlungen mit Hilfe Dritter besteht in dem so genannten *Ein-Text-Verfahren*. Diese Methode muss von einer dritten Partei praktiziert werden, die versucht, die Streitparteien auf ein – und nur ein Dokument festzulegen. Im Unterschied zum *Zwei-Text-Verfahren* kann der Vorteil

---

[18]   Richelieu macht das Warten auf die Gelegenheit („attendre les occasions"), das Ergreifen des günstigen Augenblicks („saisir les moments favorables") und den geeigneten Zeitpunkt des Verhandelns („le temps convenable à la négociation") von der Natur des Geschäfts und von der Haltung des Verhandlungspartners abhängig (Richelieu 1778: 610).

darin bestehen, die Streitparteien nicht auf eigene mit Härte vertretene Positionen festzulegen – dies wäre der Fall beim Zwei-Text-Verfahren –, sondern von vornherein in einem iterativen Prozess die unterschiedlichen Interessen einander anzugleichen. Der Gefahr zum Gefangenen der eigenen Positionen zu werden und kreative Lösungen zu blockieren, tritt das Verfahren dadurch entgegen, dass ein Dritter die jeweiligen Interessen aufnimmt und in einem stufenweisen Prozess zu harmonisieren versucht. Das berühmteste Beispiel ist das Camp David Abkommen, das der amerikanische Präsident Carter zwischen Ägypten und Israel ausgehandelt hat. In den dreizehn Tagen auf dem Landsitz des Präsidenten wurden vom amerikanischen Vermittler dreiundzwanzig Entwürfe erarbeitet, die sukzessive von den Ägyptern und Israelis korrigiert wurden bis eine Verbesserung nicht mehr möglich war. Weitere auf Güter bezogene Techniken sind die bekannten Methoden der Erweiterung des Verhandlungskuchens, der Ausdifferenzierung, des log-rolling, der Junktimierung usw.

4.8 Künftige Handlungsspielräume (the shadow of the future)

Verhandlungen können gelingen, wenn ein gegenwärtiger Erfolg zugunsten eines zukünftigen aufgegeben wird. Zahlreiche Bedingungen des politischen Umfelds spielen eine Rolle und lassen Überlegungen zum zukünftigen Handlungsspielraum wirksam werden (Auflagen einer externen Macht, künftige Regierungsbündnisse, Handlungsfähigkeit künftiger Regierungen, Erwartungen in Bezug auf Wählerstimmen etc.). In Gremien mit absoluter Mehrheit einer Partei können bei Anwendung der Mehrheitsregel die jeweils dominierenden Parteien numerisch ihre Standpunkte durchsetzen, ohne auf die anderen Parteien Rücksicht nehmen zu müssen. Das Ausspielen einer Mehrheitsposition kann jedoch durch mehrere politische Faktoren begrenzt werden: Höherbewertung eines zukünftigen Erfolgs zu Lasten eines gegenwärtigen, durch Auflagen und/oder Zwang z.B. einer externen Macht, zum anderen durch Selbstverzicht und Kompromissbereitschaft der Mehrheitspartei, was meistens von taktischen Überlegungen in Bezug auf künftige Regierungsbündnisse getragen wird.

4.9 Externe Vorgaben

Um in sozialen Institutionen zu Lösungen zu kommen, existiert ein breites Spektrum von Verhaltensregeln, nach denen die Beteiligten verfahren können. Eine Klassifikation solcher Verhaltensregeln nach dem Grad der Formalisierung hat z.B. Raymond Cohen vorgeschlagen: nach unausgesprochen unterstelltem

Verhalten, nach dem Geist von Abkommen, nach Regeln nicht bindender Übereinkommen und schließlich nach Verträgen und Verhaltensnormen (vgl. Cohen 1981). Die formelle Kodifizierung sagt dabei nicht unbedingt etwas über die Verbindlichkeit von Verhaltensregeln aus; unausgesprochene wie schriftlich fixierte Regeln können eingehalten oder gebrochen, respektiert oder nicht respektiert werden. Bezugsgröße und zugleich Test für die Einhaltung von Spielregeln sind die zugrunde liegenden Beziehungen zwischen den Akteuren, die sich kooperativ oder konfliktiv gestalten können. Mehrheitspositionen, hegemoniale oder dominierende Positionen in nationalen oder internationalen Gremien können anerkannt oder bekämpft werden; entsprechende Bedeutung kommt dann den Verhaltensregeln zu. Tendenziell kann jedoch gesagt werden, dass schriftlich fixierte, juristisch verbindliche Verträge und Abkommen das Verhalten der Vertragspartner stärker binden als unausgesprochen unterstellte Verhaltensregeln.

Abstimmungsregeln oder -prozeduren sind Ergebnis, nicht Ursache politischen Kalküls. Sie zeigen einen bestimmten politischen Willen an, geben einem bestimmten Willen Ausdruck. Richard Falk bemerkt dazu: „Regeln klären und erhalten Machtstrukturen, die von den relevanten politischen Akteuren allgemein akzeptiert oder zumindest toleriert werden können. Regeln, die nicht die Machtverteilung widerspiegeln, werden früher oder später fallengelassen (vorausgesetzt, dass die rivalisierenden Parteien ein Interesse an der Änderung von Regeln haben). Anders ausgedrückt, politische Macht bewirkt und begrenzt den Umfang der Spielregeln" (Falk 1972: 188). Wenn aber Regeln Machtstrukturen widerspiegeln, so muss auch der Umkehrschluss gelten: „bei sich ändernden Machtstrukturen, z.B. durch Wechsel in der Führung, technologischem Wandel, Interessenverschiebungen oder Änderungen in der Machtverteilung überhaupt, ändern sich auch die Spielregeln. „Spielregeln, die vor allem operationale Prinzipien sind, ändern sich, wenn das Spiel wechselt" (Cohen 1981: 96). Regeln sind konditionale Vorschläge, die so lange gelten wie die Umstände, die sie hervorgebracht haben, bestehen.

4.9.1 Wahl- und Entscheidungsregeln

Man kann prinzipiell zwischen zwei sozialen Auswahlverfahren unterscheiden: a) der Einstimmigkeitsregel und b) dem Prinzip der Mehrheitsentscheidung.

Je größer der Grundkonsens in einem Gremium, um so eher werden Mehrheitsbeschlussverfahren praktiziert. Die Einstimmigkeits- bzw. Einhelligkeitsregel dominiert in sehr heterogen zusammengesetzten Gremien. Je heterogener ein Gremium, umso größer ist der Zwang zur (verdeckten) Einstimmigkeit. Das Mehrheitsprinzip setzt einen höheren Grad an Grundkonsens voraus als z. B. das Einstimmigkeitsprinzip, weil die Minderheit sich freiwillig der Mehrheit beugen

muss; beim Einstimmigkeitsprinzip kann jeder einzelne eine Vetoposition behal-
ten und muss nicht bereit sein, überstimmt zu werden oder eine gegenläufige
Mehrheitsentscheidung zu akzeptieren. Das Nicht-akzeptieren-Wollen von
Mehrheitsentscheidungen ist zugleich Ausdruck von divergierenden Interessen.
Je homogener also ein Wahlkörper oder Entscheidungsgremium, um so eher
wird es bereit sein, Mehrheitsentscheidungen zu akzeptieren, je heterogener, um
so eher dominiert die Einstimmigkeitsregel bzw. das Konsensverfahren. Die
Bereitschaft zur Aufgabe der Einstimmigkeitsregel in einem Gremium ist damit
auch ein Indikator für den Gemeinschaftswillen. Wahl und Abstimmungsregeln
sind also letztlich Ausdruck sozialer und politischer Strukturen und Aspiratio-
nen. Erst durch den Willen, einen einheitlichen politischen Körper, einen Ge-
samtverband, bilden zu wollen, kann das Mehrheitsprinzip seine Wirkung entfal-
ten. Vorausgesetzt wird also ein Verfahrenskonsens, das „ungeschriebene Gesetz
der Demokratie", dass die Minderheit sich der Mehrheit beugt. Formelle Regeln
in den Statuten oder Verfassungen können beachtet werden, wenn sie Ausdruck
gemeinsamer Überzeugungen sind; die Praxis kennt aber zahlreiche Fälle des
Abweichens von formellen Abstimmungsverfahren; insbesondere sind Abwei-
chungen vom Mehrheitsbeschlussverfahren häufig in größeren internationalen
Gremien zu beobachten.
        Jedes Gremium hat die Aufgabe, bestimmte Gruppenleistungen zu produ-
zieren, d.h. Entscheidungsergebnisse vorzulegen. Dass dazu viele Anstrengungen
erforderlich sind um interne Gruppenprozesse zu steuern liegt auf der Hand. Als
nachteilig kann sich erweisen, dass für externe Probleme und Entscheidungen
keine Energien mehr zur Verfügung stehen. In sich zerstrittene Parteien (Flügel-
kämpfe) geben dazu ebenso ein Beispiel ab wie heterogene Gruppen, die sich im
Ost-West- wie vor allem in Nord-Süd-Dialog zu Großkonferenzen treffen; z.B.
wurden im Nord-Süd-Dialog für die Verhandlungen innerhalb der Großgruppen
75% der gesamten Verhandlungszeit geschätzt (vgl. Rothstein 1979). Gleichge-
wichtigere Verteilung von Macht und Einfluss und damit ausgeglichenere Verhältnisse können erreicht werden, wenn z. B. eine Vereinigung sich unter wech-
selndem Vorsitz trifft oder Konferenzorte nach dem Rotationsprinzip vergeben
werden oder als Tagungsort ein neutrales Land gewählt wird, so dass sich die
Dominanz eines Staates und deren Repräsentanten nicht aufgrund von Vorteilen
verfahrenstechnischer oder ortskundlicher Natur herausbilden kann. So sollte die
Gleichheit und Unabhängigkeit der 36 Staaten, die sich zur KSZE-Konferenz im
neutralen Finnland getroffen haben, dadurch zum Ausdruck kommen, dass nicht
nur Abstimmungen konsensual gefasst, sondern auch alle Führungsfunktionen
rotierend besetzt werden mussten. Zur Erarbeitung der Schlussempfehlungen der
Helsinki-Konsultationen wurde die Rotation des Vorsitzes nach der alphabeti-

schen Länderliste vorgeschrieben. Insbesondere die kleineren Staaten wie Luxemburg oder Malta legten Wert auf die rotierende Präsidentschaft.

Eine Abweichung von numerischer Stärke einer Partei und ihren Abstimmungsfolgen kann auch mit dem Geschick und der Überzeugungskraft der Politiker erklärt werden. Nicht nur Amts-, sondern auch persönliche Autorität kann das Entscheidungsergebnis beeinflussen. Das im Vergleich zum Stimmenanteil große politische Gewicht kleinerer Parteien wie der Liberalen oder der Grünen im deutschen Parteiensystem ist neben den Führungsqualitäten der jeweiligen Parteichefs auch darauf zurückzuführen, dass die kleineren Parteien zur Mehrheitsbeschaffung für große Parteien benötigt werden, sie das Zünglein an der Waage bilden.

Demonstrationsfälle: Die Beispiele Unctad, KSZE oder EG können dies weiter verdeutlichen. In den Unctad-Statuten ist das Mehrheitsprinzip festgeschrieben; in der Praxis tendieren die Kollektiv- oder Gruppenprozesse, die den Nord-Süd-Dialog in den Vereinten Nationen bestimmen, dazu, Einhelligkeit (Konsensus) zu zeigen, statt mehrheitlich zu entscheiden (Rothstein 1979: 194). Warum ist das so? Die Verhandlungsgruppen sind insbesondere auf Seiten des Südens (Gruppe 77, zum Teil auch Unctad selbst) sehr heterogen zusammengesetzt; es gibt Staaten mit unterschiedlichen Interessen, Präferenzen und Orientierungen (vgl. Pfetsch/Kaiser 1981: 11/12), so dass die Herstellung und Wahrung der Einheit mit hohen Verhandlungskosten verbunden ist. Zwar wird insbesondere die Verhandlungsgruppe der Entwicklungsländer (Gruppe 77) durch ein ideologisches bzw. strukturelles Band zusammengehalten (vgl. Pfetsch/Kaiser 1981: 61-63 bzw. 139), jedoch ist dieser Zusammenhalt meist nur großflächig, rein theoretisch und zu großen Prinzipien möglich, nicht aber, wenn es um konkrete, praktische und sehr spezifische Detailfragen geht, die nur durch Kompromisse zu lösen sind. Spannungen werden dadurch ausgeglichen, dass man sich auf einer breiten additiven Allgemeinformel trifft. „Die meisten Konflikte wurden durch Addition gelöst, d.h. das Gruppenpaket als Ergebnis enthält jedermanns Forderungen" (Rothstein 1979: 200). Die Einheit, eine durch Einhelligkeit verdeckte Mehrstimmigkeit, wird bei kontroversen Verhandlungsgegenständen entweder durch Appell an die Gruppenloyalität von wenigen und schwachen Abweichlern erzwungen – wobei solche Appelle zur Einheit, zum Gemeinsamen und Gesamten unterschiedliche Formen annehmen können: Appelle an die Staatsraison, an die Vernunft („jeder vernünftig Denkende"), an den gemeinsamen Kampf („wir sitzen alle in einem Boot"), an die Einheit der Partei oder des Proletariats etc. – oder die Einheit wird durch breite und rhetorische einheitsstiftende Allgemeinformeln gewahrt. Diese Form der Einigung „fördert die Bereitschaft, radikalen Sprechern gewichtigen Einfluss zuzubilligen, denn nur extreme Forderungen scheinen jedem etwas zu versprechen" (Rothstein 1979: 203).

Der Zwang zur Wahrung der Einheit wirkt also wie ein formeller Zwang zur Einstimmigkeit. Bei den KSZE-Verhandlungen wurde von vornherein das Konsens-Prinzip formal festgeschrieben: „Die Beschlüsse der Konferenz werden durch Konsens gefasst. Konsens ist gegeben, wenn kein Vertreter einen Einwand erhebt und diesen als Hindernis für die entstehende Beschlussfassung qualifiziert" (Ziffer 69 der Schlussempfehlung der Außenministerkonferenz). Die KSZE-Konferenzen in ihrer heterogenen Zusammensetzung mit mindestens drei unterschiedlichen Gruppen (Westeuropa + USA + Kanada, Osteuropa + UdSSR, neutrale europäische Staaten) konnten nur so dem Prinzip nationaler Souveränität gerecht werden.

Nach den Römischen Verträgen sollte die EG ab 1966 nach dem Mehrheitsprinzip verfahren. Bekanntlich hat sich die Gemeinschaft bis heute nicht dazu durchringen können, ein Indikator dafür, dass der Gemeinschaftswille (noch) zu gering ist, um die Überstimmung einzelner hinzunehmen. Der so genannte Luxemburg-Kompromiss von 1966 gab zwar dem Willen Ausdruck, die Mehrheitsregel anzuwenden, jedoch solle auf „vitale Interessen" einzelner Staaten Rücksicht genommen, d.h. auf die Anwendung der Mehrheitsklausel verzichtet werden. Weitere Mittel, Einstimmigkeit oder Einhelligkeit herzustellen, sind die Herausnahmen kontroverser Materien aus dem Verhandlungspaket, die Abgabe an Ausschüsse, die Vertagung auf einen späteren Zeitpunkt, der Verweis auf noch zu beschließende Ausführungsgesetze oder die Ausdifferenzierung von Materien.

4.9.2 Verbindlichkeit und Unverbindlichkeit

Gremien tagen unter Vorgaben wie gesetzten Terminen, bestimmten Orten, in einer definierten Zusammensetzung und Größe etc. Eine wichtige Vorgabe betrifft auch die Verbindlichkeit von Beschlüssen, d. h. die Einlösbarkeit von getroffenen Entschließungen, die die Entscheidungsträger in die Pflicht nimmt und gegebenenfalls zur Verantwortung ruft. Der Grad der Verbindlichkeit von zu treffenden Entscheidungen beeinflusst den Inhalt und die Art der Entscheidung. Je verbindlicher Entscheidungen, umso pragmatischer und gebündelter sind sie, je unverbindlicher, umso radikaler, die Extreme betonender sind sie.

Es gibt Gremien, wie z.B. vorbereitende Verfassungsgremien, die unter der Maßgabe diskutieren, dass ihre Beschlüsse in Form von Handlungsalternativen gefasst werden können, und solche, deren Beschlüsse zwar eine gewisse politische Wirkung, aber keine rechtliche Bindung haben, wie z.B. die Resolutionen und Erklärungen in einigen UN-Gremien oder in Regionalvertretungsorganen wie der KSZE/OSZE oder der Entwicklungsländergruppe 77. Die Vertreter dieser Gremien stehen nicht unter dem unmittelbaren Zwang, getroffene Entscheidungen selbst auch realisieren zu müssen. Die Unverbindlichkeit von Entscheidungen kann dazu führen, dass Teilnehmer inhaltlich radikale Vorschläge machen, um in der eigenen Bezugsgruppe Solidaritäts- und Wortführerpositionen zu gewinnen; radikale, das eigene Selbstverständnis überbetonende Verbalisierungen können einen Sogeffekt auf andere ausüben und damit zu Führer- und Gefolgschaftsverhältnissen beitragen, insbesondere dann, wenn es sich um hinreichend große Gremien handelt, in denen sich solche Wirkungen besonders gut erzeugen lassen und Reden eher eine Schaufensterfunktion annehmen, d.h. auf Wirkung nach außen gerichtet sind. Solche Effekte sind in der Gruppe 77 zu beobachten. Auch bei Unctad-Verhandlungen wurde immer wieder festgestellt, dass die Einheit der Bezugsgruppe (Intragruppenverhandlungen) Vorrang hatte vor auf Kompromiss zielenden Beziehungen zwischen den Verhandlungsgruppen (Intergruppenverhandlungen). Radikalität kostet nichts; denn Aussagen verpflichten zu nichts, müssen nicht eingelöst werden. Sie stehen unter Folge- und Wirkungsentlastung. Eine andere Form der Unverbindlichkeit von Entscheidungen äußert sich darin, dass Konsens nicht gefunden werden muss, vielmehr Dissens in Alternativen gekleidet werden kann. Das Unversöhnliche wird nebeneinander- bzw. gegenübergestellt, ohne dass ein Zwang zur Einigung auf eine gemeinsame Entscheidung besteht. Auch kann die Unverbindlichkeit von Entscheidungen, insbesondere in überschaubaren Gremien, dazu führen, besonders kontroverse Themen nur wenig zu behandeln oder überhaupt auszuklammern. Man trifft sich auf dem kleinsten gemeinsamen Nenner oder kleidet divergierende Positionen in Alternativen, ohne den Zwang zu verspüren, dazwischen wählen zu müssen. Jedes Mitglied findet sich dann in den Entschließungen wieder und ist psychologisch gestärkt. Dass in solchen Gremien im Allgemeinen einstimmig, konsensual abgestimmt wird, überrascht somit nicht, denn die Vetoposition des einzelnen braucht gar nicht ausgespielt zu werden. Erst der Zwang zur Einigung auf der Grundlage der Einstimmigkeitsregel macht dann rebellisch, wie dies in einigen EG-Gremien der Fall war.

Die Verbindlichkeit von Entscheidungen im Rahmen von Abkommen und Verträgen schärft den Blick für Machbares, Realisierbares und zwingt zu Beschlüssen, die zumindest von der Mehrheit getragen werden können. Bei Verbindlichkeit sind Mäßigungen zu beobachten, wie z.B. in alternierenden Zweiparteiensystemen, in denen zwar der Wettbewerb um Stimmen extreme, von der konkurrierenden Partei sich abhebenden Positionen fördert, die mögliche Regierungsübernahme und damit die Notwendigkeit der Einlösung von Wahlversprechen und deren spätere Überprüfung aber mäßigend wirkt.

Übersicht 9 fasst die verschiedenen Instrumente und Strategien bezogen auf die verschiedenen Machtressourcen zusammen.

Übersicht 9:   Instrumente bezogen auf die drei Formen von Macht

Macht-Ressourcen		**Instrumente, Strategien**
Zwangsgewalt	Gewalt	Fait accompli, Repression, Intervention, Drohung, Provokation, Gewalt, Blockade, Sanktionen, Krieg
	Druck	Diplomatie, Ökonomie, Finanzen, Propaganda, Drohung (angekündigt), Peitsche ohne Zuckerbrot, Suspendierung
Strukturelle Macht	Nicht-Entscheidung	Koexistenz, Status Quo, Modus vivendi, Nicht-Eingreifen, Offenhalten, Waffenstillstand, Feuerpause
	autoritative Entscheidung	Entscheidung internationaler Gerichte, UNO-Resolutionen, Konventionen, Schiedsgerichtsverfahren
Konsensuale Macht	Akteurs-ressourcen	Verhandlungsgeschick, Kenntnis über Verhandlungsgegenstand und Verfahren, Intuition, Führungsstil, Anbieten von Zuckerbrot und Drohen mit der Peitsche, Information, öffentliche Erklärungen, Mobilisierung der Öffentlichkeit, Erhöhung der Zahl der Forderungen, falsche Lösungen anbieten, Vermittlung, Beharrungs- und Durchhaltevermögen, robuste Gesundheit, Eloquenz, Sprachfähigkeiten, Taktik, Blick auf zukünftige Gewinne, Nutzen von Medien, analytische Fähigkeiten, Kenntnis von Personen und ihrer Kultur, Überzeugungskraft, Glaubwürdigkeit, Ambitionen, Intelligenz, Energie, Bohren dicker Bretter, Pokerspielen
	Vereinigungs-ressourcen	Koalitionen, Allianzen, gemeinsame Aktionen, Auseinanderdividieren der Gegner, Suche nach für alle vorteilhaften Lösungen, Gesichtswahrung, Konzessionen, Kompensationen
	Prozedurale Ressourcen	Regeln, Verfahren, Agenda-setting, Verweis auf internationale Normen, Spielen auf Zeit und Raum, Quoten etablieren, proportionale Repräsentation, Politik des guten Beispiels, Menschen und Probleme getrennt halten, neue Regeln kreieren, Schaffung neuer Kontexte, Aufschieben, Verzögern
	Themenbezogene Techniken	Paketlösungen, Tausch, Junktimierung, Differenzierung, Erweiterung, Wechseln zu Ideologie oder catch-all Formeln, Belohnung, Wechsel von Positionen oder Themen, Kompromisse, Zahl von Forderungen erhöhen, Entwicklung von Alternativen

Kapitel VI
Die Macht in Verhandlungen

Sans les forces la négociation est à l'ordinaire un outil sans tranchant, qui ne fait point d'effet; sans la négociation la force est un instrument trop éfilé et trop dur, qui se casse entre les mains de celui qui l'employe – Ohne Macht bleibt Verhandlung ein stumpfes Schwert ohne Wirkung; ohne Verhandlung ist Macht ein zu hartes Instrument, das zerbricht in den Händen dessen, der sich dessen bedient. (de Félice 1778)

Zwei Merkmale unterscheiden politische Verhandlungen von nicht-politischen: es ist einmal der Öffentlichkeitsaspekt, d.h. das Eingebundensein in ein breit gefächertes und öffentlich wirksames Interessengeflecht, und zum anderen der Machtaspekt. Macht und Einfluss sind Kategorien, die unterschiedliche Interessen zusammenführen können. Crozier hat vier Arten von Machtressourcen in Organisationen unterschieden, erstens die Kontrollmacht über die Umgebung, zweitens die Kontrolle über Information und Kommunikation, die er beide zu den externen Machtressourcen rechnet, drittens Kompetenz und viertens Verwaltungskenntnisse, die zu den internen Ressourcen zählen (Crozier/Friedberg 1979: 50). Da internationale wirtschaftliche wie politische Verhandlungen heute vor allem in Organisationen und deren Gremien stattfinden, ist die Unterscheidung zwischen internen und externen Ressourcen (gesehen von der Organisation aus) sinnvoll. Zum Beispiel können solche organisationsgebundene Fähigkeiten zum Tragen kommen im Rahmen der jeweiligen Präsidentschaft der Europäischen Union. Die halbjährige Präsidentschaft gibt dem gastgebenden Land die Möglichkeit, eigene Vorstellungen ein- (möglicherweise auch durch-) zubringen mit Hilfe von Kompetenzausstattung, die die Präsidentschaft auszeichnet. Auch der jeweilige Kommissionspräsident der EU – insbesondere wenn er von einem starken Land kommt wie der Deutsche Walter Hallstein oder der Franzose Jacques Delors – hat beträchtliche Ressourcen, um Vorstellungen durchzusetzen, die in seinem Europaverständnis liegen. Persönliche Eigenschaften spielen zusätzlich eine Rolle wie Wissen, Intelligenz, Qualifikation, Vision, Ausdauer, Gesundheit etc.

1   Äußerliche Manifestationen von Macht

Im politischen Raum spielt die nonverbale Darstellung von Macht eine nicht zu vernachlässigende Rolle. Diktatoren, große Herrschergestalten der Geschichte

haben es schon immer verstanden, Macht nach außen zu demonstrieren und sich
selbst zu inszenieren. Große Zeremonien (z.B. antike Siegeszüge, mittelalterliche
Königsweihen oder moderne Militärparaden), Thronsäle (wie die Basilika des
römischen Kaisers Konstantin des Großen in Trier), Schlachtgemälde oder
Denkmäler geben hiervon Zeugnis. Ein historisches Beispiel bieten die Darstel-
lungen auf dem berühmten Teppich von Bayeux aus dem 11. Jahrhundert. Dargestellt ist eine Szene mit Wilhelm, dem Grafen der Normandie, und dem Verwandten des Königs von England, Harold (vgl. Abb. 6). Harold unterrichtet
Wilhelm davon, dass der König von England, Eduard der Bekenner, ihn zu seinem Nachfolger bestimmt habe. Wilhelm verhandelt mit dem Abgesandten Harold über militärische Unterstützung, denn Wilhelm braucht Harold, um mit ihm
zusammen gegen den Duke of Brittany zu kämpfen, der Wilhelm den Krieg erklärt hat. Die Verhandlungen führen dazu, dass Wilhelm seine Tochter Harold
zur Frau gibt. Nach gewonnener Schlacht wird Harold von Wilhelm zum Ritter
geschlagen. Als Harold nach England zurückkehrt ist Eduard gestorben und
Harold macht sich zum König. Wilhelm wird davon durch einen Spion unterrichtet und ordnet die Invasion der Insel an. In der Schlacht von Hastings wird Harold geschlagen und Wilhelm wird König von England. Die Teppichdarstellung
zeigt den Grafen der Normandie sitzend erhoben auf einer Art Thron von einem
Ratgeber sekundiert in Verhandlungen mit Harold, der seine Kämpfer hinter sich
hat. Hier steht Amtsmacht gegen Militärmacht. Wer von beiden ist mächtiger,
der auf seinem Thron sitzende William oder der von Soldaten begleitete Harold?

Abbildung 8:   Darstellung von Macht

2   Symmetrie und Asymmetrie in Verhandlungen

Macht spielt in allen politisch bestimmten Verhandlungen eine Rolle. Dabei ist Macht nicht immer gleich verteilt: die Beziehungen zwischen Verhandlungsparteien können symmetrisch oder asymmetrisch gestaltet sein. Was versteht man unter Symmetrie und Asymmetrie in Verhandlungsbeziehungen? Was ist die besondere Bedeutung und Funktion solcher Beziehungen und wie verändern sie sich in den verschiedenen Phasen des Verhandlungsprozesses? In welcher Weise beeinflussen solche Beziehungen das Ergebnis von Verhandlungen? Mit diesen Fragen möchte ich mich im Folgenden auseinandersetzen. Es gilt, die Bedeutung und Rolle von Symmetrie und Asymmetrie zu untersuchen, nach ihren Komponenten, ihren wichtigsten Bestimmungsfaktoren und den unterschiedlichen Formen, die sie während des Verhandlungsprozesses annehmen, zu fragen und die Art der Beziehung zwischen den strukturellen und prozeduralen Faktoren und der Art des Ergebnisses zu untersuchen. Sind die Resultate, die durch symmetrische Beziehungen erreicht wurden, stabil und neigen solche, die durch Asymmetrie erzielt wurden, zur Instabilität?

Meine beiden Kernthesen lauten: erstens, während des Verhandlungsprozesses durchlaufen Symmetrie und Asymmetrie verschiedene Formen und, zweitens, das Verhandlungsergebnis ist abhängig von der Art der Beziehung, die zwischen den Verhandlungspartnern besteht; symmetrische Relationen sind tendenziell stabiler als asymmetrische (Deutsch 1973, Rubin/Brown 1975). Die Beziehungen sind jedoch nicht uni-linear: man kann nicht sagen, symmetrische Beziehungen sind „*besser*" und asymmetrische sind „*schlechter*". Entscheidend ist am Ende allein die Frage, ob die Parteien mit dem ausgehandelten Ergebnis zufrieden sind. Um dies noch einmal zu unterstreichen: Lösungen, die auf freiwillig ausgehandelten Abkommen basieren, haben gute Aussichten, für längere Zeit Bestand zu haben. Begünstigt wird dies im hohen Maße wiederum dadurch, dass am Ende des Verhandlungsprozesses eine symmetrische Beziehung besteht. Entscheidend ist, wie die Verhandlungspartner die Ergebnisse empfinden, die sie ausgehandelt haben. Sind sie subjektiv zufrieden oder unzufrieden mit dem ausgehandelten Ergebnis?

Die Begriffe Symmetrie und Asymmetrie haben in den verschiedenen Wissenschaften unterschiedliche Bedeutung. Im mathematischen Sinne bedeutet Symmetrie, dass die beteiligten Parteien eine reversible Beziehung zueinander eingehen, d.h. Änderungen bei A rufen Reaktionen bei B hervor und umgekehrt. Asymmetrische Beziehungen dagegen beschreiben eine einseitige Beziehung, d.h. eine Änderung bei A ruft eine Reaktion bei B hervor, aber nicht umgekehrt. B ist abhängig von A, aber A nicht von B. In den Sozialwissenschaften muss dieses Konzept vor allem in Bezug auf die Ressourcenausstattung und unter dem

Blickwinkel des Nutzens betrachtet werden. Symmetrische Beziehungen sind durch ein ausgewogenes gegenseitiges Beziehungsverhältnis, das auf etwa gleicher Verteilung von Machtressourcen beruht, gekennzeichnet. So spricht man z.b. von symmetrischen Konflikten dann, wenn die Auseinandersetzungen zwischen mehr oder weniger gleichrangigen Gegnern stattfinden. Symmetrie spielt auch bei wirtschaftlichen Integrationsprojekten eine Rolle. „Symmetrie oder wirtschaftliche Ebenbürtigkeit der Einheiten" sind für Joseph S. Nye Voraussetzung für das Gelingen einer Integration (Nye 1973: 204).[19] In symmetrischen Beziehungen sollen Handlungen von A den Nutzen sowohl von A als auch den von B steigern (positive Summe). In asymmetrischen Beziehungen gewinnt meist A auf Kosten von B (Null-Summe). Die ungleiche Verteilung von Machtressourcen kann dazu führen, dass der Mächtigere Drohung und Druck ausübt. Beziehungen solcher Art finden sich in imperialen oder imperialistischen Strukturen. Abhängigkeit charakterisiert die Beziehungen zwischen Zentrum und Peripherie.

Asymmetrie ist eine Struktur, die sich in vielen sozialen und politischen Beziehungen finden lässt und eine Beziehung zwischen ungleichen Partnern beschreibt. Asymmetrie ist ein Verhältnis zwischen dem Kleinen und dem Großen, zwischen dem Schwachen und dem Starken, zwischen dem Armen und dem Reichen. In den internationalen Beziehungen beschreibt die dem Dependenz-Gedanken verpflichtete Schule den Nord-Süd-Konflikt als asymmetrisch, wobei die Zentrum-Peripherie-Beziehung das Verhältnis zwischen der ökonomisch entwickelten und der ökonomisch unterentwickelten Welt beschreibt. Die Neue Weltwirtschaftsordnung (*New International Economic Order* - NIEO) setzt hier an.[20] Als Hintergrundvariable solcher ungleicher bzw. gleicher Beziehungen fungiert die Grundkategorie Macht, die in ihren unterschiedlichen Ausprägungen

---

[19]   Für Joseph Nye gelingt eine wirtschaftliche Integration u.a. dann, wenn die Obergrenze von 5:1 im Verhältnis der Pro-Kopf-Einkommen der sich integrierenden Gebiete nicht überschritten wird. Weitere Faktoren sind: gegenseitige Ergänzung der durch die Eliten hochgehaltenen Werte, Pluralismus der Interessengruppen, Reaktions- und Adaptionskapazität der Mitgliederstatten, die perzipierte Gleichheit der Profitverteilung, die Perzeption äußerer Zwänge sowie niedrige sichtbare Kosten (Nye 1973: 204f.)

[20]   Allerdings ist in den internationalen Wirtschaftsbeziehungen die Trennlinie zwischen Nord und Süd unscharf geworden. In den letzten Jahren lässt sich bei Wirtschaftsverhandlungen beobachten, dass einige entwickelte und unterentwickelte Staaten die gleichen Interessen verfolgen z.B. in der Landwirtschaft. In der Uruguay-Runde hatte Südkorea starke Vorbehalte gegenüber einer neuen Gesprächsrunde zur weiteren Liberalisierung der Landwirtschaft (Financial Times v. 29. November 1999). Südkorea befand sich damit auf einer Linie mit der EU, Japan, Schweiz, Ungarn und der Türkei, Ländern, die zwar den Abbau von Agrarsubventionen befürworteten, nicht aber deren vollkommene Abschaffung.

die Verhandlungen verschieden bestimmen. Diese Basisgröße kann nach drei Dimensionen aufgeschlüsselt werden.

3   Die drei Dimensionen von Macht

Was bewirkt Macht, welches sind die Grundlagen, auf denen Macht beruht und welches sind die wichtigen Dimensionen der Macht? Macht ist einmal eine Besitzgröße, sodann eine Beziehungsgröße und schließlich eine relationale Größe (vgl. Friedrich 1963: 159-170). Der *Macht-als-Besitz-Ansatz* geht auf Thomas Hobbes zurück, der *Macht-als-Beziehungsgröße-Ansatz* stammt von John Locke und der *Macht-als-Verhältnisgrößen-Ansatz* kommt schon bei Hobbes vor und ist von Karl W. Deutsch ausgearbeitet worden. Macht hat drei Grundlagen: eine, die auf Potenzialen beruht, die zweite, die aus sozialen und psychologischen Beziehungen folgt und die dritte, die aus dem Vergleich relativer Positionen resultiert. Alle drei Grundlagen von Macht existieren entweder objektiv messbar und/oder subjektiv in der Wahrnehmung von Politikern und ihren Beratern.[21]

---

[21]   Der *Hobbes'sche Ansatz* legt seinem Verständnis von Macht die Verfügbarkeit über Ressourcen, Besitz oder bestimmte Fähigkeiten zugrunde, drei Begriffe, die untereinander austauschbar sind (Hobbes 1962, Kap. 10). In internationalen politischen und wirtschaftlichen Beziehungen ist Macht im Sinne von Besitz ungleich verteilt. Meistens wird Macht anhand ökonomischer Ressourcen oder militärischer Stärke gemessen. Einige Autoren, wie Hans Morgenthau (1993), rechnen außerdem Bevölkerungsgröße, Nationalcharakter, die Moral einer Nation, die Güte diplomatischer Beziehungen und die Qualität des Regierungsapparates hinzu. Andere wiederum erweitern den Faktorenkatalog um klimatische Bedingungen, die Topographie, um Schulbildung oder demographische Werte (Pfetsch 1995b: 82). Die wichtigsten Indikatoren, auf die sich Parteien bei Verhandlungen mit ökonomischen Themen berufen, sind das Bruttosozialprodukt, das Pro-Kopf-Einkommen, die Marktgröße und seine Kaufkraft, der Anteil am Welthandel, die finanziellen Beiträge zu Internationalen Organisationen, natürliche Rohstoffe, Humankapital (Verfügbarkeit an ausgebildeten Arbeitskräften), eine intakte Infrastruktur usw. Bei militärischen Konflikten interessieren sich die Konfliktparteien für die relative Stärke gemessen an der Höhe der Militärausgaben, der personellen Stärke der Streitkräfte, der Waffenstärke, dem Stand der Technologie und der Bereitschaft, dieses Potential einzusetzen. Schließlich zählen noch die psychologischen Faktoren, die mit der Mentalität einer Nation, mit der Motivation, dem Willen und der Bereitschaft, tatsächlich Herausforderungen anzunehmen, verbunden sind.
    Der *Locke'sche Ansatz* versteht Macht zunächst als durch die Beziehungen zwischen den politischen Akteuren bestimmt. Macht kann definiert werden durch die Fähigkeit von Politikern, Gruppen oder Staaten, andere zu einem gewünschten Verhalten zu veranlassen. Macht kann nur in sozialen Beziehungen ausgeübt werden. "Power are relations, not agents" (Locke 1954). Nach Robert Dahl ist Macht die Differenz zwischen zwei Handlungswahrscheinlichkeiten, die einmal mit und einmal ohne Intervention eines Beteiligten eintreten (Dahl 1957: 203-209). Damit erschließt dieses Machtkonzept all diejenigen Faktoren, die akteursbezogen sind und Strategie und Taktik ebenso einschließen wie persönliche Qualifikationen der Verhandler.

Die Mängel der materiellen Ansätze sind allzu offensichtlich: ökonomische Stärke ist nicht notwendigerweise zugleich politische Macht oder militärische Stärke. Der Ansatz vernachlässigt immaterielle Machtquellen, die nicht einfach gemessen werden können. Beispielsweise war der so genannte Nord-Süd-Dialog auf der Seite des Südens in erster Linie durch politische und ideologische Faktoren, die auch charismatische Eigenschaften von politischen Führern mit einschließen, bestimmt (Pfetsch/Kaiser 1981). Postmoderne Theorien sprechen von einer „Verflüssigung" von Macht (Foucault 1978: 82), was bedeutet, dass es eine Vielzahl von Machzentren in einer Vielzahl von Institutionen geben kann, die selbst wiederum ein Netzwerk von Beziehungen darstellen. Der Besitzgrößenansatz berücksichtigt weder Vergangenheit noch Zukunft, vernachlässigt somit historische Gegebenheiten, die sehr wohl das Handeln von Politikern bestimmen. In internationalen Beziehungen spielen die in der Vergangenheit liegenden Begegnungen zwischen Völkern für die aktuellen Beziehungen eine wichtige Rolle. Die Erinnerung an historische Erfahrungen, z.T. transportiert über *Images oder Stereotypen*, beeinflusst die gegenseitige Wahrnehmung und damit die aktuelle Politik. Die Auseinandersetzungen der neunziger Jahre des 20. Jahrhunderts in der Balkanregion geben genügend Anschauungsbeispiele hierfür ab.

Am Beispiel des Algerischen Unabhängigkeitskampfes kann der Zusammenhang von Strukturen und Perzeptionen aufgezeigt werden. Während des algerischen Unabhängigkeitskrieges (1954-62) verhandelte die Regierung unter Charles de Gaulle mit der Befreiungsbewegung *Front de Libération Nationale* (FLN) über die Loslösung Algeriens aus der Französischen Republik. In den Verhandlungen von Les Rousses (Jan./Feb. 1962) und Evian (März 1962) ging es um das Aushandeln von Waffenstillstandsverträgen sowie um das künftige ökonomische und politische Verhältnis zwischen der vormaligen Kolonie und dem ehemaligen Mutterland (vgl. Albertini 1966, Buron 1965, Münchhausen 1977, Pickles 1963).

Die *Deutsch'sche Denkschule* fügt in Weiterführung Hobbes'scher Gedanken dem Besitz- und dem Beziehungsansatz einen dritten Ansatz hinzu, nämlich den der durch Vergleich unterschiedlicher Machtausstattungen entsteht. Die Menge an Macht, die jemand besitzt, hängt von der Menge an Macht ab, die ein anderer besitzt. Es ist nicht die absolute Macht an sich, die zählt, sondern die Macht im Vergleich zu einem anderen. Wie Karl W. Deutsch darlegt, führen große Machtpotentiale nicht automatisch zum politischen Erfolg; nur das vergleichbare Mehr an Macht (in der Wahrnehmung anderer) und der angemessene Einsatz dieser Macht kann zum gewünschten Ergebnis führen (Deutsch 1963). So sei beispielsweise die Verwendung eines Hammers sicherlich nicht das angemessene Mittel, um jemandem das Klavierspielen beizubringen. Zur Zeit der atomaren Bedrohung hätte eine einzige Atombombe genügt, um einen unabsehbaren Schaden anzurichten. Dennoch drehte sich die atomare Rüstungsspirale immer weiter, weil die Atommächte ihr Machtarsenal immer nur im Vergleich zum Gegner wahrgenommen hatten und danach handelten.

Betrachtet man Macht als Besitz- (1. Dimension von Macht) oder als Verhältnisgröße (3. Dimension), erscheint Frankreich in einer um ein Vielfaches stärkeren Position als die algerische Befreiungsbewegung FLN. Auf der einen Seite stand ein international anerkannter Staat, der über eine leistungsfähige industrialisierte Wirtschaft, eine moderne Armee und ein demokratisches System mit einem Apparat profilierter Politiker und Diplomaten verfügte. Dem stand eine Bewegung gegenüber, die eine Agrargesellschaft repräsentierte, die auf keinerlei staatliche Infrastruktur zurückgreifen konnte, deren militärischer Apparat ernstlich geschwächt war und deren Führung kaum über Erfahrung in Verhandlungen verfügte bzw. in französischen Gefängnissen einsaß (Mohammed Ben Bella). Die Tatsache, dass sich die algerische Seite weitgehend gegen Frankreich durchsetzen konnte, ist daher erstaunlich. Wie ist dies zu erklären?

Fasst man Macht als Beziehungsgröße auf (2. Dimension von Macht), die mit *Interessen*, gegenseitigen *Wahrnehmungen* und dem *politischen Kontext* zusammenhängt, stellt sich das Verhältnis zwischen den Konfliktparteien komplexer und ausgewogener dar. So kam die französische Regierung zu dem Schluss, dass die Unabhängigkeit der Kolonie im Rahmen von Beziehungen, die für *beide* Seiten gewinnbringend wären, oberste Priorität verdiene. Frankreichs Interesse an Einfluss bei den gerade unabhängig gewordenen Staaten Afrikas (vgl. Schütze 1966) stärkte die Stimmen, die Diplomatie und Kompromissbereitschaft über einseitige Interessendurchsetzung (Beibehaltung des status quo) stellten. Auch die Frage der erdölreichen Sahara-Provinzen wurde als Verhandlungsgegenstand interpretiert, der besser durch Wirtschaftsabkommen als durch einseitige politische Aktion geklärt werden könne. Der FLN wiederum bezog seine relative Stärke aus seiner Anerkennung durch die UN-Vollversammlung. Frankreich als international eingebundenes Land konnte seinerseits die Weltmeinung nicht unbegrenzt ignorieren. Daneben erhöhte die Existenz einer europäischen (mehrheitlich französischstämmigen) Minderheit in Algerien ebenfalls das Druckpotential des FLN. Frankreich war es nicht möglich, seine materielle Überlegenheit auszuspielen.

Insgesamt erscheint die Verwendung des Begriffs Macht als Ressource oder Leistungsvermögen sinnvoll, um die Position eines Landes im internationalen System zu bestimmen. Allerdings ist dieser Potenzialansatz, wie William Habeeb (1988: 13) betont, weniger geeignet, um die Macht in internationalen Verhandlungen zu analysieren. Unterschiedliche Formen von Macht werden benötigt, je nachdem welche Themen verhandelt werden. Die verschiedenen Machtquellen können jedoch nicht einfach übertragen werden und sind nicht austauschbar. Ökonomische Stärke mag in Bezug auf einen bestimmten Verhandlungsgegenstand wichtig sein, aber unangemessen in Bezug auf einen anderen. Noch wichtiger ist es, Ressourcen und Macht als relationale Phänomene zu behandeln

(Baldwin 1998: 139). Es sei sinnvoll, so Habeeb (1988: 13), sowohl die strukturelle Komponente der Macht als auch die dynamische oder behavioristische
Dimension der Akteure zu berücksichtigen. Beim letztgenannten bezieht sich
Habeeb auf den Verhandlungsprozess, während dessen die Akteure ihr Geschick
und andere Ressourcen einsetzen.

Die unterschiedlichen Einflüsse, die Macht in ihren jeweiligen Dimensionen
bewirken kann, können in ihren fünf Manifestationen verfolgt werden. Die unterschiedlichen Interessenlagen werden im folgenden in den einzelnen Stufen des
Verhandlungsprozesses verfolgt; die Manifestationen von Symmetrie und
Asymmetrie liefern dann Erklärungen für das Verhandlungsergebnis.

4   Die fünf Manifestationen[22] von Symmetrie/Asymmetrie

Es gibt in den internationalen Verhandlungen fünf unterschiedliche Erscheinungsformen von Symmetrie oder Asymmetrie, zu deren Bestimmung die
Machtkategorien in unterschiedlicher Weise beitragen. Zu Beginn rechnen die
Verhandlungsführer vor allem mit den Machtpotenzialen, die auf beiden Seiten
existieren. Als Prozessgröße gehen Einschätzungen jeweiliger Stärke dann in die
Verhandlungen ein und bestimmen die Verhaltensformen zwischen den Verhandlern. Die Mittel, die bei Konflikten zum Einsatz kommen, müssen angemessen sein, d.h. symmetrisch zur Art und Intensität des Konfliktes liegen. Bei Vermittlungsbemühungen nimmt das Verhältnis zwischen dritter Partei und den
Verhandlungsführern die Form einer Äquidistanz an. Schließlich kann ein faires
oder gerechtes Ergebnis als Manifestation von Symmetrie bezeichnet werden.

4.1 Die erste Manifestation: Symmetrie und Asymmetrie als Potenzialgrößen

Die Machtstruktur wird entsprechend dem Hobbes'schen Macht-als-Besitz-
Ansatz bestimmt durch die tatsächlich existierenden oder wahrgenommenen
Kräfteverhältnisse zwischen den Verhandlungspartnern. Die Staaten unterscheiden sich im internationalen System nach Größe, Bedeutung, Reichtum, Status
und ihrer Macht. Einige sind große Handelsmächte, verfügen über beträchtliche
wirtschaftliche Ressourcen, haben eine günstige geographische und geopoliti-
sche Lage, können auf ausgebildete Arbeitskräfte zurückgreifen etc. Andere sind

---

[22]   Der umfassende Begriff 'Manifestation' wurde gewählt, um die sehr unterschiedlichen Erscheinungsformen, Strukturen oder Konstellationen, die mit Symmetrie bzw. Asymmetrie verbunden sind, in eine übergreifende Begrifflichkeit zu bringen.

weniger gut ausgestattet. Es gibt also *starke* und *schwache* Staaten, gemessen an den Indikatoren ökonomischer Leistung, militärischer Stärke und politischer Performanz. Solche asymmetrischen Beziehungen können bei Verhandlungen unterschiedliche Auswirkungen haben: einerseits kann der Stärkere versuchen, seine dominante Position auf Kosten des Schwächeren zu seinen Gunsten auszuspielen. Andererseits ist aber die schwache Partei nicht auf Gedeih und Verderb der starken Partei ausgeliefert, besonders dann, wenn beide Parteien durch ein übergreifendes Ziel miteinander verbunden sind. In bestimmten Fällen können schwache und abhängige Staaten davon profitieren, dass der Hegemon seine Führungsmacht demonstrieren und deshalb den Schwächeren „im Boot halten" und unterstützen muss. Beide Supermächte haben solche Leistungen in der Nachkriegszeit erbracht.[23]

In Politik und Politikwissenschaft ist Symmetrie und Asymmetrie auf dem ersten Blick eng verbunden mit materiellen Machtverhältnissen: symmetrische Beziehungen basieren auf etwa gleichem Besitz und asymmetrische Beziehungen auf ungleicher Verteilung materieller Ressourcen. Die Frage nach Symmetrie und Asymmetrie reduziert sich dann auf die Frage nach der Macht und nach den Faktoren, die Machtbeziehungen bestimmen. Wenn man Macht definiert als die Fähigkeit, jemanden dazu zu bewegen etwas zu tun, was er ohne die Intervention eines anderen nicht getan hätte (Dahl 1957; Habeeb 1988: 15; Pfetsch 1995: 85; Zartman 1997: 230), und unterstellt man dazu noch die Unfreiwilligkeit im Sinne eines anderen zu handeln, dann kann man jede Machtbeziehung als asymmetrisch definieren. Denn Machtbeziehungen basieren auf hierarchischen Strukturen, wie sie in jedem politisch konstituierten Gemeinwesen existieren, aber auch zwischen verschiedenen Staaten zu finden sind. Beispielsweise sind die Beziehungsmuster zwischen den USA und Japan, den USA und Taiwan, der Europäischen Union und der Türkei, der Sowjetunion und Kuba oder zwischen dem wirtschaftlich entwickelten Norden und dem sich entwickelnden Süden usw. Verhältnisse asymmetrischer Art, weil die Unterhändler dieser Staaten auf unterschiedliche Ressourcen zurückgreifen können.

---

[23] Beispielsweise lag es im Interesse des Hegemon Sowjetunion, die Satellitenstaaten zu unterstützen, da von ihrer Existenz auch die eigene abhing und ein Auseinanderfallen den sozialistischen Block gefährdet hätte. Es lag im Interesse der östlichen Supermacht, aller Welt zu zeigen, dass ihr System funktioniert und es in der Lage war, seine überlegene Position zu halten; ein Zusammenbruch eines Teiles des Satellitensystems hätte Schaden beim Hegemon verursacht. Deshalb pumpte die östliche Führungsmacht Finanzmittel in die kleineren sozialistischen Länder, um das sozialistische System am Leben zu erhalten. In der früheren Tschechoslowakei war die Figur des braven Soldaten Schwejk deshalb so beliebt, weil er das Verhalten des unterdrückten Schwächeren zum Ausdruck brachte und von Leistungen des Stärkeren profitieren konnte. Dieses Hegemonverhalten führte allerdings, neben anderen Faktoren, zum Zerfall des kommunistischen Systems, weil das Leistungskonto der Supermacht überzogen wurde.

Die drei in den Klimakonferenzen (Rio de Janeiro, Kyoto) sich gegenüber-
stehenden Gruppierungen zeigen eine eindeutige Verteilung von Machtressourcen: die USA war stärkste Wirtschafts- und Militärmacht und war als Sieger aus
dem Ost-West-Konflikt hervorgegangen. Nach diesen Potentialgrößen war der
„Süden" eindeutig der schwächere Verhandlungspartner und die EG/EU-Staaten
als „Welthandelsmacht" kamen den USA an Wirtschaftskraft am nächsten. Diese
Ausgangspositionen lassen ein Ergebnis zugunsten der beiden stärksten Verhandlungspartner erwarten. Bisher haben die USA ihre Vetostärke ausgespielt
und die Ergebnisse der Konferenz trotz zunächst erfolgter Zustimmung nicht
umgesetzt. Die EG/EU-Staaten haben sich in späteren Verhandlungsrunden in
Koalition mit Staaten des Südens auf Emissionswerte einigen können.

*4.2   Die zweite Manifestation: Symmetrie und Asymmetrie als Prozessvariable
       im Streben nach Gleichheit*

Die Wahrnehmung symmetrischer und/oder asymmetrischer Beziehungen führt
im Prozess der Verhandlungen zu unterschiedlichen Verhaltensweisen und Strategien. Macht als Beziehungsgröße im Sinne der Locke'schen Definition wird
hierbei relevant. Der Stärkere wird im Verhandlungsverlauf versuchen, seine
Stärke zur Durchsetzung seiner Interessen einzusetzen und der Schwache wird
versuchen, zu einem Ergebnis zu kommen, das ihn nicht benachteiligt (vgl. Matrix 1). Während des Verhandlungsprozesses ist der Schwächere bemüht, eine
operative Gleichstellung mit dem Stärkeren zu erreichen. Die schwächere Seite
versucht, die eigene Schwäche durch das *Ausleihen von Macht* („*Borrowing of
power*", Zartman 1997: 238) zu kompensieren, der Stärkere versucht, seinen
Willen durch eine *Friß-oder-Stirb*- bzw. *Nimm-oder-Leide-Strategie* durchzusetzen. Der Stärkere kann abwarten und auf Zeit spielen, will nicht den status quo
ändern und kann gegebenenfalls die Schwächen des Gegners nach dem Grundsatz ‚teile und herrsche' nutzen. Während der Stärkere seine Stärke ausspielt und
sich dabei der asymmetrischen Beziehungsstruktur bedient, will der Schwache
seine Schwäche ausgleichen und auf der Basis von Symmetrie verhandeln. Auch
er kann sich verschiedener Verhandlungstechniken bedienen (koalieren, Veto
einlegen, Gewinne anbieten etc.).

Matrix 1: Verschiedene Verhandlungsstrategien bei asymmetrischer
Machtkonstellation

	Verhandlungsstrategien	
	...des Stärkeren	...des Schwächeren
Asymmetrische Macht-konstellationen	*Take-it-or-leave-it* (Friß oder stirb); *Take-it-or-suffer* (Nimm oder leide); divide et impera; wait and see	*Borrowing-of-power-strategy* (Machtverstärkungsstrategie); Veto einlegen; Koalieren; Gewinne anbieten

Symmetrie und Asymmetrie können in Bezug auf die Ausgangs- und Endkonstellationen unterschiedliche Formen annehmen (vgl. Matrix 2). Die Abrüstungsverhandlungen zwischen der Sowjetunion und den Vereinigten Staaten (SALT I und II oder über den INF-Vertrag) in den 1970er und 80er Jahren sind Beispiele für die Kategorie A, nämlich Verhandlungen, die auf einer etwa symmetrischen Machtbeziehung beruhen und ein ausgewogenes, d.h. symmetrisches Ergebnis hervorbrachten, indem es den Status quo der beiden Supermächte in keiner Weise beeinträchtigte. Die Supermächte schrieben lediglich ihren Gleichstand fest.

Weniger zahlreich dürften die Fälle der Kategorie B sein, mit symmetrischen Ausgangsbeziehungen zu asymmetrischen Ergebnissen zu gelangen. Die Verhandlungen zwischen Japan, der EU und den USA in den Uruguay-Runden über den Reismarkt oder die Verhandlungen zwischen den USA und der EU in der Klimakonferenz können als Beispiele genannt werden. Während der Uruguay Runde musste Japan dem Druck der gemeinsamen Front von USA und Deutschland nachgeben und seinen Markt für Reisimporte öffnen (Landau 1996). In der Klimakonventionskonferenz standen den USA zwei in sich heterogene Gruppen gegenüber, so dass sich die US-Unterhändler nach dem Prinzip ‚teile und herrsche' zunächst weitgehend durchsetzen konnten. Rein theoretisch hätte eine Koalition der beiden Gruppen, die weitergehende Forderungen zur Reduzierung des Treibstoffausstoßes formuliert hatten, ein Gegengewicht zu den USA bilden können. Die unterschiedlich gelagerten Interessen in den Gruppen verhinderten jedoch zunächst eine Gegenmachtbildung durch Koalieren, sodass sich die nahezu symmetrischen Potentialbeziehungen zwischen den USA und den EG-Staaten im Verhandlungsprozess nicht haben durchsetzen können. Zwar mussten die USA auf dem G7-Treffen der Industriestaaten 1989 in Paris das Problem des Treibhauseffekts auf Drängen der Europäer als dringend und die Gründung von UN-Institutionen als „worth considering" anerkennen, jedoch fällt der Konventionskompromiss weitgehend zugunsten der USA aus.

Die Beitrittsverhandlungen zwischen der Europäischen Union und den kleineren beitrittswilligen Ländern oder die Verhandlungen zwischen der Sowjetunion und der Bundesrepublik zu Beginn der siebziger Jahre zur Zeit der „neuen Ostpolitik" unter Willy Brandt sind Beispiele für die Kategorie C, also für Verhandlungen auf der Basis asymmetrischer Machtverteilung mit Gewinnen für beide Seiten. Asymmetrische Machtverhältnisse im Sinne von strukturellen Potenzialen werden umgewandelt in symmetrische Ergebnisse mit fairem Ausgang. Die Bundesrepublik hat im Rahmen der internationalen Bedingungen (Entspannung zwischen Ost und West) erreicht, was sie anstrebte (Verbesserungen im Verhältnis beider deutscher Staaten). Die Sowjetunion konnte ihren Vormachtstatus in Osteuropa vorläufig sichern.

Beispiele für die Kategorie D, Verhandlungen mit einer asymmetrischen Machtstruktur und ungleichen Ergebnissen sind die Nord-Süd-Verhandlungen über Umweltschutzmaßnahmen (UNCED) bzw. zum Klimaschutz oder das Münchner Diktat von 1938 zwischen den vier Mächten Deutschland, Italien, Frankreich und Großbritannien über die territoriale Teilung der Tschechoslowakei, ohne Beteiligung des betroffenen Landes selbst.

Matrix 2:   Verhandlungsergebnisse im Verhältnis zu verschiedenen
Machtkonstellationen

	Verhandlungsergebnisse	
Macht-konstellationen	*Gleiche Ergebnisanteile*	*Ungleiche Ergebnisanteile*
Symmetrische Machtkonstellation	USA-UdSSR (SALT, INF) **A**	Japan-EU/USA (Reismarkt in der Uruguay-Runde), USA-EU (Klimakonvention) **B**
Asymmetrische Machtkonstellation	Kleine Staaten in der EU; Bundesrepublik-UdSSR (Ostpolitik) **C**	Nord-Süd-Beziehungen (UNCED); USA/EG-Süden (Klimakonvention); München 1938 (Deutschland-Tschechoslowakei) **D**

Ein Verhandlungsprozess entwickelt sich über Zeit und Raum. Auf den verschiedenen internationalen Foren, speziell bei den von der UN organisierten Weltkonferenzen, durchlaufen die Verhandlungen verschiedene Phasen und politische Ebenen bis in einem Schlussdokument die Ergebnisse gebündelt werden. Vor der Schlusskonferenz hat eine Vielzahl von Vorbereitungskonferenzen in den verschiedenen Regionen der Welt stattgefunden. Z.B. fanden zur Vorbereitung der Weltwissenschafts- und Technologiekonferenz in Wien 1979 insgesamt 166 Vorbereitungstreffen statt, davon mehr als die Hälfte in den fünf Regionen der UN-Wirtschaftskommissionen (Pfetsch/Kaiser 1981: 66). Die Ergebnisse können sehr unterschiedliche Formen annehmen. Viele durch Konsens erzielte Übereinkommen benötigen weitere nachfolgende Konferenzen. Die KSZE/ OSZE ist ein Beispiel hierfür. Nach Unterzeichnung des Helsinki-Vertrags 1975 gab es bis 1992 dreiunddreißig Nachfolgekonferenzen mit ihren jeweiligen Vorbereitungstreffen, in deren Verlauf die ausgehandelten Ergebnisse bestätigt, spezifiziert oder ausgeweitet wurden (Pfetsch 1994: 244-246; Schlotter 1999: 73-99). Der Klimaprozess hatte von der ersten Umweltkonferenz der UN 1972 bis zum Abschluss der Konvention 1992 mindestens sieben Vorläufertreffen; danach haben sich die Vertragsstaaten mehrmals getroffen.

4.3 Die dritte Manifestation als Symmetrie zwischen Mittel und Zweck

Wie Wilhelm Grewe ausführt (1964: 11-14) können Interessenkonflikte nach drei Modalitäten ausgetragen werden: (a) *einseitige Durchsetzung von Interessen*; (b) *gegenseitiger Interessensausgleich* (c) *Offenhalten des Konflikts* (vgl. Abb. 1). Verhandlungsergebnisse, die durch Druck, Androhung oder tatsächlicher Anwendung von Gewalt zustande gekommen sind, sind selbstredend mit Zwangsmitteln erreicht worden. Wirtschaftspolitische oder diplomatische Instrumente kommen bei struktureller Gewalt zum Einsatz, während konsensuale Macht das wichtigste Mittel ist, um gegenseitig akzeptierte Übereinkünfte zu erreichen. Ergebnisse, die mit oder ohne Hilfe Dritter ausgehandelt wurden, autoritative Entscheidungen von Gerichten oder stillschweigender Kompromiss lassen eher symmetrische Beziehungen zwischen den Konfliktparteien erkennen. Alle anderen Möglichkeiten einen Konflikt zu beenden, basieren auf asymmetrischen Strukturen.

Während der Verhandlungsabläufe versuchen die Schwächeren auf gleiche Augenhöhe mit den Stärkeren zu kommen. In solchen Verhandlungen spielen außer den materiellen noch andere Verhandlungsressourcen eine Rolle. Diese können typologisch nach integrativen oder distributiven, nach konfrontativen oder kooperativen, nach Machtressourcen (Zwangsmittel, Strukturmittel, Konsensmittel) oder nach Verhandlungstechniken und Verhandlungskonzepten (vgl. Pfetsch 2000b: 145-151) unterteilt werden; auch ist es möglich nach akteurs-, gegenstands-, stärke- oder prozessbezogenen Mitteln zu unterscheiden. Nichtmaterielle Machtquellen beziehen sich auf die Verhandlungsgeschicklichkeit des Unterhändlers, seine Kooperationsfähigkeit, auf die Fähigkeit durch das Erkennen von Chancen zu Lösungen zu kommen, auf Kenntnisse über den Verhandlungsgegenstand oder über die administrativen Regeln usw.

Macht basiert also nicht nur auf strukturellen Gegebenheiten und somit auf messbaren Einheiten, sondern resultiert auch aus dem Handeln von Akteuren und deren Wahrnehmung. Persönliche Eigenschaften, soziale Kompetenz oder strategisches Denkvermögen zählen zu den personenbezogenen Verhandlungsressourcen.

Zu den *persönlichen Eigenschaften*, die die Stärke eines Unterhändlers ausmachen, zählen u.a. Führungsqualitäten, das Beherrschen von Verhandlungstechniken (Ausdauer, Sprachkenntnisse und Eloquenz, Taktik, Kontaktfähigkeit, soziale Kompetenz, Intelligenz, Energie, Glaubwürdigkeit usw.). Die Standpunktfestigkeit und andere personale Faktoren können den Mangel an materiell verfügbaren Ressourcen ausgleichen. Begabung und Geschicklichkeit, die kaum gemessen werden können, sind gleichfalls Quellen von Macht (Zartman 1997: 228). Sie können dazu beitragen, die andere Seite in die gewünschte Richtung zu bewegen (Albin 1999: 259). Vielversprechender sei nach Samuel Bacharach und Edward Lawler (1986:46) daher ein taktischer Machtansatz, der die „aktive, manipulative Qualität von Machtbeziehungen" herausstellt und den dynamischen Charakter der Veränderung akzentuiert. Betont wird der Nutzen und die Effektivität spezifischer Taktiken und Schritte, die bei wirtschaftlichen Verhandlungen Interessen zu maximieren versuchen. Lockart (Waelchli/Shah 1994: 137) spricht von „Einfallsreichtum" und „kreativer Genialität" als Methode, das Machtdefizit schwächerer Parteien auszugleichen. Zartman führt an, dass während der UN-CED-Verhandlungen „die schwachen Staaten ihre Vetomacht kurzfristig durch das Verlassen des Verhandlungsraumes oder längerfristig durch die Androhung eines vollkommenen Rückzugs [nutzten]... Damit konnten sie ihre Verhandlungsmacht weit stärker ausbauen, als es die ursprüngliche Asymmetrie hätte erwarten lassen" (Zartman 1997: 238).

Zu den *sozialen Kompetenzen* zählen die Fähigkeit zur Kooperation mit unterschiedlichen Akteuren und zur Bildung von Koalitionen, aber auch die Fähigkeit, sich von bestimmten Akteuren zu distanzieren.

Zu *strategischen Fähigkeiten* gehören die Suche nach Lösungen zum Vorteil aller, die Fähigkeit zu verhandeln, ohne dass der Gegner das Gesicht verliert, das Anbieten von Zugeständnissen oder Ausgleichsentschädigungen usw. Im Verhandlungsablauf spielen Ressourcen wie die Kenntnis von Verhandlungsregeln und rechtlichen Vorschriften eine Rolle sowie die Organisation der Tagesordnung, die Auswahl der Themen und ihre Prioritäten auf der Agenda; ferner können Hinweise auf internationale Normen wie dem Völkerrecht den eigenen Standpunkt stärken. Auch das Spielen auf Zeit und die Nutzung des Konferenzorts, das Setzen von Zielvorgaben, das Geben eines guten Beispiels, das Schaffen neuer Regeln usw. sind Mittel, das Verhandlungsergebnis in die gewünschte Richtung zu lenken (Grewe 1981: 414-457).

Ressourcen, die sich aus dem *Verhandlungsgegenstand* selbst ergeben, sind z.B. Paketlösungen, Verknüpfungen, Ausdifferenzierungen, Erweiterungen, Flüchten in Ideologien oder Allerweltsformeln, sowie Belohnung, Kompromiss, Entwickeln von Alternativen usw. (Pfetsch 1997: 207-213).

Der Übersicht 9 (S. 112) folgend kann zwischen Zwangsgewalt, struktureller Gewalt und konsensualer Macht unterschieden werden. Dies soll im Folgenden näher erläutert werden.

Zwangsmittel beruhen auf physischer oder materieller Stärke, die sich anhand von Messgrößen eines Landes bestimmen lässt. Zwangsgewalt stützt sich auf bestehende und/oder wahrgenommene ungleiche Verteilung der Potentiale und äußert sich als Drohung, Druck, Sanktionen oder in der Anwendung militärischer Mittel. In seinem Versuch, die komplexe Realität von Gewalt zu klassifizieren, unterscheidet Kenneth Boulding (1990: 25-27) zwischen der Macht, mit der man befiehlt und zwingt (der *harten Gewalt)*, und der *weichen Gewalt*, mit der man kooperiert, legitimiert oder überzeugt. Er nennt die erste eine *Drohgewalt*, die entsteht, wenn A zu B sagt: „Tue das, was ich will oder ich tue das, was Du nicht willst". Diese Drohung kann verschiedene Reaktionen bei B bewirken: Unterwerfung, wenn B das tut, was A verlangt; Trotzreaktion, wenn B zu A sagt: „Ich will nicht das tun, was Du willst"; Gegendrohung, wenn B Schaden bei A verursacht, wenn A Schaden bei B anrichtet, oder schließlich Flucht. Drohgewalt wirke sich grundsätzlich destruktiv auf eine Beziehung aus. Aussichtsreicher ist für Boulding die Macht der Kommunikation verbunden mit der Bereitschaft zu Verhandlungen und Kompromissen. Diese von ihm als *integrative Macht* bezeichnete Macht ist ein Problemlösungsansatz, der auf eine längerfristige Perspektive angelegt ist (Miall et al. 2000: 10).

Strukturelle Machtmittel beruhen auf der Verfügung über knappe Ressourcen und entstammen der Verteilung ökonomischer Stärke zwischen Gruppen oder Personen. Strukturelle Gewalt ist sozusagen in den ökonomischen und politischen Strukturen enthalten. Je nach der Verteilung ökonomischer Ressourcen und Leistungsvermögen resultieren daraus symmetrische oder asymmetrische Beziehungen. Die Bandbreite damit verbundener Instrumente reichen von solchen, die Monopole oder Oligopole besitzen (z.B. Preise diktieren können), bis hin zu solchen, die einzelne Käufer oder Verkäufer in einer freien Marktwirtschaft besitzen.

Konsensuale Machtmittel beschreiben im Idealfall mehr oder weniger symmetrische Beziehungen zwischen Verhandlungspartnern, wenn sie den Willen zum Ausdruck bringen, zu einem freiwilligen Abkommen oder zu Übereinstimmungen beizutragen. Die Mittel einer solchen Macht sind Überzeugung, Überredung, Angebot von Gewinnen, Diskurs, Charisma, Autorität, aber auch Populismus, Demagogie, Massenappell oder Verführung (Pfetsch 1995: 85).

Die Auswahl der Mittel und Strategien hängt auch von der Stärke und Interessenlage der Verhandlungspartner ab. Ein Stärkerer kann sich leisten abzuwarten bzw. zu bremsen, der Schwächere muss fordern und sich Verstärkung von anderen einholen. Bei den Klimaverhandlungen spielten die USA ihr asymmetrisch gelagertes Potenzial aus. An Verhandlungtechniken kamen auf das Verhandlungsgut bezogen vor allem die Ausdifferenzierung zum Tragen, d.h. die Auffächerung der verschiedenen Schadstoffe mit ihren unterschiedlichen Belastungen und Verursachern. Die zeitliche Streckung und die Wahl des Bezugsjahres gab ebenfalls Spielraum für das Aushandeln. Auch der Handel und die Einführung von so genannten Zertifikaten gab Verhandlungsspielraum ebenso wie die Wahl zwischen Stabilisierung und/oder Reduktion und die Frage der Finanzierung und deren Modalitäten. Kurz, die Ausdifferenzierung nach verschiedenen Schadstoffen und deren Einbindung in die unterschiedlichen Interessenlagen gaben und geben den Verhandlern einen weiten Spielraum zum Ausgleich.

4.4 Die vierte Manifestation von Symmetrie und Asymmetrie als Äquidistanz in Vermittlungen

In einer Vielzahl von Verhandlungen wird eine dritte Partei als Vermittler, Schlichter oder Moderator hinzugezogen, entweder um die Verhandlungspartner aus einer Sackgasse herauszuhelfen und/oder um ein für alle Seiten günstiges Ergebnis zu erzielen. Um aber in einer solchen Rolle akzeptiert zu werden, muss der Vermittler den Verhandlungspartnern gleichermaßen willkommen sein und das bedeutet, dass der Vermittler zu allen Beteiligten in der gleichen Nähe bzw. Ferne steht. Ich nenne diese symmetrische Entfernung *Äquidistanz*, was nicht gleichbedeutend mit Neutralität ist. Der Begriff Neutralität zielt zu stark auf Distanz und berücksichtigt zu wenig, dass die dritte Partei selbst Interessen in den Verhandlungen verfolgen kann. Ein Vermittler ist nicht neutral, sondern interessierte Partei. Wie Jacob Bercovitch (1984) betont, wird durch die Intervention einer dritten Partei aus einer zweiseitigen Beziehung eine dreiseitige; die ursprüngliche Dyade mutiert zu einer Triade. Der Vermittler erwartet für seine guten Dienste eine Vermittlungsprovision. Äquidistanz einer dritten Partei erfordert das gleiche Maß an persönlichem Engagement für die betroffenen Parteien. Der Streit um den Beagle-Kanal zwischen Argentinien und Chile ist ein Beispiel hierfür. Auf der Suche nach einem Vermittler war zunächst Großbritannien im Gespräch. Doch der chilenischen Regierung schien die Nähe zwischen der ehemaligen Kolonialmacht und Argentinien zu groß. Beide Parteien einigten sich schließlich auf den Vatikan, der beiden katholischen Länder ein geeigneter Vermittler erschien und erfolgreich den Konflikt beilegen konnte. Für eine erfolgreiche Vermittlung und für ein effektives

Konfliktmanagement ist also eine symmetrische Beziehung zwischen dem Vermittler und den Konfliktparteien unverzichtbar.

Um erfolgreich zu sein, muss die dritte Partei neben der Äquidistanz und anderen Qualifikationen über erkennbare Verhandlungsmacht verfügen. Hier nimmt Symmetrie die Form ausgewogener Mittelausstattung an. Diplomatische Instrumente versagen, wenn der Vermittler nicht gleichzeitig über gleichartige Machtmittel verfügt. Vermittlungsversuche von internationalen Organisationen wie der UNO, der EU oder der OSZE konnten die Kriege in Bosnien nicht stoppen, geschweige denn verhindern, weil sie entweder nicht über die angemessenen Mittel verfügten oder diese nicht einsetzen wollten oder konnten. Zu weiteren Vermittlungsressourcen zählen z.B. Strategien, die es den Betroffenen gestatten, ihr Gesicht zu wahren, persönlichen Fähigkeiten, Kenntnisse des Verhandlungsgegenstandes und der darauf gerichteten Interessen sowie ein Gefühl für den richtigen Moment. Die Rolle einer vermittelnden dritten Partei kann in internationalen Wirtschaftsverhandlungen auch von einer internationalen Organisation übernommen werden.

In den Klimakonventionsverhandlungen spielten die Vereinten Nationen die Rolle einer ausgleichenden dritten Macht. Sie erhielt in der Generalversammlung den Auftrag, den Verhandlungsprozess zu gestalten und Gremien ins Leben zu rufen, die sowohl den vorbereitenden Text zur Klimakonvention erarbeiten als auch die jährlich stattfindenden Folgekonferenzen organisieren sollten. Dadurch erlangte das Generalsekretariat der VN ein eigenständiges Gewicht als Prozessgestalter, der nicht unerheblich dazu beitrug, die unterschiedlichen Positionen zu einem Kompromiss zusammenzuführen.

4.5 Die fünfte Manifestation von Symmetrie als faires Ergebnis

Am Ende wollen alle Parteien ein für sie nutzenmaximiertes Ergebnis erzielen; ob dieses Resultat auch gerecht oder fair ist, hängt davon ab, ob das Ergebnis beiden Seiten Rechnung getragen, d.h. etwa gleiche Nutzenbefriedigung gebracht hat. Die ausgehandelten Güter müssen dabei nicht in gleicher Menge verteilt sein, sondern es muss der subjektiv empfundene Nutzen in Bezug auf die zugeteilte Gütermenge gleich oder ähnlich sein; darin besteht die symmetrische Gewinnverteilung. Einige Autoren vertreten die Meinung, dass für Verhandlungen, an deren Ende eine Vereinbarung zum gegenseitigen Nutzen stehen soll, eine symmetrische Machtverteilung die Voraussetzung sei (Rubin/Brown 1975: 199; Pruitt/Lewis 1977: 185). Die Autoren berufen sich auf die Beobachtung, dass Wirtschaftsverhandlungen besonders häufig durch eine Vielzahl unterschiedlicher Verhandlungstechniken zu Ergebnissen geführt werden, bei denen jeder gewinnt

(Jönnsson 1978: 38). Oftmals sind Interessen viel stärker miteinander kompatibel, als dass sie sich ausschließen würden. Aber was bedeutet gleicher Nutzen bzw. ein gerechter Anteil am Verhandlungsergebnis? Diese Einschätzung hängt sehr stark davon ab, was als richtig oder falsch, als fair oder unfair, als zufrieden stellend oder unbefriedigend empfunden wird. Es ist eine subjektive Bewertung, die sich an den Erwartungen beider Parteien ausrichtet. „Gute" Verhandlungen zwischen einem starken und einem schwachen Partner sind durch zufrieden stellende Gewinne auf beiden Seiten gekennzeichnet. Deshalb muss die symmetrische Gewinnverteilung in Nutzenkategorien gemessen werden.

Wenn Parteien keine Aussicht auf Gewinne haben, werden sie Verhandlungen erst gar nicht beginnen oder sehr schnell wieder beenden. Wird in einer asymmetrischen Beziehung das erwartete Ergebnis als ungerecht empfunden, so wird der benachteiligte Verhandlungspartner dem Ergebnis nicht zustimmen, sondern die Verhandlungen abbrechen, und er wird nur unter Zwang zu weiteren Verhandlungen bereit sein. Es ist aber ebenfalls möglich, dass ein unter asymmetrischen Bedingungen erzieltes Ergebnis als zufrieden stellend akzeptiert wird. Die bereits besprochene Matrix 2 gibt einen Überblick über die verschiedenen möglichen Kombinationen (vgl. Abschnitt VI.4.2).

Das Ergebnis der Verhandlungen zur Klimakonvention stellt beispielsweise einen Kompromiss dar zwischen den Positionen der drei Gruppen, wobei der größere Anteil den USA zukommt. Die Allgemeinheit und Unverbindlichkeit des Schlussdokuments („... stabilization of greenhouse gas concentrations in the atmosphere at a level that would prevent dangerous anthropogenic interference with the climate system"), ist ein Erfolg der US-Diplomatie des Abwartens und der Vermeidung konkreter Verbindlichkeiten. Die Europäer erreichten das Ziel, dass das Thema auf der Tagesordnung blieb, in einen institutionalisierten Prozess überführt wurde und ein zunächst loser Zeitplan („... such a level should be achieved within a time-frame sufficient to allow ecosystems to adapt naturally to climate change") verabredet und auf den Nachfolgekonferenzen konkretisiert wurde. Das Kyoto-Protokoll sieht eine Reduktion der Treibhausgasemission der Industrieländer um 5% für 2008-2015 vor. Der „Süden" konnte sich durchsetzen hinsichtlich seines Entwicklungsziels („...to ensure that food production is not threatened and to enable economic development to proceed in a sustainable manner"). Die Tatsache, dass die USA schließlich das Dokument nicht unterzeichneten, zeigt, dass auch dieses Ergebnis noch hinter den Erwartungen zurücklag und die Supermacht ihren stärksten Trumpf der Nichtunterzeichnung ausspielte. Diese Weigerung nimmt dem Übereinkommen viel an Geltungskraft, so dass das Ergebnis zunächst als asymmetrisch zugunsten der USA bewertet werden kann. A la longue allerdings können die „Verliererstaaten" Terrain gutmachen. Die von den Potentialgrößen her gegebene rein rechnerische Symmetrie in den Ausgangspositionen zwischen den USA und den EG- bzw. Südstaaten konnte im Verlauf des Verhandlungsprozesses weitgehend zugunsten der Supermacht entschieden werden; im weiteren Verlauf der Folgekonferenzen bis zu der zuletzt Ende 2000 in Den Haag stattgefundenen Konferenz der Vertragsstaaten konnte allerdings eine Annäherung zwischen den Positionen der USA und den Staaten Europas und des Südens erreicht werden. Diese Annäherung wurde möglich gemacht u.a. durch die Institutionalisierung des Prozess im Rahmen der UNO, die als dritte unabhängige Partei den Prozess am Leben hielt und an einem positiven Ergebnis interessiert war.

Zusammenfassung der Machtanalyse

Fasst man die Erkenntnisse dieser Machtanalyse zusammen, dann ist Symmetrie eine notwendige, aber nicht hinreichende Bedingung für erfolgreiche Verhandlungen. Zunächst gilt: Wenn die Parteien keine Möglichkeit erkennen können, durch Verhandlungen ihre Position zu verbessern und Gewinne zu erzielen, dann werden sie auch keine Verhandlungen beginnen. Wenn Parteien sich in einen Verhandlungsprozess einbringen, dann ist die schwächere Partei nicht zwangsläufig der stärkeren ausgeliefert, sondern kann durch Einsatz entsprechender Mittel und durch übergeordnete Ziele mit der stärkeren Partei verbunden durchaus zu befriedigenden Ergebnissen gelangen.

Die Analyse hat gezeigt, dass das Verhältnis von Symmetrie und Asymmetrie in Verhandlungen mit dem des Alltagsverständnisses nicht identisch ist. Diese Begriffe beschreiben lediglich bestimmte Grundlagen von Machtbeziehungen in Verhandlungen, wobei sie während des Verhandlungsverlaufs fünf verschiedene Manifestationen annehmen können: Symmetrie bzw. Asymmetrie beschreibt zunächst die Beziehung, wie sie aufgrund unterschiedlicher materieller Ressourcen vorhanden sind bzw. wahrgenommen werden. Die stärkere Partei spielt normalerweise ihre Dominanz aus und die schwächere Partei versucht, die Machtdiskrepanz auszugleichen. Dadurch wird Symmetrie und Asymmetrie in der zweiten Manifestation erkennbar: Symmetrie und Asymmetrie als eine Prozessvariable. Bei der Mittelwahl manifestiert sich das Äquivalenzprinzip, d.h. die Angemessenheit der Instrumente hinsichtlich eines zu erreichenden Erfolgs. Weiterhin kann eine dritte Partei in den Verhandlungsprozess einbezogen werden und sich bemühen, den Prozessverlauf zu einem günstigen Ergebnis zu führen. Hierbei drückt das Äquidistanz-Konzept die Manifestation der Symmetrie zwischen dem Vermittler und den Verhandlungsparteien aus. Schließlich können die Ergebnisse von Verhandlungsprozessen daran gemessen werden, ob sie gleichen Nutzen erbracht haben und als gerecht oder fair empfunden werden. Diese Manifestationen von Symmetrie und Asymmetrie wurden anhand des empirischen Beispiels der Klimakonvention erläutert. Dieses Fallbeispiel zeigt, dass Verhandlungsergebnisse, die nicht durch symmetrische Gewinnverteilung charakterisiert sind, tendenziell instabil sind und mit der Zeit geändert werden. Um die Aussage zu erhärten, dass gerechte Ergebnisse dauerhaft sind, müsste allerdings auf eine umfangreichere empirische Datenanalyse zurückgegriffen werden. Im Folgenden werden die fünf Manifestationen von Symmetrie und Asymmetrie in einem Schaubild übersichtlich dargestellt (Abb. 8).

Abbildung 9:   Die fünf Manifestationen von Symmetrie und Asymmetrie im Verlauf des Verhandlungsprozesses im Überblick

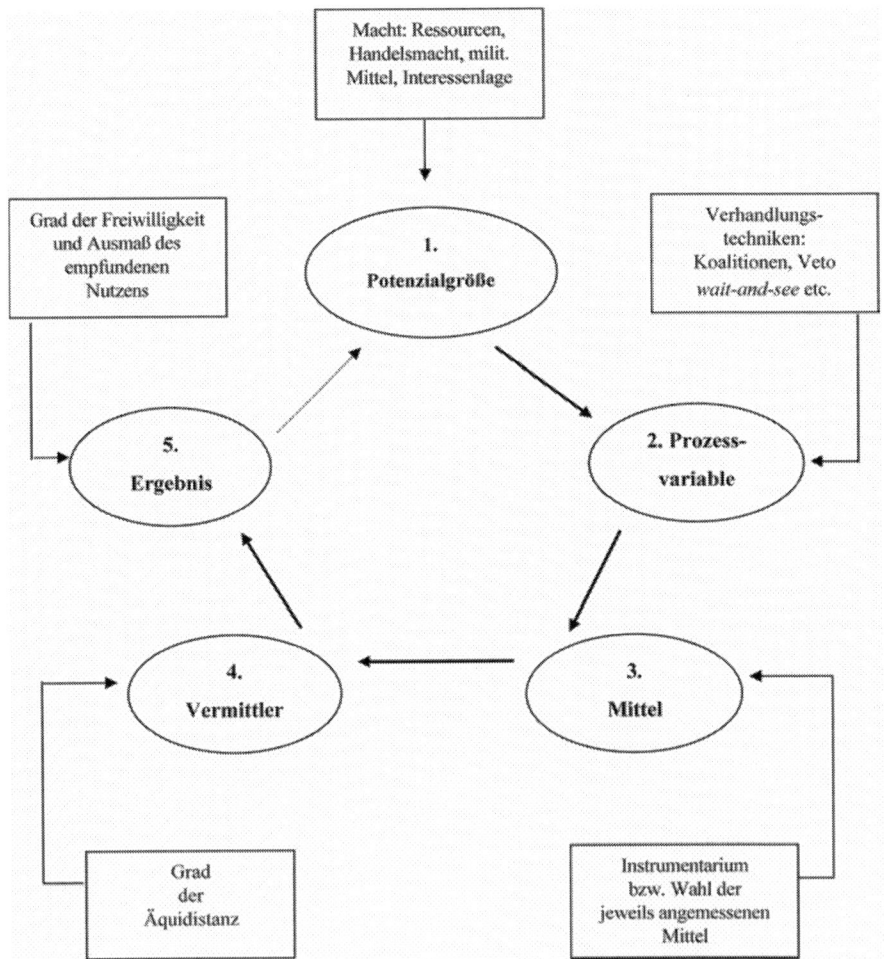

Kapitel VII
Die Macht der Ohnmacht oder: Wie aus Schwäche Stärke werden kann

Macht hat wie beschrieben mehrere Dimensionen und ihr Gebrauch bzw. Nichtgebrauch muss im Kontext der verschiedenen Phasen des Konflikt- bzw. Verhandlungsprozesses gesehen werden. Macht ist eine Besitzgröße, Macht ist aber auch eine Relations- und Verhältnisgröße. Im Verhandlungszusammenhang kommt den sozialen und politischen Beziehungen eine eher größere Bedeutung zu als dem Besitz materieller Machtpolster. In den verschiedenen Verhandlungsphasen kann sich ein eher asymmetrisches Verhältnis zu einem eher symmetrischen Verhältnis ändern und somit der schwächeren Partei die Chance geben, stärker zu werden. Neben diesen auf Symmetrie angelegten Strategien gibt es noch weitere Verstärkungsstrategien.

1   Die Mittel des Schwächeren

Schwachsein kann Stärke bedeuten, wenn

- der Stärkere auf den Schwächeren angewiesen ist. Eine „Zünglein-an-der-Waage-Position" eines kleineren Verhandlungspartners kann in Stärke umgemünzt werden. Das Beispiel aus der Innenpolitik der Bundesrepublik, wo die FDP als der kleinere Koalitionspartner in einer sozialliberalen oder einer christlich-liberalen Koalition fungierte, illustriert die Stärke des Schwächeren. Ihr Gewicht in den jeweiligen Koalitionen übertraf bei weitem das, was ihr aufgrund von Wählerstimmen und der Stimmen im Parlament zufiel. Ein Beispiel aus der Außenpolitik der Sowjetunion: Sie war als die dominierende Macht im so genannten Ostblock auf ihre Satellitenländer angewiesen, denn ihr war an dem Erhalt des sozialistischen Systems gelegen. Eine Schwächung oder gar Abfall hätte zugleich den Verlust an Führungsmacht bedeutet. Insofern konnte sich die zynisch zu bezeichnende Haltung z.B. unter Tschechen verbreiten, eigenes Wirtschaften nicht all zu ernst zu nehmen, denn der große Bruder würde ja in die Lücke einspringen.

- die stärkere Fraktion in sich gespalten ist und nicht zu einer gemeinsamen Position finden kann. Die Schwächung des vermeintlich Stärkeren bedeutet gleichzeitig eine Stärkung des oder der vermeintlich Schwächeren.

- die Minorität zur Waffe des Vetos greift und damit Verhandlungen blockieren kann. Schon die Drohung mit einem Veto kann die Positionen der Verhandler verändern. Diese Waffe ist dann besonders wirksam, wenn Einstimmigkeit in einem Gremium erforderlich ist. In der Realität internationaler wie nationaler Organisationen sind solche Situationen immer wieder aufgetreten: Der Prozess der europäischen Integration ist in den sechziger Jahren durch das Veto Frankreichs in der Agrarpolitik blockiert worden; der Luxemburger Kompromiss hat die Blockade damit aufgehoben, dass Veto-Stimmen qualifiziert wurden und nur bei „vitalen Interessen" eines Landes abgegeben werden können. Eine andere Art, die Blockade durch eine Veto-Stimme aufzuheben, besteht in der Modifikation der Stimmabgabe durch Mehrheit minus eins. Der Veto-Spieler wird außen vor gelassen.

- im ökonomischen Aufholprozess auch das politische Gewicht angehoben wird und die Verhandlungsposition des ehemals Schwächeren sich verbessert. Die berühmten Tigerstaaten in Ostasien oder die im Werden begriffene Großmacht China sind dafür Beispiele ebenso wie Deutschlands Aufholprozess Ende des 19. Jahrhunderts.

- die stärkere Großmacht zuviel Verantwortung übernommen hat und nicht mehr angemessen auf Herausforderungen reagieren kann. Eine Großmacht kann dann Verantwortung an die abhängigen Gebiete abgeben und diesen einen größeren Handlungsspielraum zubilligen. Ein Beispiel aus dem Schachspiel mag dies verdeutlichen: Ein Schachgroßmeister spielt gegen eine Gruppe schachspielender Amateure. Während der Großmeister seine Aufmerksamkeit auf mehrere Schachbretter verteilen muss, können die Amateure sich auf nur ihr Spiel konzentrieren. So kann der Fall eintreten, dass auch ein Amateur gegen einen Großmeister gewinnen kann. Die Teilung der Konzentration auf der einen Seite und die Konzentration auf der anderen geben dem Schwächeren durchaus eine Chance.[24]

- Daneben gibt es zahlreiche nicht materielle Verhandlungsressourcen, die die schwächere Position verbessern können und mit der Qualität des Verhandlungsführers zusammenhängen.

- Schließlich kann sich der Schwächere mit Hilfe einer dritten Partei verstärken, die das Ungleichgewicht durch geschickte Vermittlung vermindern hilft. Eine der wichtigsten Methoden, die Verhandlungsposition zu verbessern, besteht in der Koalitions- bzw. Allianzbildung.

---

[24] Dieses Beispiel verdanke ich Raymond Cohen in Jerusalem.

2 Koalitionsbildung und Verhandeln

Aus der Fülle der Mittel zur Beeinflussung von Entscheidungen soll das der Koalitionsbildung herausgegriffen werden, weil ihr eine über Gremienprozesse hinausreichende Bedeutung zukommt. In parlamentarischen Demokratien westlicher Staaten spielen Koalitionsbildungen eine wichtige Rolle bei der Entscheidungsfindung; so auch in der multilateralen Konferenzdiplomatie. Denn je größer die Gremien sind, umso wichtiger werden Koalitionsbildungen. Dies trifft auch für die sich erweiternde Europäische Union zu.

Die Erforschung von Koalitionen hat sich bisher vor allem auf parlamentarische Koalitionen beschränkt; regionale Integrationsmodelle wie die EU machen auch Koalitionen zwischen nationalen Regierungen erforderlich. Auch auf dieser Entscheidungsebene geht es um die Effektivität, die Repräsentativität und die Stabilität. Welche Art von Koalition produziert welche Art von Entscheidung? Was führt zu Koalitionsbildungen: Verhandlungsgegenstände, Ideologie, persönliche Beziehungen oder anderes?

Die Verhandlungsmacht von Minoritäten kann dadurch gestärkt werden, dass die Schwächeren sich zusammenschließen; durch Vereinigung zu Allianzen oder Koalitionen können sie Mehrheitsbeschlüsse zustande bringen. Wenn diese in einem Gremium die Mehrheit bilden, können sie jede Entscheidung zu ihren Gunsten wenden; durch Vereinigung von Stimmen oder allgemeiner: von Ressourcen kann sich eine Gegenmacht gegen den nach Ausstattung Stärkeren bilden;

Vereinigungsressourcen

- die Position einer Verhandlungspartei kann durch Koalieren mit einer anderen gestärkt werden;
- Allianzen können dem gleichen Ziel dienen;
- Kompensation, ein Ausgleich kann dadurch gefunden werden, dass der Verzicht einer Partei auf ein bestimmtes Gutes ausgeglichen wird durch das Hinzukommen eines anderen Gutes;
- Kompromiss, bei dem jede Partei etwas abgibt, insgesamt aber gewinnt;
- Konzessionen; eine Partei gibt etwas auf zugunsten einer anderen Partei;
- Suche nach Optionen zum Vorteil des Verhandlungspartners; dies kann auch dadurch zustande gekommen sein, dass man den Verhandlungspartner von einer Sache überzeugt, die zu seinen Gunsten ist;
- Gesichtswahrung; der Verhandlungspartner muss Gelegenheit bekommen, in der Öffentlichkeit nicht als Verlierer dazustehen.

Warum, so ist in diesem Zusammenhang zu fragen, spielt Gegenmachtbildung
oder (bei Ausgeglichenheit) die Symmetrie bzw. das Gleichgewicht in den Beziehungen zwischen den Verhandlungspartnern eine so wichtige Rolle? Der
Gleichgewichtsbegriff ist eng mit dem der Symmetrie verbunden, aber nicht
identisch zu sehen. Nicht jede symmetrische Beziehung führt zu Gleichgewicht;
Gleichgewichtssituationen beruhen jedoch auf der Symmetrie etwa gleichstarker
Mitglieder des Gleichgewichtssystems. Die schwächer werdende Partei versucht
ja gerade durch Koalieren ihre Schwäche auszugleichen und zum Gleichgewicht
zurückzufinden. Der Sinn von Koalitionsbildungen kann in Folgendem gesehen
werden:

- Koalitionen werden gebildet, weil sie Gewinne bringen sollen. Jede Seite
  erwartet, dass ihr die Koalition entsprechend ihrem Einsatz einen Gewinn
  bringt (Gamson 1961:376). Wenn der tatsächliche Gewinn größer ist, umso
  besser. Man kann jedoch den zu erwarteten Gewinn nur sehr schwer be-
  rechnen, weil die Rechnung in die Zukunft gerichtet ist und somit zeitlich
  oder sachlich nicht exakt eingeschätzt werden kann. Z.B. kann die Proportio-
  nalität von Kosten und Gewinnen in der Europäischen Gemeinschaft nicht
  auf Heller und Pfennig ausgerechnet werden. Es gibt Nettozahler und Net-
  toempfänger. Dabei kann der Nettozahler nicht erwarten, dass der Netto-
  empfänger ihm seinen Beitrag wieder zurückzahlt. Vielmehr trägt der Gemeinschaftsgeist dazu bei, dass der Nettozahler in irgendeiner Form und zu
  einem zukünftigen Zeitpunkt für seinen Einsatz belohnt wird.
- Vom Ergebnis der Verhandlungen her gesehen, kann der Grundsatz gelten,
  dass nur in (durch Koalitionen zustande gekommenen) ausgewogenen Beziehungen auch haltbare Ergebnisse folgen. Unter Druck zustande gekommene Verhandlungsergebnisse sind tendenziell nicht von langer Dauer,
  denn der Unterlegene wird sich bemühen, das Verhandlungsergebnis zu re-
  vidieren, so bald er dazu Gelegenheit hat.
- Koalitionen sind eine wichtige Bedingung für die Existenz von Gleichge-
  wichtskonstellationen. Nach Bruce Bueno de Mesquita (1980) sind die Bedingungen für das Funktionieren von Gleichgewichtssystemen, die beanspruchen kleinere Staaten zu schützen und dominierende einzugrenzen, die
  Veränderbarkeit von Koalitionen oder Allianzen.[25] Bei Störung des Gleich-
  gewichts im Staatensystem etwa durch eine stärker werdende Macht, die
  dominieren will, müssen die Mitglieder des Systems neue Allianzen bilden,

---

[25]   Als weitere Voraussetzungen für den Gleichgewichtserhalt nennt Mesquita: Allianzen dürfen
       nicht ideologisch fundiert sein; Akteure müssen die Spielregeln einhalten, Durchsetzungsver-
       mögen beweisen; Konflikte müssen in die Peripherie (offene Welt) abgeleitet werden können.

um die Machtbalance zu erhalten. Alle Akteure sollen prinzipiell als Partner einer Koalition in Frage kommen und einen Wechsel ermöglichen. Eine „Politik der freien Hand" reguliert ein Gleichgewichtssystem sowohl im internationalen als auch in parlamentarischen Politiksystemen. Koalitionsbildung ist in den EU-Organen ein laufender Prozess und zeigt – wie theoretisch angenommen – kein stabiles Muster. Je nach Sachverhalt gibt es verschiedene Koalitionen. Sogar das deutsch-französische Tandem wurde letztlich in seiner Einigkeit in agrarpolitischen Fragen aufgebrochen. Das Aufbrechen von Allianzen kann sich eine dritte Partei zunutze machen. Ein Beispiel dafür, Differenzen zwischen Parteien in einer Versammlung in einen eigenen Vorteil umzuwandeln, war die von der US-Regierung gegenüber der EU während der Verhandlungen in der Uruguay-Runde angewandte Taktik (Landau 1996). Der US-Vertreter konnte das deutsch-französische Tandem trennen und durch eine Allianz mit Deutschland seine Position durchsetzen.

- In Fällen gewaltsamen Konfliktaustrags kann – wie zuvor beschrieben – nur die Symmetrie der Mittel zu einem Erfolg führen. Nur eine dritte Partei im Besitz militärischer Mittel vermag in einem Kriegsfall Gegnern Einhalt gebieten. Das Beispiel der Bosnienkriege ist als Illustration besonders geeignet. Die zahlreichen Verhandlungs- und Vermittlungsversuche internationaler oder auch privater Organisationen sind gescheitert, weil sie nicht über das Drohpotential des Einsatzes von Waffen verfügten.

3 Die Grenzen des Verhandelns

Verhandlungstheorien bzw. -strategien konzentrieren sich im Allgemeinen auf Möglichkeiten, vorteilhafte Ergebnisse für sich auszuhandeln. Die Frage ist gerichtet auf den Erfolg, gemessen an den Interessen und Erwartungen. Das Erkenntnisinteresse richtet sich auf die Frage: Wie verhandle ich erfolgreich? Die Ratschläge sind nicht immer in die Praxis umzusetzen, denn es werden oft ideale Situationen angenommen und Bedingungen unterstellt, die in der politischen oder wirtschaftlichen Realität nicht existieren.

Historische Erfahrungen lehren, dass es viele Fälle gescheiterter Verhandlungsversuche gegeben hat wie die Versuche der Eindämmung von Kriegen in Somalia, in Bosnien, im Kosovo oder in Afghanistan. Diese Fälle haben die Grenzen von Verhandlungen und Vermittlungen aufgezeigt und darüber hinaus internationale Organisationen, insbesondere die UNO in ihren Vermittlerbemühungen, in ein schlechtes Licht gesetzt. Nachträglich und vom heutigen Standpunkt aus können diese Fehlschläge erklärt werden.

Die wohl wichtigste Erklärung liefert der Konflikt- bzw. Verhandlungszirkel, der die Angemessenheit von Ziel und Mittel zum Ausdruck bringt. Die Symmetrie beider ermöglicht erst ein erhofftes Ergebnis. In kriegerischen Auseinandersetzungen sind Verhandlungen allein nicht das adäquate Mittel. In solchen Situationen sind Verhandlungen ohne dahinter stehendes Gewalt- oder Drohpotential zum Scheitern verurteilt.

Keine der involvierten internationalen Organisationen war in der Lage, die blutigsten Kriege der Nachkriegszeit, vor allem die Kriege im Nahen Osten und im ehemaligen Jugoslawien unter Kontrolle zu bringen, geschweige denn zu beenden. Zwar hat die UNO und haben die Regionalorganisationen in Europa (KSZE, EG/EU), Asien (ASEAN, SAARC), Afrika (OAU), Amerika (OAS) in zahlreichen Fällen vermittelnd helfen und zur Befriedung (z.B. durch Blauhelmeinsätze) beitragen können wie in Kambodscha, Namibia, Liberia, Mosambik, Zypern, Haiti, Mazedonien, Kosovo, Georgien, Ruanda, Irak, doch mussten dazu die Konfliktparteien auch bereit gewesen sein. Frieden erzwingen konnten diese internationalen Organisationen nicht. Nicht immer sind Verhandlungen der beste Weg um ein gewünschtes Ziel zu erreichen.

Die großen Konflikte in neuerer Zeit sind vor allem von der Sicherheit stiftenden oder sogar Sicherheit erzwingenden Supermacht USA vermittelt worden. Ausgerüstet mit einem glaubwürdigen Drohpotential spielten die USA eine wichtige Rolle als Vermittler und/oder als Kriegspartei in zahlreichen Konfliktfällen, ausgehend vom Camp-David-Abkommen 1979 zwischen Israel und Ägypten, dem Gaza-Jericho-Abkommen zwischen der PLO und Israel 1993, dem Israel-Jordanien-Abkommen 1994, dem Israel-PLO-Abkommen 1995 bis hin zu den Bemühungen um ein Israel-Syrien-Abkommen. Hinzu kommen die erfolgreichen Bemühungen um Abkommen zwischen den innerstaatlichen Konfliktparteien in Angola und Mosambik in den achtziger Jahren, die Unterstützungen beim friedlichen Übergang zur Swapo-Regierung in Namibia 1992 und zur ANC-Regierung Mandelas in Südafrika 1992-94, die von den USA 1992 vermittelte Waffenruhe in Äthiopien, die Wiedereinsetzung des von einer Junta gestürzten gewählten Präsidenten Aristide in Haiti 1994; im gleichen Jahr wurde ein Vertrag mit Nordkorea ausgehandelt, der den Verzicht des Landes auf den Bau einer Atombombe vorsieht, dann aber wieder gebrochen wurde. Auch das 1995 abgeschlossene Friedensabkommen zwischen Ecuador und Peru gehört in diese Reihe, die die USA als Garantiemacht auf dem südamerikanischen Kontinent sieht. Im Nordirland-Konflikt spielten die USA vor allem über ihre Botschafterin Smith eine ausgleichende und die festgefahrenen Verhandlungen neu belebende Rolle. Von großem Erfolg waren auch die Vermittlungsbemühungen des früheren amerikanischen Präsidenten Carter begleitet, der z.T. unbemerkt von der Weltöffentlichkeit in mehr als zwanzig Vermittleraktivitäten rund um den Globus tätig war. Nicht verschwiegen werden sollen allerdings auch die gescheiterten Versuche der USA als Teil der UNO in Somalia 1993. Weder die multinationale UN-Interventionstruppe noch die folgende Friedensmission U-NOSOM konnten die geplante Befriedigung des Landes erreichen. So schmerzlich diese Einsicht für die sich um Frieden bemühenden internationalen Organisationen auch sein muss, der frühere deutsche Außenminister Kinkel hat in der Bundestagsdebatte zum Bosnieneinsatz der Bundeswehr am 30. November 1995 mit Recht hervorgehoben, dass es „das politische und militärische Engagement und Gewicht Amerikas war, das für den jetzt endlich erreichten Friedensschluss den Ausschlag gab." Solange internationale Organisationen nicht mit eigenem glaubwürdigem Drohpotential ausgestattet sind, sind sie auf mächtige Mitgliedsstaaten angewiesen. Die USA können Verhandlungen mit glaubwürdigen Sanktionen verbinden („carrots and sticks").

Schon das bekannte Harvard-Modell hat als Ausweg das so genannte BATNA erfunden, eben die beste Alternative zum Verhandeln. Parteien können Verhandlungen schlicht ablehnen, wenn sie sich keinen Nutzen davon versprechen (no-win solution). Eine bessere Option kann das Nicht-Verhandeln sein oder Interessen werden mit anderen Mitteln verfolgt. In anderen Situationen werden Verhandlungen abgebrochen, weil die verschiedenen Interessen nicht in Einklang miteinander gebracht werden können. Es gibt auch Fälle, in denen Verhandlungen begonnen werden, nur um nach außen den Verhandlungswillen zu demonstrieren, wissend, dass ein eventuelles Verhandlungsergebnis ohne verpflichtende Konsequenzen bleiben wird.

An zwei vor allem in akademischen Kreisen viel diskutierten Verhandlungskonzepten lassen sich die Grenzen von Verhandlungsansätzen aufzeigen. Ich wähle zum einen das bekannte *Harvard Konzept* von Roger Fisher, William Ury und (in einer späteren Auflage) Bruce Patton (Vgl. Kap. V), und zum andern das so genannte *Diskursmodell* des deutschen Sozialphilosophen Jürgen Habermas. Diese, wie ich meine, idealistischen Ansätze eignen sich gut, um die Grenzen für Verhandlungserfolge aufzuzeigen.[26]

Politisches Verhandeln ist wie oben ausgeführt u.a. dadurch gekennzeichnet, dass die Verhandlungsführer nicht frei als autonome Personen agieren können, sondern an zahlreiche Bedingungen wie z.B. Machtstrukturen und andere Vorgaben gebunden sind. Dies können parteiliche Aufträge sein oder Vorgaben von Regierungen oder Auflagen von Verbänden. In internationalen Foren müssen die institutionellen Normen und Regeln (Statuten, Geschäftsordnungen)

---

[26] Es gibt viele Bücher, die speziell für Praktiker geschrieben sind und die unterstellen, dass vieles – wenn nicht gar alles – durch Verhandeln gelöst werden kann (Z.B. G. Spence: How to argue and win every time. N.Y.: St. Martin 1995).

eingehalten und die jeweilige Umwelt berücksichtigt werden. In demokratisch
konstituierten Gremien muss das jeweilige Klientel bedient werden oder Rücksicht auf den Koalitionspartner genommen werden, kurz politisches Verhandeln
ist an zahlreiche Bedingungen gebunden, die jenseits persönlicher Eigeninteressen liegen. Dies gilt auch für Wirtschaftsverhandlungen. Der Verhandler hat
Rücksicht auf die Interessen des Unternehmens zu nehmen und kann die Unter-
nehmensinteressen auch als Alibi in den Verhandlungsprozess einführen. Eine
direkte Umsetzung des Harvard-Konzepts erscheint im politischen und wirtschaftlichen Bereich deshalb nur bedingt möglich.

Je nach Verhandlungskultur sind Emotionen stärker oder schwächer im
Spiel, Objektivität ist nicht immer mit subjektiven Interessen verbunden, das
Subjektiv-Persönliche kann nicht immer vom Objektiv-Sachlichen getrennt wer-
den. Vor allem ist Politik – und in geringerem Maße auch die Wirtschaft – kein
individuelles Person-zu-Personen Spiel, sondern muss im Kontext der jeweiligen
Interessen- und Machtstrukturen gesehen werden. Der Rahmen, innerhalb dessen
Verhandeln stattfindet, bildet die Grenzen, die nicht unmittelbar vom Verhandler
geändert werden können, sondern als gegeben hingenommen werden müssen.
Politiker oder Wirtschaftler haben die Rolle von Akteuren anzunehmen analog
zu Schauspielern in einem Theaterstück. Das Wesen des Politischen liegt in
seinem Öffentlichkeitscharakter und Politiker wie Wirtschaftler sind dem jeweiligen Klientel (Partei, Fraktion, Kabinett, Wählerschaft oder Aufsichtsrat, Vorstand, Aktionären) verantwortlich, in deren Namen oder Auftrag sie handeln.

Auch das Harvard-Modell blendet diese Grenzen nicht aus. Was geschieht,
wenn die andere Partei nicht mitspielt? Wie muss man sich verhalten, wenn der
andere ein schmutziges Spiel spielt? Dieser Gesichtspunkt wird im Konzept des
BATNA („Beste Alternative zu einem verhandelten Übereinkommen") themati-
siert. Nichtsdestoweniger bleiben die genannten politischen oder wirtschaftlichen
Einschränkungen in diesem Ansatz unterbelichtet.

Auch das *Diskursmodell* von Jürgen Habermas (1992: 370-371) formuliert
ideale Konstellationen für einen Diskurs nach den folgenden fünf Prinzipien:

1. Die Beratungen vollziehen sich in argumentativer Form, also durch den
    geregelten Austausch von Informationen zwischen Parteien, die Vorschläge
    unterbreiten und kritisch prüfen.
2. Die Beratungen sind offen und öffentlich; im Prinzip darf niemand ausge-
    schlossen werden, alle interessierten Personen haben die gleiche Chance des
    Zugangs und der Teilnahme.
3. Die Verhandlungen sind frei von externem Druck oder externer Drohung.
    Die Teilnehmer sind nur an die Regeln freier Kommunikation gebunden.

4. Verhandlungen sind auch frei von internen Zwängen, die die Gleichstellung der Teilnehmer beeinträchtigen könnten.
5. Der Austausch von Argumenten erfolgt in einem rationalen Diskurs; der Prozess des Argumentaustauschs kann im Prinzip unbegrenzt fortgesetzt, unterbrochen und jeder Zeit wieder aufgenommen werden; er dauert so lange bis ein Konsens gefunden ist. In politischen Debatten kann die Mehrheitsregel angewandt werden, um die Verhandlungen irgendwann zu Ende zu bringen. Die Mehrheitsregel begründet die Vermutung, dass die Mehrheitsmeinung bis auf weiteres, nämlich bis die Minderheit die Mehrheit von der Richtigkeit ihrer Auffassung überzeugt hat, als vernünftige Grundlage einer gemeinsamen Praxis gelten darf.

Mit diesem Prozess konsekutiver Argumentationen werde die „richtige" Lösung gefunden, weil alle möglichen Alternativen ausgelotet worden sind. Eine solche ideale Debatiersituation ist kaum in der politischen oder wirtschaftlichen Realität anzutreffen. Macht ist in den meisten Fällen präsent.

Die oben genannten Grenzen des Harvardmodells gelten auch für das Diskursmodell von Habermas. Die ideale Form eines sozialen Arrangements erinnert eher an ein Seminar in einer Universität, wo Interessen, Zeit, Verantwortungen und Verpflichtungen etc. keine Rolle spielen. Studenten können frei ohne Zwang und Vorgaben Alternativen durchspielen und sind an keine Aufträge gebunden. Man sollte aber idealistische Konzepte wie diese nicht von vornherein ablehnen, denn sie können Orientierungen für die Lösungsfindung geben.

Kapitel VIII
Die Macht der Institutionen

Institutionen geben den Rahmen für Verhandlungen ab. Sie legen die Regeln fest, nach denen verhandelt wird, sie strukturieren den Ablauf, legitimieren die Verfahren und die Praktiken, sie schaffen Recht und bieten Ressourcen und Expertise an, damit die Verhandler sich orientieren und ihre Präferenzen festlegen können; denn Prioritäten und Verhandlungsstandpunkte bilden sich oft erst im Verlauf des Verhandlungsprozesses und wandeln sich entsprechend anderer Optionen und Situationen. Verhandlungsanalysen konzentrieren sich meist auf Person-zu-Person-Beziehungen und suchen in deren emotionalen, visionären, gefühlsmäßigen Eigenschaften sowie in deren Kompetenz, persönlichem Verhandlungsstil, Strategie, Führungseigenschaften usw. Erklärungen für den Verlauf und das Ergebnis von Verhandlungshandlungen. Solche Faktoren sind sicherlich wichtig, jedoch lassen sie außer Acht, dass Verhandlungen in internationalen Foren in Gremien stattfinden und von den Gegebenheiten dieser Institutionen geprägt werden. Institutionen in der hier verwendeten Bedeutung umfassen ein breites Ensemble von Struktur- und Umweltfaktoren wie Normen, Regeln, Ideologien, Kulturen, Gremien, Ausschüsse, d.h. alle Faktoren, die Verhandlungsprozesse bestimmen können und unabhängig von den persönlichen Qualifikationen sind.

In pluralistisch organisierten repräsentativen Demokratien stehen im Zentrum des Politischen Entscheidungen, die von kleineren Kollektiven für größere Gemeinschaften getroffen werden. In Gremien, also in Organen repräsentativer Vertretung, finden Entscheidungen durch Wahlen und Abstimmungen auf den unterschiedlichen Ebenen privater und staatlicher Organisationen statt: in Mitgliederversammlungen von Sportvereinen, wissenschaftlichen Gesellschaften oder Aktiengesellschaften, in universitären Gremien, in den parlamentarischen Gremien von Gemeinde-, Länder- und Bundesvertretungen, in richterlichen Entscheidungsgremien, in den verschiedenen Organen der Europäischen Union oder der Vereinten Nationen, kurz also in allen Bereichen politischer Willens- und Entscheidungsfindung des lokalen, nationalen, regionalen und internationalen Systems.

Im Folgenden wähle ich einen wichtigen Ausschnitt aus den möglichen Formen von „Beschluss- und Lösungshandeln" (Welsh 1973: 105) aus, nämlich den des kollektiven Entscheidens in Gremien (vgl. Taylor 1975: 417).[27]

Gremien sind nach Giovanni Sartori dauerhafte institutionalisierte kleine Gruppen, mit etwa 3 bis 30 Mitgliedern, die in unmittelbarem Interaktionskontakt stehen und deren Entscheidungen kontinuierlich und nicht nur punktuell getroffen werden (Sartori 1984: 93). Diese Definition lässt nur einen Ausschnitt aus der Vielfalt von Organisationen, die mit Entscheidungsleistungen beauftragt sind, in Betracht kommen. Nationale Parlamente, diplomatische Großkonferenzen, Parteiversammlungen, UN-Konferenzen übertreffen z.T. erheblich die Mitgliederzahl von etwa fünfzehn und sind auch nicht immer dauerhaft institutionalisiert. Ad-hoc-Expertengruppen würden ebenfalls die Kriterien dauerhaft und institutionalisiert nicht erfüllen. Im engeren Sinne müssten Gremien ohnehin dauerhaft institutionalisiert sein und die Zahl 15 nicht übersteigen, denn bei größeren Gremien sind unmittelbare Interaktionskontakte nicht mehr möglich. In einem weiteren Sinne möchte ich bei der Betrachtung folgende Definition zugrunde legen:

Gremien sind mehr oder weniger organisierte Gruppen, die die Aufgabe haben, für eine größere Gemeinschaft Entscheidungsleistungen zu erbringen.

Institutionalisierte Ausschüsse gehören daher ebenso dazu wie Ad-hoc-Expertengruppen, private Vereinsmitgliederversammlungen ebenso wie gewählte, Großkonferenzen mit über 180 Staatenvertretungen und über 10000 Delegierten ebenso wie universitäre Habilitationskommissionen mit etwa 7 Mitgliedern.

Die Determinanten solcher komplex angelegter Gruppenprozesse zu ermitteln und Zusammenhänge zwischen Entscheidungsleistungen und Bedingungen und Folgen darzustellen, ist Aufgabe der Gruppensoziologie. Da in wissenschaftlicher Analyse Entscheidungsprozesse in Gremien ein multidisziplinäres Unternehmen geworden sind, sollen Erkenntnisse verschiedener Disziplinen wie Organisationssoziologie, Sozialpsychologie, Politikwissenschaft, Ökonomie, Mathematik etc. unter dem Gesichtspunkt der Erklärung von Entscheidungsleistungen selektiv referiert werden. Hierbei sollen vor allem zwei Gesichtspunkte zentral sein, die Effektivität und die Repräsentativität. Illustrierende Beispiele wer-

---

[27]   Ausführlicher siehe Pfetsch 1987.

den aus verschiedenen Bereichen des politischen Lebens genommen. Entscheidungsprozesse in Verfassungsausschüssen und Parteien, in Kabinetten und Kommissionen, im Ministerrat der Europäischen Gemeinschaft, in KSZE-Konferenzen, im OPEC-Kartell und bei Unctad-Verhandlungen sind empirische Vorlagen bei der Formulierung von Hypothesen.

Gremienentscheidungen erfüllen die Funktion, verschiedene Interessen der Mitglieder oder Anwesenden zu bündeln und zu einer gemeinsamen Politik zu führen. Die Aggregation individueller Präferenzen zu einer kollektiven Entscheidung kann über ein weites Spektrum freiwilliger oder erzwungener Verfahren und Techniken erfolgen: in der ökonomischen „Ur"-Sphäre vor allem über Marktprozesse (Tausch), in der politischen über Konsensbildungsprozesse (Abstimmung). Bei solchen Reduktionen komplexer Präferenzen kommt Machtressourcen eine wichtige Rolle zu.

Gremienentscheidungen können nicht als einmaliger punktueller Akt betrachtet werden, sondern sind Ergebnis eines sehr komplex angelegten, auf eine Vielzahl von Personen und Meinungen bezogenen Prozesses, der keinesfalls immer von vorgegebenen und vorgefassten Interessen, d.h. Nutzenfunktionen ausgeht. Meinungen und strukturierte Entscheidungen bilden sich vielmehr im Allgemeinen in einem dynamischen Suchprozess im Vorfeld der Wahl oder Abstimmung. In Nebenverhandlungen der so genannten Vorfelddiplomatie oder „Seelenmassage" oder „Telefonseelsorge" wird das Terrain strukturiert und Entscheidungen vorbereitet. Die Lobby als Ort dient solchen Beeinflussungs- und Angleichungsversuchen. Der Entscheidungsprozess wird, formal gesehen, zunächst von vorgegebenen Rahmenbedingungen bestimmt, innerhalb derer die Akteure (Entscheidungsträger) bestimmte Ziele verfolgen und durchsetzen wollen. Dazu stehen ihnen Instrumente zur Verfügung, deren Einsatz Kosten/Risiken und/oder Erträge erbringen. Bedingungen, Mittel, Ziele und Aufwendungen bzw. Erträge sind die vier Grundvariablen eines Wahl-, Verhandlungs- oder Entscheidungsprozesses, die wir im Folgenden genauer betrachten und analysieren wollen.

Vorgegebene und zumindest nicht kurzfristig veränderbare Bedingungen beziehen sich auf das Gremium selbst und seine Binnenstruktur, oder sie sind von außen vorgegeben.

Zu den *internen Determinanten* von Gremienentscheidungen rechnen organisatorische Gegebenheiten wie Größen, Prozessdauer, Struktur (organisatorische Differenzierung, parteipolitische Zusammensetzung), Repräsentativität, ideologische und programmatische Ausrichtung und die Art der zur Entscheidung stehenden Materien.

Extern liegen Gegebenheiten oder Auflagen wie die Verbindlichkeit bzw. Unverbindlichkeit, der Entscheidungsdruck, Handlungsspielräume und vor allem die Entscheidungsregeln und -verfahren.

Als *Instrumente* bieten sich an Macht und Einfluss, Koalitionsbildung, Quoten- und Proporzbildung, Erweiterung und Ausdifferenzierung der Verhandlungsmaterien, Paketschnüren Junktimierung, Verweis auf andere Gremien, Flucht in Allgemeinformeln.

Ergebnisse können nach unterschiedlichen Gesichtspunkten eingeschätzt werden und verschiedene Formen annehmen wie Nichtentscheidung, Teilentscheidung, radikale Entschließungen, zweideutige Entscheidungen, Mehrheitsentscheide, stabile bzw. nicht stabile, konservative oder progressive, in die Zukunft gerichtete Entscheidungen usw.

Das Dilemma besteht in der Spannung zwischen zwei Prinzipien, die bei Verhandlungen und Entscheidungen in Gremien immer präsent sind, nämlich das der Effektivität und das der Repräsentativität. Es ist ein Widerstreit zwischen dem Demokratieprinzip der Beteiligung und dem Effektivitätsprinzip der Entscheidung. Im Folgenden möchte ich mich auf diese beiden spannungsgeladenen und sich oft widersprechenden Prinzipien konzentrieren.

1   Effektivität

Die Effektivität wird entscheidend von der Größe verhandelnder Gremien bestimmt. Je kleiner das Gremium, umso schneller gelangt – bei relativ homogenen Gruppen – das Gremium zum Konsens und umso größer wird der Erfolgswert jeder einzelnen Stimme. Bei größer werdenden Gruppen nimmt die Effektivität der Konsensbildung und Entscheidungsfindung ab.

Diese These formuliert zunächst nur ein rechnerisches Kalkül: der Anteil am Gesamten nimmt mit der Zahl unabhängiger, gleichwertiger und gleichberechtigter Mitglieder ab. In einem Gremium von 2 Personen beträgt der Erfolgswert jeder Stimme die Hälfte; in einem Gremium mit 10 Personen nur den 10. Teil. Schon in der griechischen Antike war bekannt, dass „je kleiner eine Regierungseinheit ist, desto größer ist der Einfluss, den jeder seiner Bürger erwarten kann, auszuüben. Folglich gilt, dass je kleiner eine Einheit ist, desto besser werden politische Maßnahmen die Präferenzen der Bürger berücksichtigen" (nach Tullock 1971: 21).

Je größer der Kreis der beteiligten Akteure, umso höher liegen die Kosten der Konsensfindung (interne Kosten) und umso geringer sind die Nachteile, die die Betroffenen zu tragen haben (externe Risiken).

Alle kollektiven Entscheidungen haben interne Entscheidungskosten, alle kollektivierten Entscheidungen bedingen externe Risiken auf der Seite derer, die Objekte oder Adressaten von Entscheidungen sind (Sartori 1984: 85). Zu den internen Kosten rechnen Verhandlungs- und Einflussnahmekosten, Kosten der Durchführung und Durchsetzung, sowie vor allem Informationskosten (Cornett/ Caporaso 1994: 226). Für den internen Entscheidungsprozess wird Zeit benötigt, die mit der Größe des Gremiums zunimmt. Der Zeitaufwand steigt bei unterschiedlichen Interessen proportional mit der Ausdehnung des Kreises der Beteiligten. Eine längere Beratungszeit erfordert Kosten, die umso höher liegen, je länger die Beratungen andauern.

Bei in sich strukturierten, d. h. organisierten Mitgliedergruppen sinkt der Einfluss der Minderheit, wenn die großen Gruppen koalieren bzw. wenn eine Mehrheitsgruppe absolut dominiert. Er steigt, wenn etwa gleich große und entgegengesetzte Gruppierungen sich Mehrheiten mit Hilfe kleinerer Parteien suchen müssen.

Beim Zusammengehen von Mehrheitsgruppen (z. B. große Koalitionen) bleibt der Minderheit kaum Einflussmöglichkeiten. Der Einfluss der kleineren Partei wächst, wenn eine Gruppierung mit nur relativer Mehrheit zur Mehrheitsbeschaffung auf mindestens eine kleinere Partei angewiesen ist, will sie nicht eine große Koalition eingehen. Kleinere Gruppen haben also entweder überhaupt keinen Einfluss oder sie beschaffen sich Gewicht (Moscovici et al. 1969, Allan 1984).

2 Repräsentativität

Je repräsentativer das Gremium, umso größer ist die Vielzahl und Vielfalt beteiligter Akteure und umso schwieriger wird die Konsensfindung; ist einmal der Konsens gefunden, dann kann davon ausgegangen werden, dass es zu stabilen Entscheidungen kommt. Das Demokratieprinzip ist in solchen Fällen am ehesten gewahrt.

Sozialpsychologisch kann ein Entscheidungsvorgang dann für die Beteiligten wie Betroffenen als befriedigend angesehen werden, wenn ihre Präferenzen sich im Wahl- oder Abstimmungsergebnis wieder finden oder sie zumindest das Gefühl der Beteiligung hatten. Die Hypothese geht von der Überlegung aus, dass bei proportionaler (nicht identitärer) Übereinstimmung von Entscheidungsträgern und Entscheidungsbetroffenen eine Vielzahl von Positionen berücksichtigt werden kann, so dass eine nachträgliche Revision von Entscheidungen aus Gründen der Nichtbeteiligung nicht erforderlich wird. Bei einem kleinen Gremium kommt es darauf an, dass das Gremium möglichst alle wichtigen Gruppen

repräsentiert und ohne Druck von außen oder innen frei, ohne Zwang, die verschiedenen Handlungsalternativen diskutieren kann. Solche Gremien sind dann
umso legitimer, als sie mit der Zustimmung der Vertretenen rechnen können
(Marin 1983: 205).

Es gibt eine Art institutionalisierter Repräsentation in Form von Quoten-
bzw. Proporzbildungen. Diese werden dann vorgenommen, wenn in sehr heterogenen Gesellschaften die verschiedenen Gruppen angemessene Vertretungen
erhalten sollen. In den so genannten Proporzdemokratien, wie der Schweiz, Österreich, Belgien, dem Libanon oder Zypern, sind oder waren bestimmte Positionen für einzelne Volksgruppen bzw. ihre Anteile in Vertretungsorganen nach
einem Schlüssel gesetzlich vorgeschrieben (vgl. Lehmbruch 1967: 7 ff., Nordlinger 1972: 22-24). Diese Art festgeschriebener Repräsentierung soll Schutz für
die jeweiligen Volksgruppen vor Dominanz der jeweils anderen Gruppe(n) bieten. Kommt es unter den Bedingungen proportionaler Vertretung auch noch zu
hohen Übereinstimmungen bei der Abstimmung, dann kann davon ausgegangen
werden, dass die Entscheidung über eine bestimmte Zeit stabil bleibt, wie die mit
hoher Zustimmung versehenen Landesverfassungen belegen können (vgl.
Pfetsch 1990: 427f.). Bei Änderung der Entscheidungsgrundlagen allerdings
kann eine Revision erforderlich werden. Lawrence Dodd hat in seiner empirischen Studie zu 17 Ländern mit parlamentarischen Regierungen bezogen auf die
Zwischenweltkriegs- bzw. Nachkriegszeit bis 1974 festgestellt, dass stabile Koalitionsregierungen diejenigen waren, die die erforderliche parlamentarische
Mehrheit gerade gewährleistet haben, jedoch nicht mehr, aber auch nicht weniger als dazu unbedingt erforderlich ist. Weder überdimensionierte noch unterdi-
mensionierte Koalitionsregierungen konnten ein höheres Maß an Stabilität erreichen. Dodd konnte zeigen, dass die Lebensdauer von Koalitionsregierungen
abnahm, je größer die Abweichung von dem „minimum winning status" waren
(Dodd 1976: 141). Die Stabilität von Regierungen wird also somit von der Struktur von Koalitionsregierungen und ihrem Status abhängig gemacht (vgl. Dodd
1976: 53ff.).

Bei Regierungsbildungen sind immer Überlegungen nicht-institutionalisier-
ter Repräsentativität im Spiel. Die Kanzler der Bundesrepublik haben bei Koalitionsregierungen nicht nur auf eine angemessene, dem Gewicht des Koalitions-
partners entsprechende Vertretung, sondern auch auf die Vertretung der verschiedenen Flügel und Gruppen zu achten. Arbeitgeber und Arbeitnehmer wollen vertreten sein, Katholiken und Protestanten, Frauen und Männer etc.

Gremienentscheidungen sind – dies wurde schon gesagt – Entscheidungen,
die ein kleines Kollektiv im Namen der und für die große Allgemeinheit trifft
(kollektivierte Entscheidungen). Mitglieder in politischen Gremien handeln daher nie als Privatpersonen, sondern als Funktionsträger, d.h. als Mandatsträger,

als Partei- bzw. Fraktionsmitglieder, als Mitglieder von Parlamenten, als Vertreter von Regierungen oder von internationalen oder regionalen Organisationen, im Auftrag eines Kollektivs oder stellvertretend für ein Kollektiv. Bei der Nicht-Kongruenz zwischen Beteiligten und Betroffenen ist der Außenbezug immer präsent und bestimmt das Handeln und Reden von Politikern auch in Gremien, die möglicherweise unter Ausschluss der Öffentlichkeit tagen. Zu den von außen gesetzten Bedingungen rechnen die Verbindlichkeit bzw. Unverbindlichkeit, die Entscheidungsfreiheit bzw. der Entscheidungsdruck, d. h. der Zwang, innerhalb einer bestimmten Frist zum Ergebnis zu kommen, das Kalkül. Auch Überlegungen in Bezug auf zukünftige politische Handlungsspielräume, sowie die Entscheidungsregeln und -verfahren spielen eine Rolle (vgl. Kap. V).

Die Darstellung von Entscheidungsprozessen in Gremien mit ihren Bedingungen, Instrumenten und Ergebnissen ist zugleich Teil eines übergreifenden Themas der Politikwissenschaft, nämlich dem von Verhandeln als einem Mehrpersonen-, Vielthemen-, mehrstufigen, vielschichtigen und sich in Zeit und Raum erstreckenden Prozess. In diesem Falle stehen Akteure und Institutionen in einem wechselseitig sequenziellen Verhältnis.

Die Rahmenbedingungen (Größe, Struktur, Repräsentativität, Ideologie, Materien, Verbindlichkeit, Entscheidungsfreiheit, Entscheidungsregeln), Instrumente (Macht, Koalitionen, Proporz, Ausdifferenzierung, Tausch, Aufschieben, Flucht in Allgemeinheit) sowie Persönlichkeitsfaktoren (Verhandlungsführung, persönliche Wirkung) spielen in diesem dynamischen Prozess zusammen.

Die solchen Verhandlungen übergeordnete Thematik ist schließlich das Suchen nach Lösungen für einen politischen Konflikt, der durch gegensätzliche Positionen bestimmt ist und daneben mit anderen Modalitäten wie der einseitigen Durchsetzung und der Nichtentscheidung bzw. der autoritativen Entscheidung beendet werden kann. Die Prinzipien der Effektivität und Repräsentativität stehen somit in einem Spannungsverhältnis: kleinere Gruppen gelangen schneller zu Entscheidungen, können aber nur eine begrenzte Anzahl von Beteiligten einbeziehen; größere Gruppen können ein breiteres Spektrum unterschiedlicher Interessen umfassen, sind aber dadurch langsamer in der Entscheidungsfindung.

3 Verhandeln im Rahmen regional integrierter Institutionen am Beispiel der Europäischen Union

Am Beispiel der Europäischen Union lässt sich zeigen, dass die Institutionalisierung und Stabilisierung von Kommunikationskanälen und Entscheidungsfindungsregeln die Effizienz von Verhandlungen steigert (verbesserte Informationsübermittlung, Transaktionskostenreduktion, erhöhte Planbarkeit der Verhandlungen, Gemeinschaftsgeist unter den Akteuren). Die Frage der Sanktionierbarkeit ausgehandelter Entscheidungen lässt sich hier positiv beantworten. Die Vorkehrungen der EU gewährleisten weitgehend eine Mindestimplementierung der Ergebnisse. Darüber hinaus hat sich gezeigt, dass der Abstimmungsmodus das Verhandlungsverhalten entscheidend beeinflusst. Während die supranationalen Gremien der EU, die qualifizierte Mehrheitsentscheide anwenden, dynamischer agieren, einen stärkeren europäischen Gemeinschaftsgeist entwickeln und zu kreativeren Lösungen kommen, neigen die auf das Konsensprinzip beharrenden intergouvernementalen Gremien zur Besitzstandswahrung (Pfetsch 1987: 273).

Die Geschichte der Europäischen Union gibt Anschauungsmaterial zur Untersuchung von Willensbildung und Entscheidungsfindung in sich ständig verändernden internen wie externen Strukturen. Die sukzessive Vergrößerung der EWG/EG/EU-Gremien mit zunehmender Zahl von Teilnehmern und der daraus folgenden territorialen Expansion ebenso wie die anwachsende Heterogenität der Mitgliedsstaaten sowie der Wandel vom Kalten Krieg zur Multipolarität bzw. zum Unilateralismus lassen Untersuchungen zum Verhältnis einer Organisation und ihrer Umwelt zu.

Die Europäische Union ist zum Inbegriff eines Verhandlungssystems (Cede) geworden und wurde als „verhandelte Demokratie" (Scharpf) bezeichnet, in der Verhandlung zum „dominanten Politikstil" (H. Wallace) avancierte. Ein solches System umfasst eine Menge heterogene Akteure mit unterschiedlichen Politik-Stilen und Lobby-Praktiken, zusammengehalten in überlappenden Netzwerken, engagiert in beweglichen Koalitionen, die innerhalb und zwischen den unterschiedlichen Ebenen des EU-Systems sich bewegen (Kohler-Koch 1996). Wie kann dieses Verhandlungssystem genauer beschrieben werden?

Drei Gegebenheiten vor allem charakterisieren im Unterschied zu internationalen Organisationen das EU Verhandlungssystem.

Es kennt zum einen ein flexibles Muster an Koalitionen, weil Konfliktfronten sich häufig überkreuzen statt zu kumulieren. In Bezug auf bestimmte Gegenstände variieren Koalitionen: ob klein oder groß, ob ärmer oder reicher, ob alt oder neu, ob Nord oder Süd, ob freihändlerisch oder protektionistisch, ob kontinental oder atlantisch etc. es gibt immer von Fall zu Fall strategische Allianzen. Peters vertritt die Meinung, dass in den exekutiven und legislativen Organen der EU die Stile und Kulturen der Kommissare genauso wichtig seien wie die Ausrichtung auf nationale Vorteile, denen sie entspringen (Peters 1994). Hier spielen die professionellen Stile und die politischen Kulturen der verschiedenen Länder eine Rolle. Innerhalb des Brüsseler Apparats scheinen die Verwaltungstraditionen Frankreichs samt seiner Sprache vorherrschend zu sein. Nach außen dominiert aber das Englische.

Zum andern ist die verbindliche Natur von Entscheidungen das Merkmal, das im Vergleich zu internationalen Organisationen die EU auszeichnet (assured outcomes). Da EU-„Regulierungen" verbindlich sind, „Direktiven" in ihren Zielen und „Entscheidungen" in individuellen Fällen, überwiegt der Pragmatismus, der radikale Positionen ausschließt.

Drittens charakterisiert das EU-Verhandlungssystem der Wille zum Konsens zu gelangen. Dorothee Heisenberg (in Meerts/Cede 2004: 103) hat nachgerechnet, dass in der Zeit zwischen 1996 und 2002 83% der Abstimmungen im Ministerrat im Konsens getroffen wurden bei nur 17% Enthaltungen oder Gegenstimmen. Es kann also nicht von einer „Tyrannei der Mehrheit" (Tocqueville) gesprochen werden, denn das Ausloten von Lösungsmöglichkeiten wird in der überwiegenden Zahl so lange geführt bis Einigkeit erzielt ist. Selbst in Fällen, in denen formal die qualifizierte Mehrheit vorgeschrieben ist, versuchen die Politiker den Abweichler mit im Boot zu halten.

Innerhalb dieser globalen Vorgaben können drei Verhandlungsarenen bzw. -methoden unterschieden werden: es gibt einmal Verhandlungen um eigene Regeln, Strukturen und Prozesse wie beispielsweise um den Verfassungsvertrag (Konventsmethode); es gibt ferner Verhandlungen um bestimmte politische Vorhaben, die in mehr oder weniger verbindliche Entscheidungen münden; schließlich gibt es das Ringen um gemeinsame außenpolitische Positionen. Jede dieser Arenen kennt unterschiedliche institutionelle und personale Gegebenheiten. Ausgehend von dem Zwittergebilde aus Supranationalität und Intergouvernementalismus des EU Politiksystems kann grob ein supranationaler und ein intergouvernementaler Verhandlungsstil unterschieden werden. Der supranationale Stil kennt festgelegte Regeln und Institutionen und wird vor allem in der so genannten ersten Säule, vor allem dem gemeinsamen Markt, praktiziert. Verhandlungen innerhalb der EU werden erleichtert durch die Existenz eines supranationalen institutionellen Gefüges, das stabile Kommunikationen durch Wiederholungsspiele mit denselben Spielern schafft, den Informationsfluss erleichtert, die Erwartungen berechenbarer macht, den Gemeinschaftsgeist fördert und die Implementation von Entscheidungen garantiert. Auch das nationale Politiksystem kennt solche Praktiken mit festgelegten Regeln. Im intergouvernementalen Bereich, zu dem vor allem die zweite Säule der Außen- und Sicherheitspolitik gehört, werden die klassischen Methoden der bilateralen, trilateralen oder multilateralen Diplomatie praktiziert. Nach innen herrscht der supranationale Verhandlungsstil vor, nach außen der internationale Multilateralismus.

Mit dem Anwachsen der Union in Mitgliederzahl und geopolitischer Reichweite wächst auch die Zahl der Akteure und Verhandlungsgegenstände; die Union wird damit komplexer. Um diese zu bewältigen bietet sich das Verhandeln in den Gemeinschaftsorganen an, die den institutionellen Rahmen, die Prozessgestaltung und Expertise anbieten und damit das Entscheiden in Gremien (vgl. oben) möglich machen. Hier müssen Verhandlungen intensiver geführt werden, weil der Zwang zum Konsens zu gelangen größer ist und die Gefahr überstimmt zu werden ebenso. Die zweite Strategie mit Komplexität umzugehen besteht in der intergouvernementalen multilateralen Verhandlungsdiplomatie, die in der Neuzeit auch nicht-staatliche Akteure einschließt. Mit steigenden Akteurszahlen werden mehr Themen auf die EU-Agenda gesetzt, als auf der nationalen Agenda zu finden sind (Cobb/Elder 1983) Das heißt, jede Erweiterung brachte neue Dimensionen und Aktionsfelder (siehe Granell 1995: 137), die mit früheren außenpolitischen und geostrategischen Optionen europäischer Staaten zusammenhängen. Auch Umwelt-, Migrations-, Sicherheits- und soziale Fragen sind hinzugekommen.

Die Zunahme an Verhandlungsmaterien bietet verhandlungstechnisch auch viele Vorteile. Die verschiedenen Techniken und Strategien (Kap. V) können zur Anwendung kommen und machen ein optimales Ergebnis möglich. Integrative Lösungen sind damit eher erreichbar als distributive (Meerts/Cede 2004: 237). Die Konsensfindung zugunsten aller Beteiligten wird damit erleichtert. Auch in Zukunft wird die Mischung aus supranationalen und intergouvernementalen Verhandlungsmethoden praktiziert werden, wobei mit größer werdender Union die letztere an Bedeutung gewinnen wird. In diesem Bereich verlieren klassische Diplomaten immer mehr an Bedeutung zugunsten politischer Generalisten und fachlicher Spezialisten in der Beamtenschaft (Meerts/Cede 2004: 236).

Kapitel IX
Die Macht des Rechts: Verhandeln im Rahmen Internationaler Normen und Prinzipien

> Das Recht ohne Macht ist machtlos; die Macht ohne Recht ist tyrannisch. Also muss man dafür sorgen, dass das, was Recht ist, mächtig und das, was mächtig ist, gerecht sei. (Pascal)

Normen des internationalen Völkerrechts und Prinzipien internationaler Organisationen bilden wichtige Rahmenbezüge bei Verhandlungen individueller politischer und handelspolitischer Konfliktfälle. Rechtsnormen geben den Rahmen ab innerhalb dessen Verhandlungen stattfinden. Das Völkerrecht in Gestalt der Satzung der Vereinten Nationen fordert ausdrücklich in Art. 33, dass Streitigkeiten, deren Fortdauer die Wahrung des Weltfriedens und der internationalen Sicherheit gefährden, zunächst mit friedlichen Mitteln beigelegt werden sollen. Hierzu zählen Verhandlung, Untersuchung, Vermittlung, Vergleich, Schiedsspruch, gerichtliche Entscheidung, Inanspruchnahme regionaler Einrichtungen oder Abmachungen oder andere friedliche Mittel. Im Handelsbereich enthalten die Statuten internationaler oder regionaler Wirtschaftsorganisationen wie z.B. der Welthandelsorganisation WTO Regeln, die den Verkehr zwischen Staaten und Individuen statuieren. Als weitere Instanzen für die friedliche Streitbeilegung müssen der Internationale Seegerichtshof und die Gerichte in verdichteten Gemeinschaften wie der Europäischen Union oder dem System der Europäischen Menschenrechtskonvention genannt werden. Hier ist die gerichtliche Einklagbarkeit im Allgemeinen gegeben.

Der Welthandelsorganisation steht erstmals seit 1994 eine verbindliche Gerichtsbarkeit zur Verfügung. Der Handelsstreit zwischen den USA und der EU im zivilen Flugbereich, in dem es um Milliardenbeträge geht, wurde nach diesen Normen verhandelt (siehe unten).

Auch in anderen Organisationen wurden durch Schiedsgerichte Streitigkeiten geschlichtet. Hier können die Streitparteien die Schiedsrichter selbst bestimmen. Wenn keine Einigung erzielt werden kann, wird der Vorsitzende durch den Präsidenten eines internationalen Gerichts ernannt. Bei Auslandsinvestitionen spielt das „Centre for the Settlement of Investment Disputes" (ICSID) eine wichtige Rolle; die meisten Entscheidungen seiner Schiedssprüche, bei denen es sich um hohe Streitsummen handelt, wurden beachtet.

Weniger bekannt, weil nicht spektakulär über Medien vermittelbar, sind die zahlreichen Konfliktfälle, die über Rechtsnormen entschieden werden konnten. Auch wenn die internationale Rechtsordnung nicht mit vergleichbaren Sanktionsgewalten ausgestattet ist wie die nationale, so ist es doch in zahlreichen Fällen zur Streitbeilegung durch den Internationale Gerichtshof gekommen. So wurde der Jahrzehnte schwelende Streit zwischen den USA und der Sowjetunion über die friedliche Durchfahrt von Schiffen durch ein 1989 gemeinsam verabschiedetes Protokoll zur Interpretation der Völkerrechtsnormen geschlichtet. Die Sowjetunion war der Ansicht, dass Kriegschiffe sich bei der Durchfahrt vorher anmelden müssten. Das Protokoll bestätigt die Völkerrechtsnorm der freien Durchfahrt jedweder Schiffe. Wichtig ist, dass die vor den IGH gelangenden Streitfälle von den betroffenen Parteien selbst beantragt werden müssen und diese dann freiwillig das Urteil akzeptieren. Die Zahl der Urteile ist daher begrenzt geblieben.

Die Frage stellt sich, was passiert, wenn der Wille zur Befolgung internationalen Rechts fehlt oder wenn solche Normen verletzt werden? Wie ist es mit der Sanktionsgewalt solcher Organisationen bestellt? Zwar haben internationale Organisationen in neuerer Zeit ihre Sanktionsgewalt erhöht – die UNO durch die Tribunale zur Verurteilung von Kriegsverbrechern, die EU durch den Europäischen Gerichtshof, die WTO durch den zwingenden Schlichtungsmechanismus -, doch reicht ihre Sanktionsgewalt längst nicht so weit wie in Nationalstaaten.

Empirische Fallbeispiele: Zwei Fallbeispiele aus Politik und Wirtschaft erläutern die positive Wirkung von Rechtsnormen und Prinzipien: Die Petersberger Konferenz zu Afghanistan und der schon erwähnte Handelsstreit zwischen den USA und der EU zur zivilen Luftfahrtindustrie.

Die Afghanistan-Konferenz auf dem Petersberg

Nach dem Sturz des Taliban-Regimes in Afghanistan und dem Sieg der internationalen Kriegsallianz stand der politische Neuaufbau des Landes an. Hierzu wurde eine Konferenz auf dem Petersberg bei Bonn einberufen, die am 5. Dezember 2001 ein Übereinkommen beschloss, das die Grundlage für die politische Neuordnung bildete. Die Organisation der Konferenz zeigt Ähnlichkeiten mit zuvor behandelten politischen Arrangements in Bosnien, im Kosovo und in Ost-Timor: Die großen fünf einflussreichen Staaten USA, Großbritannien, Frankreich, Deutschland, Russland nutzten das UN-System samt seines Sondergesandten Lakhdar Brahimi, um den Prozess und das Verhandlungsergebnis in die gewünschte Richtung eines demokratischen Neuaufbaus zu lenken. Die Teilnehmer Afghanistans wurden sorgfältig ausgewählt, wobei auf Repräsentativität und politisches Gewicht geachtet wurde. Die größte Schwierigkeit bestand darin, die verschiedenen Stammesvertreter und ihre Machtinteressen auf ein gemeinsames Dokument zu verpflichten. Der politische und ökonomische Einfluss/Druck seitens der USA und anderer Länder führte dazu, dass die afghanischen Teilnehmer das Ergebnis, das von der internationalen Staatengemeinschaft sowie der UNO mitgestaltet worden war, akzeptierten. Der diplomatische Marathon wurde durch die Präsenz der UNO legitimiert. Das Abkommen wies den Weg zur Etablierung einer neuen afghanischen Regierung, die Einberufung einer Ratsversammlung, zur Ausarbeitung einer Verfassung und zur Vorbereitung demokratischer Wahlen. Dieses Fallbeispiel zeigt, wie übergeordnete internationale Normen und von außen gesteuerte Einflussnahme einwirken auf innerstaatliche Konsolidierung. Die Interaktion von innerstaatlichen und internationalen Kräften lässt einerseits das Selbstbestimmungsrecht zur Wirkung kommen und andererseits geben völkerrechtliche Prinzipien und Organisationsstrukturen den Rahmen ab für die Entfaltung eigenstaatlicher demokratischer Prozesse.

Der Handelskonflikt zwischen der EU und den USA

Der Handelskonflikt zwischen den Vereinigten Staaten und der Europäischen Union im Bereich der zivilen Luftfahrt ist ein Wettbewerbskonflikt, der im Rahmen des Allgemeinen Handelsabkommens GATT bzw. der Welthandelsorganisation WTO ausgetragen wurde und wird. In dem „Agreement on Trade in Civil Aircraft" verpflichteten sich die Mitgliedsländer des GATT 1979 auf Zölle, Importquoten und ähnliche Handelsbarrieren im Bereich des Flugzeugbaus zu verzichten. Außerdem sollten keine Subventionen an Flugzeughersteller geleistet werden, wenn dadurch der internationale Wettbewerb verzerrt würde. Beide Seiten verstoßen gegen diese Bestimmungen, die US-Amerikaner, weil die zivile Luftfahrtindustrie erheblich von den staatlichen Aufträgen an die militärische Luftfahrt profitiert und die Europäer, weil die Subventionen an die Airbus-Industrie im Forschungs- und Entwicklungsbereich die europäische Industrie wettbewerbsfähig machen soll. Die Amerikaner berufen sich auf das Prinzip der „equal competitive opportunities", das hergestellt werden müsse, um u.a. den Rückgang der Flugzeugexporte in den achtziger Jahren auszugleichen. Die bilateralen Gespräche zwischen beiden Seiten führten zunächst zu keinem Erfolg und zu einer formellen Klage beim GATT in Genf. Ausgelöst wurde diese Klage durch die Übernahme der Messerschmidt-Bölkow-Blohm (MBB) durch die Daimler-Benz AG im Jahre 1989 und die Bereitschaft der deutschen Regierung zu Ausgleichszahlungen von Wechselkursveränderungen. Das GATT drängte auf Verhandlungen zwischen beiden Seiten und auf ein bilaterales Abkommen, das schließlich nach zähen Verhandlungen 1992 zustande kam.[28] Darin verpflichten sich beide Seiten zu kontrollierten Subventionspraktiken. Die Fusion von Boeing und McDonnell Douglas 1997 – von der Federal Trade Commission genehmigt – ließ die Europäer befürchten, dass nun der amerikanische Flugzeughersteller eine marktbeherrschende Stellung auch auf dem europäischen Markt erhalte. Die Kommission leitete daher eine Fusionskontrolle ein und drohte mit Sanktionen, die mit Gegensanktionen beantwortet wurden. Die vier am Airbuskonsortium beteiligten Regierungen (Deutschland, Frankreich, Großbritannien und Spanien) stimmten gegen die Fusion. Mit der Rückendeckung von Clinton für Boeing und Chirac und Kohl für den Airbus drohte ein Handelkrieg zwischen den Wirtschaftsgiganten. Boeing machte Zugeständnisse in Bezug auf den Technologietransfer von Militärtechnologie in den zivilen Bereich und in Bezug auf die Exklusivverträge mit den drei US-Fluggesellschaften American, Delta- und Continental Airlines und verhinderte ein Veto seitens der EU. Damit war der Weg frei für den Zusammenschluss Boeing und McDouglas, der im August 1997 vollzogen wurde. Die europäische Flugzeugindustrie antwortete auf diese amerikanische Herausforderung ebenfalls mit Konzentrationen (DASA mit DaimlerChrysler und Aèrospatial mit Matra) und Umstrukturierung des Konsortiums. Damit ist auf dem Weltmarkt für zivile Flugzeuge ein schlagkräftiges Oligopol entstanden. In der Folge genehmigten europäische Regierungen finanzielle Hilfen, die dem Abkommen von 1992 zuwiderlaufen. Präsident Clinton schaltete sich ein und bezeichnete die Subventionen als mit den GATT-Vorschriften nicht vereinbar und drohte mit Gegenmaßnahmen. Die Verhandlungen zwischen dem US-amerikanischen Handelsbeauftragten Barshefsky und dem EU-Handelskommissar Lamy im Herbst 2000 endeten damit, dass die US-Regierung Klage bei der Welthandelsorganisation wegen illegaler Subventionen einreichte. Die WTO hat beide Seiten aufgefordert, zu bilateralen Verhandlungen zurückzukehren. Beide Seiten sind nach langwierigen Verhandlungen zu keiner Einigung gekommen und haben Mitte 2005 Klage beim Schiedsgremium der Welthandelsorganisation eingereicht und damit den teuersten und schwierigsten Prozess in der WTO-Geschichte heraufbeschworen. Dieser noch immer schwelende Wirtschaftskonflikt mit neuen Verhandlern auf beiden Seiten zeigt das Ineinandergreifen von nationalem und internationalem Recht, wobei die multilateral ausgehandelten Regeln von beiden Regionalmächten als Maßstab genommen werden.

---

[28]   Abkommen zwischen der Europäischen Wirtschaftsgemeinschaft und der Regierung der Vereinigten Staaten von Amerika über die Anwendung des GATT-Übereinkommens über den Handel mit Zivilluftfahrzeugen auf den Handel mit Großraum-Flugzeugen. In: Amtsblatt der EU Nr.L.301 v. 17. 10. 1991 Brüssel

Die Grenzen rechtlicher Mittel sind allerdings dann gegeben, wenn Gewalt im Spiel ist und Streitparteien keinen Ausweg in der Anwendung friedlicher Mittel sehen. „Das Völkerrecht hat seine wichtigste Bewährungsprobe nicht bestanden, wenn es zur Gewaltanwendung kommt" (Frowein 2004: 149-162). Dies ist in zahlreichen Fällen außerhalb des demokratischen Systems eingetreten. Nationale oder subnationale Gewaltpolitik war in der Nachkriegszeit Kennzeichen der sich auflösenden Imperien oder Nationalstaaten. Die Sanktionsmittel der UN nach Kap. VI und VII der Charta, die friedliche wie militärische Instrumente vorsehen, waren nur zum Teil erfolgreich wie in Bosnien, im Irak/Kuwait oder Afghanistan, wo es zu militärischen Einsätzen im Rahmen der UNO gekommen ist.

Die Rechtsanwendung internationaler Normen hängt, so muss das Fazit lauten, von dem Willen der Beteiligten bzw. Betroffenen ab. Ohne freiwillige Zustimmung einzelner Regierungen können keine Militäreinsätze getätigt werden, ohne Zustimmung der Betroffenen kann kein Gerichtsverfahren über sie beschlossen werden. Nichtsdestoweniger wurden internationale Rechtsnormen in vielen Fällen befolgt und haben Konflikte gelöst oder zumindest kanalisiert.

Kapitel X
Der Vermittler, die Vermittlung

Les intermédiaires de confiance valent mieux dans les mauvaises
affaires que le contact les personnes directement intéressées –
Die Vermittler des Vertrauens sind in schlechten Zeiten mehr Wert als die
Kontakte zu direkt interessierten Parteien (Metternich 1820)

Im Unterschied zum Verhandler ist der Vermittler als dritte Partei nicht direkt
vom Konflikt betroffen, während die Verhandler unmittelbar und aktiv den Verhandlungsprozess gestalten und einseitig interessierte Parteien sind. Ich verwen-
de im Folgenden den Begriff ‚Vermittlung' als Oberbegriff für alle von dritten
Parteien veranlassten gewaltfreie Aktivitäten der Beeinflussung lösungsorientierten Handelns.

So wie der Ablauf von Konflikten in verschiedene Phasen eingeteilt werden
kann, können auch die verschiedenen Vermittlungsversuche in einem Analysemodell gedacht werden. Bercovitch/Langley (1993) unterscheiden zunächst den
Kontext, innerhalb dessen eine Vermittlung stattfindet und wozu sie die Art des
Konflikts, die Natur der Parteien und die Natur des Vermittlers rechnen; ferner
den Vermittlungsprozess in seinem Ablauf, in dem die Strategie des Vermittlers
eine zentrale Rolle spielt, und schließlich das Ergebnis der Vermittlung.

Dritte Parteien versuchen, mit nicht gewaltsamen Mitteln einen Konflikt zu
deeskalieren oder zu beenden. Es ist ein *„process of conflict management where
disputants seek the assistance of, or accept an offer of help from, an individual,
group, state or organization to solve their conflict or resolve their differences
without resorting to physical force or invoking the authority of the law"* (Bercovitch 1991: 8).

Basierend auf dieser Definition entwickeln Bercovitch und andere einen *Ak-
teur-Kontext-Rahmen* für die Analyse eines adaptiven Prozesses (siehe Abbildung 10), in dem sie unterscheiden zwischen:

- dem *Kontext der Vermittlung*, der selbst in drei Variablencluster unterteilt
  ist: (a) die Art des Streits, (b) die Art der Konfliktparteien und (c) die Art
  des Vermittlers,
- dem *Prozess der Vermittlung*, der bestimmt ist, durch das taktische Verhalten oder die Strategie, wie (1) Kommunikationserleichterungs-Strategie, (2)

Formulierunghilfe-Strategie und (3) Manipulations-Strategie (vgl. Übersicht 11), sowie abschließend

- dem *Ergebnis der Vermittlung*, welches vier mögliche Dimensionen besitzt: erfolglos, Waffenstillstand, teilweise erfolgreich und ganz erfolgreich. Die drei letzten Kategorien können in der Gruppe ‚erfolgreich' zusammengefasst werden. Von den insgesamt 364 Vermittlungsversuchen, die wir zwischen 1945 und 1995 beobachten konnten, waren nur etwa 36% erfolgreich (Pfetsch/Rohloff 2000: 192, 202).

Abbildung 10: Analysemodell für Vermittlungen

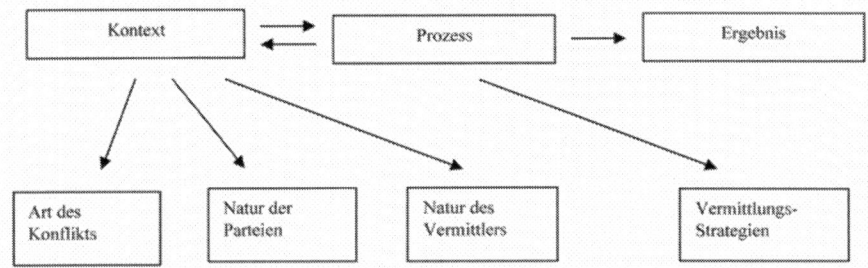

nach Bercovitch/Langley: 1993

1 Vermittlungsstrategien

Der Verhandlungsprozess kann durch Interventionen dritter Parteien beeinflusst werden. Dabei müssen die Vermittlungsbemühungen in Einklang mit dem Konfliktablauf gebracht werden, d.h. in bestimmten Phasen der Konfliktentwicklung sind bestimmte Vermittlungsbemühungen angebracht. In dem folgenden synoptischen Überblick (s. Übersicht 10) kann am Beispiel des Bosnienkonflikts die Interaktion zwischen Konfliktablauf und Vermittlungsinstrumenten aufgezeigt werden.

Übersicht 10: Konfliktphasen und Vermittlung am Beispiel des Bosnien-
Konflikts

Konfliktphase	Konfliktgeschehen	Vermittlung
latenter Konflikt	**1986-1990:** innerjugoslawische Regimekrisen; wirtschaftlicher und ideologischer Legitimitätsverlust der föderalen Organe **Memorandum 1986:** Proklamation großserbischer Ansprüche mit mystisch-nationalistischer Begründung („Vernichtungskomplex"); Aufstieg Milosevics vom kommunistischen Parteikader zum nationalistischen „Serbenführer"	
Krise	**März 1989:** Durchsetzung der Aufhebung des Autonomiestatus des Kosovo	Unterstützung einzelner Gruppen (z.B. Kroatien/Vatikan)
gewaltsame Krise/ Krieg	**1991:** Serbisch-slowenischer Krieg (Juni/Juli); Serbisch-kroatischer Krieg	Brioni-Erklärung; Vermittlung durch einzelne Außenminister (Baker, Mock, Genscher); gute Dienste (Griechenland, Österreich)
	1992: Serbischer Krieg gegen Bosnien-Herzegowina	das Schweizer Kantonmodell das Regionalisierungsmodell (*Vance-Owen-Plan*)
	1993: Kroatisch-muslimischer Krieg	das Konföderationsmodell (*Owen/Stoltenberg-Plan*)
	1994: Kroatisch-muslimische Föderation gegen Serbien und bosnische Serben	die Zwei-Staaten-Union (*Kontaktgruppenplan*)
	1995: Kroatische Rückeroberung serbisch besetzter Gebiete; NATO-Intervention	die Rekonstituierung Bosnien-Herzegowinas mit internationalen Garantien bei faktischer Zweiteilung des Staates (*Dayton-Abkommen*)
Waffenstillstand Konsolidierung Zivilisierung	**1996-1998:** Demobilisierung, Rückführung Vertriebener und Flüchtlinge, Wiederaufbau, Versöhnung	SFOR, Tribunal, Hoher Repräsentant, finanzielle Hilfe, Wahlbeobachtung, Infrastrukturierung

Die Untersuchung der Bedingungen von erfolgreicher wie nicht-erfolgreicher Vermittlung steht noch am Anfang und ist erst in neuerer Zeit Gegenstand wissenschaftlicher Analyse geworden (z.B. Bercovitch 1984).

Die Vermittlungsziele können unterschiedlich definiert sein: Prävention von Konflikten bzw. Krisen, Einhegung des Kriegsverlaufs, Vermittlung eines Waffenstillstandes mit oder ohne Garantie, Vermittlung eines Friedensvertrags, In-Gang-Halten der Verhandlungen in den verschiedenen Phasen (Vor-, Haupt-, Nachphase) etc.

In den meisten Konflikten, die wir seit 1945 zählen, wurden Vermittlungsversuche unternommen, die in einigen Fällen erfolgreich gewesen sind (Pfetsch/ Rohloff 2000: 190, 202). Der Unterschied zwischen der Verhandlung mit direkt involvierten Parteien und der Schlichtung ist, dass der Verhandler selbst eine interessierte Partei ist, wohingegen der Schlichter als eine dritte Partei ohne direkt investierte Interessen ist. Im Falle der EU kann die Kommission oder der Ratspräsident die Rolle einer dritten Partei übernehmen, die versucht, bei divergierenden Interessen zu schlichten.

In Übersicht 11 sind die verschiedenen Strategien des Vermittlers nach kommunikationserleichternden, formulierungs- und manipulativen Strategien synoptischen aufgelistet und als Handlungsanweisungen formuliert.

Übersicht 11: Strategien des Vermittlers

Kommunikationserleichternde Vermittlungsstrategien

- Stelle eine Verbindung zu den Parteien her
- Gewinne das Vertrauen der Parteien
- Ermögliche Interaktion zwischen den Parteien
- Identifiziere und kläre Themen und Interessen
- Bringe Klarheit in die Situation
- Vermeide Parteilichkeit
- Entwickle ein gutes Verhältnis zu den Parteien
- Ergänze fehlende Informationen
- Entwickle einen Verständigungsrahmen
- Ermuntere sinnvolle Kommunikation
- Biete positive Bewertungen an
- Ermögliche, dass die Interessen einer jeden Partei diskutiert werden.

Formulierungsstrategien des Vermittlers

- Wähle den Verhandlungsort
- Kontrolliere das Tempo und die Formalitäten des Treffens
- Kontrolliere den Zustand der Verhandlungsumgebung
- Erstelle ein Protokoll
- Schlage die Vorgehensweise vor
- Unterstreiche die gemeinsamen Interessen
- Reduziere Spannungen
- Kontrolliere den Zeitablauf
- Behandele die einfachen Themen zuerst
- Strukturiere die Tagesordnung
- Halte die Parteien am Verhandlungstisch
- Halte den Verhandlungsablauf auf die Themen konzentriert.

Manipulative (oder Weisungs-) Strategien der dritten Partei

- Verändere die Erwartungen der Parteien
- Übernimm Verantwortung für Zugeständnisse
- Mache substantielle Vorschläge
- Weise die Parteien auf die möglichen Kosten einer Nicht-Einigung hin
- Liefere und selektiere Informationen
- Schlage Konzessionen vor, auf die die Parteien eingehen können
- Hilf den Verhandelnden wenn nötig, eingegangene Verpflichtungen rückgängig zu machen
- Belohne Konzessionen der Parteien
- Hilf, einen Rahmen für akzeptable Ergebnisse zu entwerfen
- Verändere Erwartungen (s.o.)
- Dränge die Parteien zu größerer Flexibilität.

In den vergangenen Jahren haben Fälle von erfolgreichem Verhandeln öffentliches Interesse erweckt, obwohl die Medien vornehmlich über gewaltsame Aktionen berichten. Jimmy Carters Vermittlung als Präsident der Vereinigten Staaten zwischen Arabern und Israelis und als renommierter Politiker im Haiti- und Nordkorea-Konflikt (andere erfolgreiche Verhandlungsmissionen von Carter in den 1980er Jahren beispielsweise in Afrika sind weniger bekannt), Johan Holsts geheime Vermittlung als Außenminister von Norwegen im Palästina-Israel-Konflikt, die Vermittlerrolle pakistanischer Diplomaten, die die Beziehungen zwischen den Vereinigten Staaten und der Volksrepublik China einleiteten und die Pendeldiplomatie von Henry Kissinger ermöglichte, dies sind Beispiele erfolgreicher Vermittlung durch Dritte. Auch wenn dies Fälle sind, die von prominenten Politikern vermittelt wurden, sind die Vermittlungsdienste von internationalen oder regionalen Organisationen nach 1945 weitaus bedeutender. Die positive Rolle der UNO in einigen Konflikten wie Namibia, Kambodscha oder Kuwait, aber auch die weniger erfolgreichen Vermittlungsversuche von Vance und Owen oder Stoltenberg und Owen als Abgesandte von UNO respektive EG/EU in den kriegerischen Auseinandersetzungen im ehemaligen Jugoslawien sind nur einige Beispiele für die wichtige Rolle, die von diesen Organisationen gespielt wurde.

Die Bedeutung von Drittparteien als Vermittler oder Schlichter hat im Zeitverlauf zugenommen (Levine: 1971). Vermittlungsversuche stiegen von 1,3 pro Jahr (1815-1895) auf 2,4 (1896-1920) und 3,9 im Zeitraum von 1921-1960. Butterworth (1976) gibt an, dass in 77% der Konfliktfälle eine dritte Partei beteiligt war, Haas (1983) zählt 75% von 108 Konfliktfällen zwischen 1945 und 1965. Wir haben herausgefunden (Pfetsch/Rohloff 2000:201), dass in mehr als der Hälfte aller Konflikte zwischen 1945 und 1995 eine dritte Partei als Vermittler beteiligt war (in 364 von 661 Fällen). Die Bedeutung einer dritten Partei wird weiter unterstrichen, wenn man zwischen den unterschiedlichen Typen von Lösungen unterscheidet: Eine dritte Partei war in 55% der verhandelten Übereinkünfte (negotiated resolutions) beteiligt, aber nur bei knapp 30% der Zwangslösungen (coercive solutions).

Um sich dem Verständnis von Vermittlung zu nähern, muss darauf hingewiesen werden, dass der Begriff der Vermittlung in sehr unterschiedlichen Bedeutungen verwendet wird. Manchmal – und möglicher Weise am häufigsten – beinhaltet der Begriff alle Aktivitäten einer dritten Partei, die helfen, einen Konflikt zu deeskalieren oder zumindest vorläufig zu beenden. Da aber einer dritten Partei eine große Anzahl von Instrumenten zur Verfügung steht, ist es notwendig, zwischen diesen zu unterscheiden und Vermittlung nur für eine bestimmte Form der Intervention Dritter zu verwenden. Eine klare Definition ergibt sich aus der Beantwortung folgender zwei Fragen: Wer ist an der Vermittlung beteiligt und welche Instrumente stehen dem Vermittler zur Verfügung?

2   Wer vermittelt?

In internationalen politischen Auseinandersetzungen gibt es fünf verschiedene Akteure:

- Staaten, Regierungen, Gruppen von Staaten
- Internationale regionale oder universale Organisationen

- unabhängige Politiker, einzelne Personen
- minoritäre subnationale ethno-kulturelle Bewegungen
- Nichtregierungsorganisationen und Gruppierungen

Unabhängig davon, wer die Vermittlerrolle einnimmt, es ist immer ein individueller Akteur in den Verhandlungsprozess eingeschaltet und von seinen Fähigkeiten hängt der Erfolg einer Verhandlungsmission häufig ab – jedoch nicht immer. Die tatsächliche Arbeit des Konfliktmanagements wird immer von einigen wenigen Individuen betrieben, die an Konferenztischen, bei Abendempfängen oder während Spaziergängen im Freien Verständigungen suchen. Normalerweise wird hinter verschlossenen Türen verhandelt. Was sind die Qualitäten eines Vermittlers?

Nach Bercovitch (1984) wird die Rolle des Vermittlers folgendermaßen bestimmt:

- er wird von den Konfliktparteien freiwillig akzeptiert; er kann nicht erfolgreich sein ohne das Vertrauen und die Kooperation der gegnerischen Parteien;
- er muss als unabhängig und glaubwürdig von den Parteien empfunden werden; er muss ausreichend unparteiisch sein, was ich als äquidistant bezeichne;
- er muss durch seinen Einsatz eine internationale Auseinandersetzung beeinflussen, ändern oder modifizieren;
- er darf nur friedliche Mittel einsetzen, um die Konfliktparteien von dem einem Vorschlag zu überzeugen;
- er ändert eine ursprüngliche Dyaden- in eine Triade-Interaktion;
- sein Engagement wird von allen als zeitlich befristet wahrgenommen.

Zu dieser vermeintlich neutralen Position des Vermittlers und der eher utilitaristischen und idealistischen Sicht der Drittpartei muss das Interesse der Drittpartei selbst hervorgehoben werden; Erfahrungen zeigen, dass der Vermittler üblicher Weise keine neutrale Partei ist, sondern eigene Interessen verfolgt, vor allem, wenn der Vermittler ein Staat ist. Auch wenn der Vermittler die Rolle eines *„ehrlichen Maklers"* (Bismarck) spielt, strebt auch der Makler nach einer Belohnung oder, wie Touval und Zartman sagen, „Vermittler, genauso wie Makler, sind auf Profit aus" (Touval/Zartman 1985: 321). Der Nutzen für die dritte Partei kann sich niederschlagen in Prestigegewinn, in zukünftigen profitablen Wirtschaftsbeziehungen oder, wie bei Bismarck, in Kolonialgewinn.

Zu den persönlichen Qualitäten eines erfolgreichen Vermittlers – ähnlich wie bei einem guten *Unterhändler* – gehören nach Wehr (1979) und anderen:

- Kenntnisse über den Konflikt und die zugrunde liegenden Interessen;
- Kenntnisse über die Instrumente und Techniken, die einem Vermittler zur Verfügung stehen;
- Fähigkeit, die Positionen des Verhandlungspartners zu verstehen, sowie die Bereitschaft, die Welt mit den Augen der Anderen zu sehen und ihr Verhalten im Kontext ihrer Kultur zu verstehen;
- Sensibilität für kulturell bestimmte Einstellungen und Verhalten der Streitparteien;
- Fähigkeit des aktiven Zuhörens;
- Geduld und ein Gefühl für den *richtigen Zeitpunkt*[29];
- Kommunikationsbegabung und die Fähigkeit, Ideen klar und verständlich auszudrücken;
- Verfahrensorientierte Fähigkeiten;
- Fähigkeiten des Krisenmanagements, zum Beispiel die Fähigkeit, die Vorteile eines Vorschlages allen Beteiligten deutlich zu machen, die Kontrolle auch in Stresssituationen zu behalten, flexibel, erfinderisch und anpassungsfähig auf neue Situationen zu reagieren, Hartnäckigkeit, etc.

Weitere persönliche Eigenschaften finden sich bei Bercovitch (1985, 163-164), Iklé (1964) und Simkim (1971). Andere Autoren konzentrieren sich auf Verhandlungsstrategien (Kaufmann: 1962; Fisher: 1997; Iklé: 1964; Zartman: 1985; Burton: 1972). Als *Ressourcen* des Vermittlers kommen in Frage

1.   seine Legitimation,
2.   seine materiellen und immateriellen Mittel,
3.   seine Sachkenntnisse,
4.   sein Verhandlungsgeschick,
5.   Unterstützung durch andere Mächte,
6.   seine zeitlich Disponibilität;
7.   Belohnungen, die er anbieten kann,
8.   Zwang, den er ausüben kann,
9.   Referenzen, die er nachweisen kann,
10.   Expertise, über die er verfügt und schließlich
11.   Informationen, die er anderen voraus hat.

---

[29]   Hier lautet ein berühmtes Zitat von Bismarck: „Wenn der Staatsmann den Mantel Gottes durch die Ereignisse rauschen hört, so ist alles, was er tun kann, vorzuspringen und den Zipfel seines Gewandes erfassen." (Richard Linde: Der Alte vom Walde. Bielefeld/Leipzig 1927: 43).

Man kann die Eigenschaften des oder der Vermittler auch nach persönlichen und kontextuellen Eigenschaften einteilen und kommt dann zu folgenden Fähigkeiten (s. Übersicht 12).

Übersicht 12: Eigenschaften, die ein Vermittler haben sollte:

persönliche Eigenschaften	Kontexteigenschaften
▪ Energie ▪ Intelligenz ▪ Ausdauer, Humor ▪ Vertrauen ▪ Glaubwürdigkeit ▪ Unvoreingenommenheit	▪ Fähigkeit zu belohnen ▪ Fähigkeit, Zwang auszu- üben ▪ Referenzen ▪ Legitimität ▪ Expertise ▪ Wissen/Information

Neben dem Renommee eines Politikers, wie bei Jimmy Carter, ist auch die *Organisation*, die einen Gesandten oder Delegationschef abordnet, von Bedeutung. Es ist die Akzeptanz dieser Organisation oder die Hochschätzung des individuellen Vermittlers durch die Streitparteien, die ein provisorisches, aber stabilisierendes System für den Vermittlungsprozess schafft, vergleichbar mit dem Rahmen, der durch eine internationale Konferenz geboten wird.

Geoff Berridge nennt Beispiele und Gründe für die Tatsache, dass es nicht unüblich sei, mehr als einen aktiven Vermittler in einem Konflikt anzutreffen (Berridge 1995: 488). Doch schon die Hinzuziehung eines Vermittlers kompliziert den Prozess – zum besseren oder zum schlechteren – und transformiert die Dyade der Konfliktbeteiligten in ein „regime surrogate in disputes" (Princen 1992: 8).

Der bekannteste und am häufigsten aufgetretene Vermittler nach dem Zweiten Weltkrieg waren die Vereinten Nationen (UNO). Der Generalsekretär gemeinsam mit dem Sicherheitsrat und/oder der Vollversammlung unterstützte zehn offizielle UNO-Friedenseinsätze vor 1965. Die Zahl von Vermittlungsversuchen über die umfangreichen ‚peace-keeping' Missionen hinaus ist weitaus größer. Die UNO war 192-mal (= 52%) als dritte Partei von insgesamt 364 vermittelten Konflikten - am häufigsten im Vordern und Mittleren Orient – beteiligt. Auch die Organisation Afrikanischer Einheit (OAU) bzw. Afrikanische Union (AU), die Organisation Amerikanischer Staaten (OAS) und die Arabische Liga (AL) haben interveniert.

Von den staatlichen Akteuren waren die Vereinigten Staaten von Amerika am häufigsten an Vermittlungsbemühungen beteiligt. Die USA waren während des Ost-West Konflikts eindeutig häufiger an Vermittlungsbemühungen beteiligt als die UdSSR/Russland. Touval (1992: 235) erkennt 57 Fälle von US-Vermittlung ohne 30 weitere Vermittlungsversuche in Lateinamerika hinzuzuziehen, während die UdSSR in nur 17 öffentlich bekannten Fällen vermittelte. Von diesen 17 Fällen waren 10 gemeinsame Vermittlungsbestrebungen mit den USA – eine bemerkenswerte Beobachtung die den schwachen internationalen Stand der UdSSR/Russland als eigenständiger Vermittler aufzeigt. Wenn die beiden Supermächte außerhalb ihrer direkten Interessensphäre agieren, dann hauptsächlich im Mittleren Osten – häufig in Absprache oder Kooperation mit UNO-Bemühungen. Unsere Daten unterstützen Touvals Beobachtungen: Von 33 beobachteten US-Vermittlungen waren 15 (= 45%) in Kooperation mit UNO-Bemühungen. Sowohl die USA als auch die UNO konzentrierten sich auf Krisen in Schwarzafrika, in Ost- und Südasien, in Nordafrika und vor allem im Mittleren Osten. Die UdSSR wird nur in vier Fällen als aktiver Vermittler im Mittleren Osten und in Südasien ausgemacht; Großbritannien vermittelte in 12 Fällen. Nach wie vor können die UdSSR, Großbritannien, Frankreich und China, also die andern vier permanenten Mitglieder des Sicherheitsrates, nicht mit erfolgreichen Vermittlungen in Verbindung gebracht werden.

Die Tabelle 1 zeigt die Häufigkeit von UNO-Vermittlungen sowohl in nationalen als auch in internationalen Konflikten in verschiedenen Regionen:

Tabelle 1:   UN-Vermittlungen nach Regionen (1945-1995)

Region	Summe
Europa	46 12,6%
Nordamerika	2 0,6%
Südamerika	15 4 %
Mittelamerika	39 10,7%
Schwarzafrika	94 25,8%
Ost-/Südasien	58 15,9%
islamisches Afrika/Mittlerer Osten	110 30,2%
Summe	364 100,0%

Quelle: http:\\\www.kosima.de

Die dritte Hauptgruppe von Vermittlern sind regionale und transnationale Organisationen wie die EG (EU), die KSZE (OSZE), OAS, OAU/AU und AL oder zum Beispiel der Vatikan. Von den regionalen Organisationen haben die OAU, die OAS und die AL mit Abstand die meisten Vermittlungsbemühung sowohl in nationalen als auch in internationalen Konflikten unternommen.

Eine vierte identifizierbare Gruppe von Vermittlern sind die unparteiischen und äquidistanten Staaten, die auf Grund ihres zurückhaltenden *Profils*, ihrer Glaubwürdigkeit sowie ihrer Neutralität als Vermittler akzeptiert werden. Die Akzeptanz durch die Streitparteien hängt sehr stark vom Willen der Parteien zu einer endgültigen Beilegung des Konflikts ab. Da einem solchen Vermittler weder *Zuckerbrot noch Peitsche* als Anreiz oder Mittel zum Druckausüben zur Verfügung stehen, handelt es sich häufig um Streitigkeiten auf einer sehr niedrigen Intensitätsstufe. Auch wenn die ideologische Kluft zwischen den Streitparteien einen direkten Kontakt nicht zulässt, ist dieser Typ des *Vermittlungsagenten* von Nutzen. Häufig bieten diese Vermittler anfänglich nur ‚gute Dienste' an und werden später aktiver, wie in dem bekannten Beispiel der algerischen Vermittlung in der USA-Iran-Geiselkrise oder bei verschiedenen österreichischen Vermittlungsversuchen während der 1970er Jahre.

Formelle und informelle individuelle Vermittlungsversuche sind schwierig in ihrer Gesamtsumme zu erfassen. Es ist unstrittig, dass der ehemalige US-Präsident Jimmy Carter ein befähigter individueller Vermittler ist. Darüber wissen wir jedoch hauptsächlich wegen seiner Bekanntheit einiges, während es große Unklarheit über die tatsächliche Zahl nicht öffentlicher Aktivitäten gibt. Beispielsweise kann ein einziges kurzes Telefonat des deutschen Kanzlers Helmut Kohl mit seinem ‚Freund', dem russischen Präsidenten Boris Jelzin während des Höhepunktes des russischen Militäreinsatzes in Tschetschenien ebenso – wenn auch erfolglos – als Vermittlungsversuch verstanden werden, wie Jimmy Carters im Fernsehen übertragener mehrtägiger Besuch in Pjöngjang, der mit der Unterzeichnung einer formellen Übereinkunft zunächst zu einem Durchbruch in den Verhandlungen um das Atomprogramm führte.

3   Instrumente einer dritten Partei

Eine Vermittlung unterscheidet sich von Verhandlung nicht nur durch die Akteure, sondern auch durch die zum Einsatz kommenden Instrumente.[30] Nach interna-

---

[30]   Der Begriff ‚Vermittlung' wird im juristischen Sprachgebrauch als spezielle Form der Intervention durch Dritte definiert. Ich benutze allerdings den Begriff ‚Vermittlung' als Oberbegriff für die vielfältigen nicht gewaltsamen Interventionen von dritten Parteien im Konfliktfall.

tionalem Recht (z.B. Art 33 der Charter der Vereinten Nationen) können sieben *nicht-gewaltsame* Formen von Instrumenten unterschieden werden:

- Verhandlung (negotiation)
- Untersuchung (enquiry)
- Vermittlung (mediation)
- Vergleich (conciliation)
- Schiedsspruch (arbitration)
- Gerichtsentscheid (judicial settlement)
- Inanspruchnahme regionaler Einrichtungen (resort to regional agencies)
- andere friedliche Mittel.

Einen umfassenderen und differenzierteren Ansatz von Managementtechniken wurde von Robert L. Butterworth (1976) und Jacob Bercovitch (1985) vorgeschlagen, die die folgenden Interventionstechniken aufzählen:

- Schlichtung (conciliation)
- Vermittlung (mediation)
- Schiedsgericht (arbitration)
- Anzeige (enunciation, indictment)
- Gute Dienste (good offices)
- Untersuchung, Faktenermittlung (investigation, fact finding)
- Quarantäne (quarantine)
- Intervention (intervention)
- Zwang (coercion)
- Beobachtung (observation)
- Diskussion (discussion)
- Verweis auf andere Organisationen (referral to other organizations)
- Ermahnung (exhortation)

Diese Liste der Interventionstechniken zeigt, dass nach der hier verwendeten Terminologie Vermittlung nicht die einzige Form einer Intervention Dritter ist. Im Deutschen Sprachgebrauch wird allerdings Vermittlung allgemeiner gebraucht als im Englischen und kann keinesfalls mit ‚mediation' gleichgesetzt werden. Nur im politischen Bereich erhält der englische Begriff von ‚mediation' die Bedeutung von Vermittlung.

Internationale bzw. regionale Organisationen haben von diesen Instrumenten unterschiedlichen Gebrauch gemacht. Am häufigsten hat sich die UNO der Anzeige, der Untersuchung sowie der Diskussion bedient. Vermittlung war demgegenüber nur ein untergeordnetes Mittel. Dies trifft auch für die Regionalorganisation der Organisation Amerikanischer Staaten zu, während die Afrikanischen Union oder die Arabischen Liga Vermittlung am häufigsten eingesetzt haben (Pfetsch 1990: 122).

4 Die Vermittler, die Schlichter

Wir sind nun in der Lage, die Merkmale des Vermittlers zu definieren.

> Ein *Vermittler* spielt eine aktive Rolle im Verhandlungsprozess, in dem er Vorschläge entwickelt, die von den betroffenen Parteien akzeptiert werden können. Dabei werden die Vorschläge im Allgemeinen gemeinsam erarbeitet, sind aber nicht verpflichtend. Der Vermittler wird freiwillig von den Streitparteien bestellt und verfolgt durchaus eigene Interessen.

Demonstrationsfall: Ein berühmtes – weil gelungenes – Beispiel von Vermittlung in einem Gewaltkonflikt ist die Vermittlung durch Präsident Carter in den israelisch-ägyptischen Auseinandersetzungen. Das Camp-David-Abkommen von 1979 zwischen Sadat und Begin ist durch aktives Vermitteln durch den US-Präsidenten zustande gekommen, der in zahllosen Pendelschritten zwischen den Häusern, in denen sich die Streitparteien in der Sommer-Residenz aufgehalten haben, Vorschläge unterbreitet hat, die schließlich von beiden Seiten akzeptiert worden sind. Dabei ist aus der komplexen Gemengelage, die den Nah-Ost-Konflikt konstituiert, das bilaterale Verhältnis zwischen Israel und Ägypten heraus genommen worden. Im Vorfeld dieser Vermittlertätigkeit hatten sich beide Seiten durch Besuche angenähert und dadurch den Willen zum Ausgleich signalisiert; mit entscheidend für das Zustandekommen des Abkommens ist neben dem Vermittlungsgeschick des Präsidenten auch das Gewicht, das er als US-Präsident hat einbringen können (Prestige, Verhandlungsmacht) und die Sanktionsgewalt, die die Implementation des Abkommens hat sichern helfen. Beide Seiten bekamen von den USA finanzielle Unterstützung; diese hätte im Falle des Scheiterns wieder zurückgezogen und also als Sanktionsgewalt geltend gemacht werden können.

Die Aufzählung verschiedener Instrumente bedeutet nicht, dass nur ein bestimmtes Instrument während der Vermittlung zum Einsatz kommt; ganz im Gegenteil werden meist mehrere zur gleichen Zeit verwendet. Es bleiben entscheidende Unterschiede zwischen der Vermittlung und anderen Mitteln der Lösungssuche. „Mediation and conciliation are distinguished from arbitration and judicial settlement in that a disputant is free to reject a mediator's or conciliator's suggestion, but is expected to accede to arbitral or judicial rulings" (Levine 1971: 26).

> Ein *Schlichter* ist nicht direkt am Konflikt beteiligt; er versucht den Kommunikationsprozess zwischen den Konfliktparteien zu organisieren und Vorschläge zu erarbeiten, die von den Streitparteien angenommen oder abgelehnt werden können. Bei Arbeitsstreitigkeiten wird ab einem bestimmten Zeitpunkt ein staatlicher Schlichter eingesetzt.
>
> Ein *Schiedsrichter* ist unabhängig von den Konfliktparteien und versucht lediglich die Spielregeln anzuwenden und diese durchzusetzen. Die Spieler haben seine Entscheidung zu akzeptieren.

Neuere Untersuchungen haben die Bedeutung der Vorverhandlungsphase im gesamten Prozess der Verhandlungen betont. Es scheint, dass Vermittlung in dieser Phase eine wichtige Rolle spielt. Dies zeigt beispielsweise das erfolgreiche Engagement des norwegischen Außenministers und seiner Frau in den Jahren 1993/4, das die zunächst inoffizielle Kommunikation zwischen Israelis und Palästinensern herstellen konnte und später ein Abkommen ermöglichte.

Durch Einschaltung eines Vermittlers wird aus einem Zwei-Personen-Spiel ein *Drei-Personen-Spiel* mit den zwei Konfliktparteien und dem Vermittler. Die Prozessgestaltung hängt dann auf der einen Seite vom Konflikt selbst ab und auf der anderen Seite von der beteiligten dritten Partei.

Zusammenfassend gesagt ist ein Vermittler jemand, der nicht direkt am Konflikt beteiligt ist, also kein Interesse am Konfliktgut selbst hat; trotzdem ist er mit eigenen Interessen am Verhandlungs- bzw. Vermittlungsprozess beteiligt, die sich jedoch von denen der direkt Beteiligten unterscheiden; er ist von den Konfliktparteien frei gewählt worden mit dem Ziel, die Lösungsfindung durch Vorschläge zu unterstützen. Seine oder ihre Vorschläge sind nicht bindend und können abgelehnt werden; um erfolgreich zu sein, sollten er oder sie mit Verhandlungsmacht ausgestattet sein und auf Äquidistanz zu den Konfliktparteien stehen (vgl. Kap. VI).

Am häufigsten werden Konflikte durch die Konfliktparteien selbst zu Ende gebracht. Konfliktmanagement ist nicht nur eine Frage der verfügbaren Instrumente der Akteure, sondern ebenso eine Funktion existierender Regime. Wenn es *Verhandlungsregeln* und Instrumente für Deliberation und Verhandlungen gibt, wird das Lösen von Konflikten mit friedlichen Mitteln einfacher. Unsere Erkenntnisse im Zusammenhang mit nationalen Regimes unterstützen diese

Aussage. Demokratische Regimes besitzen mehr Möglichkeiten, Konflikte durch Verhandlungen zu lösen, autoritäre Regime tendieren dazu, Konflikte mit Drohung oder Gewaltanwendung zu beenden.

Das Vorhandensein internationaler Regimes könnte uns in die gleiche Richtung von Schlussfolgerungen führen. Die wichtige Rolle, die internationale Organisationen gemessen an der Häufigkeit ihrer Beteiligung in internationalen Konflikten, ihrer Erfolgsrate, sowie der quantitativ nicht fassbaren Tatsache ihrer Existenz, spielen, unterstützt die Aussage, dass die Welt friedlicher ist, als sie es ohne ihre Existenz wäre.

5 Bedingungen für erfolgreiche Vermittlung

Für den Erfolg einer Vermittlung sind die folgenden Bedingungen ausschlaggebend:

- Die Dritte Partei sollte zu beiden Kontrahenten eine ausgewogene Beziehungen (Äquidistanz) unterhalten, was nicht unbedingt Neutralität bedeutet.
- die entscheidungsbevollmächtigten Parteien sollten identifizierbar sein;
- das Ergebnis sollte so gestaltet werden, dass kein Gesichtsverlust für eine der beiden Parteien entsteht;
- das umstrittene Gut sollte teilbar sein, d.h. es muss Verhandlungsmasse vorhanden sein damit Kompensationsgeschäfte möglich sind;
- die Unterstützung einer Großmacht oder die der wichtigsten Regionalmächte;
- die Vermittlung sollte zum geeigneten Zeitpunkt stattfinden, wenn die Zeit „reif" ist;
- der Vermittler sollte über Verhandlungsressourcen bzw. -macht verfügen, die meist materieller Natur sind, aber auch immateriell (z.B. Prestige) sein können;
- bei lang anhaltenden Kriegshandlungen wird ein Zustand der Erschöpfung erreicht; dann werden beide Seiten einsehen, dass sie bei weiteren militärischen Aktionen nichts mehr gewinnen können.

Übersicht 13: Bedingungen für erfolgreiche Vermittlung

- Äquidistanz des Vermittlers zu den Konfliktparteien
- Verhandlungsmacht des Vermittlers
- klar definierte und legitimierte Verhandlungsparteien
- Gesichtswahrung
- Die Zeit muss „reif" sein
- Teilbarkeit des verhandelten Gutes
- Unterstützung durch führende auswärtige Mächte
- Pattsituation zwischen den Streitparteien

Zwei Bedingungen sind besonders hervorzuheben: die der Äquidistanz und die der Verhandlungsmacht.

Im Beagle-Kanalkonflikt zwischen Argentinien und Chile sollte zunächst die ehemalige Kolonialmacht Großbritannien vermitteln; da aber die Beziehungen zwischen GB und Argentinien von den Chilenen als zu eng betrachtet wurden, einigten sich die beiden Konfliktparteien auf den Vatikan, der von beiden katholischen Ländern als äquidistant angesehen wurde. Die Verhandlungsmacht der USA während der Camp David Verhandlungen zwischen Israel und Ägypten sicherte den Erfolg des Abkommens.

Die Verhandlungen zwischen den Konfliktparteien und der Vermittlerpartei können bilateral, multilateral oder beide gleichzeitig sein, sie können privat oder öffentlich, formell oder informell geführt werden; es kann die Öffentlichkeit durch Pressemitteilungen unterrichtet werden oder die Verhandlungen bleiben geheim; schließlich kann der Vermittler im Rahmen eines Vertrags die Verhandlungen führen. Dabei kann der Vermittler fortdauernd im Verhandlungsprozess involviert sein oder nur einmalig oder mehrmalig.

Verhandlungen zielen darauf, ein für alle Seiten akzeptables Ergebnis zu erreichen. Wie aber sieht ein solches aus? Das Ergebnis soll irgendwie gleichwertig sein, das heißt von beiden Seiten als befriedigend angesehen werden und gleichen Nutzen bringen.

Die Ergebnisse der Vermittlung können wiederum gekennzeichnet werden danach, ob die Ziele erreicht worden sind oder nicht, ob das vermittelte Ergebnis zufrieden stellt oder nicht. Die Fragen an die Vermittlungstheorie lauten also: Welche eigenen Interessen hat der Vermittler eingebracht? Aus welchen Gründen wurde dieser und nicht jener Vermittler von den Konfliktparteien akzeptiert? Schließlich wird man wissen wollen, in welchem Maße der Vermittler einen Beitrag zum erzielten Ergebnis geleistet hat.

6 Die Mediation

Erst in neuerer Zeit sind im Gerichtswesen, in der Eheberatung, im schulischen Bereich bei Lehrer-Schüler- oder Schüler-Schüler-Konflikten, in Wirtschaftsunternehmen oder beim Bau der Startbahn für einen Flughafen usw. so genannte Mediationen eingeführt worden. Dieses Verfahren zur kooperativen Lösungsfindung ist im Idealfall durch fünf Merkmale gekennzeichnet. (1) Es wird von einer unabhängigen dritten Partei durchgeführt, (2) die hinzugezogenen Streitparteien sollen frei verhandeln und entscheiden können, (3) der Mediator macht keine eigenen Vorschläge zur Lösung, sondern soll lediglich den Parteien zu einer Lösung verhelfen. (4) Das Verfahren soll möglichst in einem sehr frühen Stadium des Verfahrens (der Planung) durchgeführt werden und (5) es kann keine gesetzesverbindlichen Entscheidungen fällen (vgl. Passavant 1987, Stöbe 1996: 183-204). Insofern unterscheidet sich der Mediator von einem Vermittler oder Schlichter, dass er keine eigenen Vorschläge unterbreiten kann, auf die sich die Parteien einigen können. Institutionalisiert wurden solche Verfahren zuerst in den USA, bevor sie auch in Deutschland eingeführt worden sind. Der wichtige Unterschied zu amerikanischen Mediationen liegt in den unterschiedlichen Rechtssystemen. In Nordamerika können Mediationen durchaus mit verbindlichen Vereinbarungen enden auch ohne hoheitliche Entscheidungen, während in der Bundesrepublik Deutschland Mediationen nur im Vorfeld ohne rechtswirksame Entscheidungsbefugnis möglich sind. Die Mediation entlastet die Gerichte indem sie außergerichtlich die Betroffenen zur Klärungen ihrer Gegensätze führt. Unter Mediation kann also ganz allgemein eine kooperative Verhandlung verstanden werden, die im informellen, nicht durch institutionelle Regeln vorgegebenen Rahmen stattfindet; bei Rechtsverfahren entspricht die Mediation einem außergerichtlichen Verfahren des Interessensausgleichs. Im Deutschen Sprachverständnis und im zivilen Verkehr (Rechtspflege, Arbeitswelt, Umweltfragen in Familie und Schule) ist Mediation (Montada/Kals 2001: 17) folgendermaßen definiert:

> Mediation ist ein außergerichtliches Verfahren der Streitbeilegung, das von Mediatoren geleitet wird, die nicht selbst Konfliktbetroffene sind und auf Konsensfindung zwischen den Streitparteien gerichtet ist. Es setzt die Bereitschaft voraus, eine gemeinsame Lösung zu erarbeiten.

Allerdings werden sehr unterschiedliche Verfahren darunter subsumiert, wie das folgende Beispiel zeigt.

Demonstrationsfall: Im Jahre 2000 hat eine als ‚Mediation' bezeichnete und über anderthalb Jahre in einem „offenen Dialog" geführte Mediation zur vorge-

sehenen Erweiterung des Frankfurter Flughafens stattgefunden. Die 21 Mitglieder umfassende Mediationsgruppe bestand aus Vertretern von Luftverkehrsun-
ternehmen, der Wirtschaft, der Gewerkschaften und kommunalen Wahlbeamten
aus der Flughafenumgebung sowie der Landes- und Bundesregierung (Frankfurter Allgemeine Zeitung vom 1. Febr. 2000). Bürgerinitiativen und Umweltver-
bände boykottierten diese Veranstaltung und bezeichneten sie als Alibiveranstal-
tung (Rhein-Neckar-Zeitung vom 1. Febr. 2000). Als ,Mediatoren' wurden ein
früherer Präsident des Europaparlaments und SPD-Politiker, ein Vertreter der
IHK Frankfurt und ein Vertreter des früheren Kampfes gegen den Ausbau der
Startbahn West und ein evangelischer Pfarrer benannt. 120 Experten haben 21
Varianten durchgespielt und sind zu dem Beschluss gekommen, dass die Kapazi-
tätsgrenzen des Flughafens spätestens im Jahre 2003 erreicht werden und einen
Ausbau erforderlich machen würde; für den Ausbau sind schließlich vier Varianten übrig geblieben. Im engeren und soeben definierten Sinne handelte es sich
hierbei nicht um eine Mediation, weil nicht alle Mediatoren unabhängige Personen waren und eigene Interessen vertraten. Vielmehr kann diese Veranstaltung
als Dialog zwischen unterschiedlichen Interessensvertretern bezeichnet werden,
die im Vorfeld der vom Parlament zu treffenden Entscheidung einen Ausgleich
zu finden versuchten, wobei der Boykott von Umweltorganisationen die ergan-
gene Empfehlung für eine ideale Lösung nicht möglich macht. Nichtsdestoweniger ist dieses und sind andere Dialog-, Vermittlungs- oder Mediationsverfahren
sinnvoll, weil sie die Betroffenen mit einbeziehen, das Interessensfeld vorstruk-
turieren und zeitaufwendige Gerichtsverfahren erübrigen können.

Bei Rechtsverfahren gibt es durch Einschaltung von Rechtsanwälten durchaus Möglichkeiten, eine außergerichtliche Lösung zu finden. Viele Rechtsverfahren enden nicht vor Gerichten, sondern werden durch Vergleich, der entweder
von den beauftragten Anwälten erzielt wird, herbeigeführt, oder er wird zwischen Kläger und Beklagten und deren Anwälte ausgehandelt. Dabei kann ein
Kläger durchaus die Rolle eines Vermittlers zwischen dem Beklagten und dessen
Anwalt und seiner eigenen Partei spielen, denn er besitzt Verhandlungsmacht,
die in der Zurücknahme oder Rückführung von Forderungen liegt und einen
Kompromiss fördern können. Das Verfahren endet dann mit einem Vergleich,
der alle Beteiligte inklusive der Anwälte zufrieden stellt und zu einer gesichts-
wahrenden Lösung führen kann. Auch in diesem Falle handelt es sich nicht um
eine Mediation im engeren Sinne, denn eine unabhängige Person wurde nicht
eingeschaltet; die Anwälte vertreten die Interessen des Klienten. Auch endet das
Verfahren nicht mit unverbindlichen Empfehlungen. Ein solches außergerichtli-
ches Verfahren weist aber die Merkmale freier Entscheidung auf, die von den
Beteiligten als verbindlich akzeptiert wird. Dieses Quasi-Meditations-Verfahren
liegt somit auch im Vorfeld hoheitsrechtlicher Entscheidungen.

Kapitel XI
Modalitäten der Beendigung

Wie enden Konflikte? Nichtgewaltsame Konflikte sind solche, die entweder durch ein Abkommen, Drohung (auferlegte Beendigung) oder Rückzug beendet werden, noch ehe sie die Stufe höherer Intensität erreichen. Verhandlungen bringen solche Beendigungen auf den Weg. Die Beendigung eines Konflikts ist nicht gleichbedeutend mit der politischen Lösung. Das Spektrum der Konfliktbeendigung ist weit gefächert.

1   Modalitäten der Konfliktbeendigung

Im Prinzip gibt es sieben Möglichkeiten einen Konflikt zu beenden:

1. Eine Lösung kann durch Verhandlungen zwischen den involvierten Parteien mit oder ohne Hilfe einer dritten Partei erreicht werden. Solche Lösungen müssen mit der Zustimmung aller betroffenen Parteien ohne Vorbehalte erreicht werden. Oft sind dies ausgehandelte Kompromisslösungen. Beispiel: Die Saarfrage 1955-57.
2. Eine friedliche Lösung kann ebenso durch eine autoritative Entscheidung erreicht werden, z.B. der Entscheidung eines Gerichts, durch einen Konferenzbeschluss, eine Resolution etc. und kann die Deeskalation eines Konflikts für eine bestimmte Zeit herbeiführen. Beispiel: Gerichtsentscheid zu den Minquiers- und Ecrehos-Inseln 1950-53 zwischen Frankreich und Großbritannien.
3. Ergebnisse können durch ungleiche Verhandlungen erreicht werden, wo die dominierende Partei die Bedingungen diktiert und wo die Ergebnisse zum Nachteil der betroffenen Partei gereichen (Diktat). Beispiel: Das Münchner Abkommen zur Tschechoslowakei 1938.
4. Aktiver oder freiwilliger Rückzug ist eine Form, einen Konflikt zumindest vorläufig zu beenden, wenn eine Partei keine Chance für einen Erfolg sieht. Beispiel: Rückzug der Sowjetunion aus Osteuropa 1989.
5. Das Ende eines Konflikts kann durch Druck oder Drohung einer Partei erreicht werden. Beispiel: Die Kuba-Krise 1962.

6. Krieg ist die ultima ratio für die Beendigung eines Konflikts. Diese Art der Beendigung ist die am weitaus gewalttätigsten in der Reihe der sieben möglichen Modalitäten. Beispiel: Der Falkland-Krieg 1982.
7. In einer Pattsituation, in der die Parteien von gleicher Stärke sind, gibt es in den meisten Fällen keine Entscheidung und ein offenes Ende. Waffenstillstand ist meistens das Ergebnis eines militärischen Patts. Beispiel: Beendigung des Iran-Irak-Kriegs 1988.

Diese sieben Modalitäten der Konfliktbeendigung wurden nach dem Grad der Übereinstimmung -respektive der Nichtübereinstimmung und nach dem Grad des Gewalteinsatzes kategorisiert. Es ist wichtig, zwischen dem Grad der Zustimmung oder Akzeptanz zu unterscheiden, um die Haltbarkeit einschätzen zu können. Das Konsensniveau wird bestimmt durch die vier Variablen Akteure, Gegenstände, Freiwilligkeit und Konditionalität, die in ihren unterschiedlichen Ausprägungen zu sechs Kombinationen des Konsensniveaus führen können. Es gibt Vereinbarungen durch:

- alle relevanten Akteure freiwillig über alle Gegenstände ohne Vorbehalt,
- alle Akteure freiwillig über nur einige Gegenstände ohne Vorbehalt,
- alle Akteure freiwillig über nur einige Gegenstände mit Vorbehalt,
- lediglich einige Parteien freiwillig über alle Gegenstände ohne Vorbehalt,
- einige der beteiligten Parteien freiwillig über alle Gegenstände mit einigen Vorbehalten,
- einige Parteien freiwillig über einige Gegenstände mit Vorbehalt.

Je höher das Konsensniveau, d.h. je mehr sich die Vereinbarung der erstgenannten Kombination nähert, umso größer ist die Chance, dass die Vereinbarung von den Akteuren mit freiem Willen akzeptiert wird und hält. Unvollständige Zustimmung macht es wahrscheinlich, dass es zu weiteren Konflikten kommt.
Über eine große Zahl empirischer Fälle beobachten wir die folgenden Modalitäten der Beendigung (s. Tab. 2). Bei der Aggregation der insgesamt sieben Kategorien zu vier fällt auf, dass am häufigsten Konflikte (286 Fälle) im Gegensatz zu Coser (1961: 349) durch Zwangsmaßnahmen enden, d.h. durch Druck oder Gewalt und nicht durch ein ausgehandeltes Happy-End (Kompromiss). Die zweithäufigste Modalität der Konfliktbeendigung ist die des passiven Offen-Verhaltens (221 Fälle), d.h. diese Konflikte haben in einem bestimmten Zeitrahmen kein präzises Ende gefunden. Sie wurde entweder vergessen oder keine Partei drängte in Richtung einer Forderung. Die dritte Kategorie ist die Lösung durch Zustimmung (154 Fälle).

Die wenigsten Konflikte enden somit nicht durch eine konsensuale Vereinbarung, sondern werden entweder durch Druck/Drohung oder durch militärische Gewaltanwendung (auferlegte Ergebnisse) beendet.

Tabelle 2:   Modalitäten der Konfliktbeendigung (kondensiert)

Verhandlungslösungen	154	23,3%
Beendigung durch Druck	82	12,4%
Beendigung durch Gewalt	204	30,7%
Offene Konflikte ohne Beendigung	221	33,4%
Summe	661	100,0%

Quelle: Pfetsch/Rohloff 2000: 201

2   Die Qualität von Verhandlungs- bzw. Entscheidungsergebnissen

Ergebnisse von Verhandlungen in Gremien können unterschiedliche Qualität gewinnen. Es lassen sich acht Arten von Entscheidungen als Ergebnisse von Verhandlungen unterscheiden:

2.1 Nicht-Entscheidung

Zunächst kann das Ergebnis sein, keine Entscheidung in Bezug auf ein materielles Gut zu fällen (Nicht-Entscheidung). Eine solche Entscheidung für eine Nicht-Entscheidung kann das Ergebnis eines sehr heterogen zusammengesetzten Entscheidungsgremiums mit hohem Dissensmuster sein, oder aber es ist bewusste Strategie, unliebsame Lösungen verhindern zu wollen. Das Konsenspotential wird erhöht durch ideologische oder programmatische Nähe der einzelnen Gruppen oder durch ein großes Verhandlungspaket, d.h. durch umfassende Materien. Das Konsensniveau spielt auch eine Rolle bei Entscheidungen zur Festlegung von Wahl- und Abstimmungsregeln. Bei hohem Grundkonsens ist die Einigung auf Mehrheitsverfahren leichter, bei divergierender Meinungsstruktur die auf Einstimmigkeit.

Bei blockierten Entscheidungssituationen kann eine Lösung im zeitlichen Aufschub (Vertagung) liegen. Ein Mittel des Zeitgewinns ist die Verlagerung in Ausschüsse. Solche Ausschüsse sind dann oft Expertengremien, die der weiteren Informationsbeschaffung und -verarbeitung dienen.

2.2 Teilentscheidungen

Lösungen können sich beziehen auf die gesamte Entscheidungsmaterie oder nur auf Teile (partielle Entscheidung). Um überhaupt zu einem Ergebnis zu kommen können besonders kontroverse Themen ausgegliedert werden und nur konsensnahe Güter verhandelt werden. Solche Teillösungen hat es im israelisch-arabischen Nah-Ost-Konflikt gegeben (Beispiel das Camp David Abkommen) gegeben. Bei weniger wertbelasteten Gütern kann mit dem Mittel der Erweiterung und Ausdifferenzierung bzw. dem des Tauschs oder der Junktimbildung eine Gesamtlösung gefunden werden.

2.3 Radikale Entschließungen

Bei sehr heterogen besetzten Gremien, in denen eine Einigung auf konkrete und verbindliche materielle Lösungen schwer fällt, kann die Lösung in unverbindlichen Allgemeinformeln, d.h. in unverbindlicher Radikalisierung und Ideologisierung liegen. Bei Zwang zu verbindlichen Beschlüssen sind einlösbare pragmatische Lösungen eher zu beobachten. Der „kleinste gemeinsame Nenner" ist dann eine nicht verpflichtende meist ideologische Floskel (‚Imperialismus', ‚Kommunismus', ‚Kapitalismus').

2.4 Mehrdeutige Entscheidungen

Das Ergebnis von Verhandlungsprozessen kann bei vorgegebener Unverbindlichkeit (Nichteinlösbarkeitszwang) auch die Form offener Optionen annehmen (mehrdeutige Entscheidungen). Führt eine Unverbindlichkeitsvorgabe nicht zu hohlen Versprechungen oder nicht verantwortbaren Forderungen, zu nichts verpflichtenden Allgemeinformeln, sondern zu konkreten Handlungsalternativen, so beziehen sich die Empfehlungen auf Machbares, Realisierbares. Zu mehrdeutigen Entscheidungen zählen auch Kompromisse, die sowohl der einen wie auch der anderen Seite Rechnung tragen und somit unterschiedlich ausgelegt werden können (Kaufmann 1968: 42).

2.5 Mehrheitsentscheidungen bzw. Kompromissentscheidungen

Im Ergebnis findet sich die numerische Mehrheit wieder und/oder es haben Minderheitspositionen Eingang in das Ergebnis gefunden.

Die Durchsetzung von Mehrheitspositionen wird dann praktiziert, wenn die jeweilige Mehrheitspartei nicht gezwungen ist, Kompromisse einzugehen, wohingegen Minderheitsparteien dann eine Chance haben, sich im Ergebnis wieder zu finden, wenn entweder die Mehrheitspartei selbst in sich gespalten ist oder eine große Partei ohne absolute Mehrheit auf die Koalition mit einer kleineren Partei angewiesen ist. Bei unter Zeitdruck tagenden größeren Gremien setzt sich die Mehrheitsposition leichter durch als bei kleinen, nicht unter Zeitdruck stehenden Gremien.

2.6 Stabile bzw. instabile Entscheidungen

Lösungen sind entweder in der Zeit stabil, oder sie müssen wieder revidiert, zurückgenommen oder modifiziert werden. Die Stabilität von Entscheidungen hängt von einer großen Zahl von Faktoren ab. Tendenziell stabil sind Entscheidungen, wenn sie ohne Zeit- und Machtdruck, bei hohem Konsens, auf der Grundlage des Einstimmigkeitsverfahrens und mit Bezug auf den künftigen Handlungsspielraum gefällt worden sind. Repräsentativität z.B. in Form festgeschriebener Quoten genügen dabei nicht, wenn nicht ein Konsenspotential hinzukommt. Bei Koalitionsregierungen haben sich diejenigen als relativ stabil erwiesen, die mit der gerade notwendigen Mehrheit ausgestattet waren.

2.7 Konservative bzw. auf Veränderung gerichtete Entscheidungen

Entscheidungen sind entweder am Status quo orientiert, oder sie sind auf Veränderung gerichtet. Das Festhalten an gegebenen Situationen wird begünstigt durch die Einstimmigkeitsregel; das Mehrheitsverfahren zeigt sich demgegenüber elastischer und führt zu mehr Veränderungsmöglichkeit.

2.8 In die Zukunft gerichtete Entscheidungen

Schließlich können sich Lösungen in Entscheidungssituationen auf ein gegenwärtiges oder zukünftiges Gut beziehen. Wird in Koalitionsverhandlungen z. B. Regierungsbeteiligung angestrebt oder sollen Wählerstimmen gewonnen werden, so muss der Verhandlungsführer Kompromissbereitschaft zeigen. Es können Gegenwartsgüter mit zukünftigen eingetauscht werden. Wird das zukünftige Verhalten höher eingeschätzt als das gegenwärtige, so können in Bezug auf ein gegenwärtig verhandeltes Gut Zugeständnisse gemacht werden, um ein zukünftiges zu erhalten. In EG/EU-Verhandlungen war immer wieder zu beobachten, dass zu Gunsten der zukünftigen Gesamtentwicklung der Gemeinschaft Kompromisse in gegenwärtig strittigen Materien gemacht wurden.

3   Militärische, territoriale und politische Ergebnisse

Die Ergebnisse vor allem gewalttätiger Konflikte können nach sachbezogener Substanz unterschieden werden. In Abhängigkeit vom Einsatz der verschiedenen Mittel oder Modalitäten des Konfliktmanagements und der Beschaffenheit der strittigen Güter und Werte kann zwischen militärischen, territorialen und politischen Ergebnissen unterschieden werden. Die Häufigkeit der jeweils ausdifferenzierten Ereignisse sind nach Auszählung von 661 Konflikten in Klammern angegeben (Pfetsch/Rohloff 2000: 203ff.).

Militärisch kann ein Krieg enden mit (Prozentangaben empirischer Konfliktfälle 1945-95):

- einem Sieg der Partei, die den Krieg begonnen hat (18%),
- einer Niederlage der Partei, die den Krieg begonnen hat (28%),
- einer militärischen Pattsituation, (z.b. Waffenstillstand, Feuerpause, Waffenruhe, Truppenrückzug) (41%)
- einer kurzzeitigen Unterbrechung, der ein erneuter Ausbruch der Feindseligkeiten folgt (12%). (Pfetsch/Rohloff 2000: 205)

Zu jeder dieser Ergebnisarten können sehr unterschiedliche Interpretationen gefunden werden. Z.B. hat Carroll (1969: 305) erkannt, dass es nicht weniger als 15 Bedeutungen im Zusammenhang mit dem Begriff „Sieg" gibt, um nicht noch von dem Begriff „Niederlage" in den Augen der Besiegten zu sprechen. Er stellte ebenfalls fest, im Gegensatz zu Coser (1961) und Kecskemeti (1970), dass der Sieger nicht identisch ist mit dem Gewinner und der Verlierer nicht mit dem Besiegten. Innerhalb der 239 militärischen Konflikte zwischen 1945 und 1995 ist die Niederlage des Aggressors (28%) weitaus häufiger das Ergebnis eines gewalttätigen Konfliktes als der Sieg (18%). Waffenstillstand, endgültig oder nur temporär, lag in 41% der Kriegsfälle vor. Dieses Ergebnis müsste Aggressoren zu Denken geben.
     Kriegerische Auseinandersetzungen rechnen sich nach Sieg oder Niederlage. Reiter und Stam (2000) haben auf der Basis der zwischenstaatlichen Kriege, die zwischen 1816 und 1992 gezählt wurden, nachgewiesen, dass Demokratien erfolgreicher Kriege geführt haben, dass sie Kriege von kürzerer Dauer und mit

weniger Verlusten geführt haben und bessere militärische Führerschaft aufweisen können. Darüber hinaus sind sie stärker als Diktaturen von der öffentlichen Meinung abhängig und entscheiden mit größerer Umsicht (Reiter/Stam 2002: 198-199). Sie haben sowohl als Angreifer als auch als Verteidiger bessere Ergebnisse erzielt als Diktaturen oder Oligarchien (Tab. 3; s. Abschnitt XI.4). In 93% der von Demokratien initiierten Kriege haben sie gewonnen (gegenüber 60% bei Diktaturen) und in 63% haben sie als angegriffene Staaten gewonnen (gegenüber 34% bei Diktaturen). Denkt man insbesondere an die beiden Weltkriege, so werden diese Aussagen plausibel. Auch dieses Ergebnis bestätigt die Hypothese, dass Demokratien höhere Bewältigungsfähigkeiten aufweisen können. Allerdings können diese Ergebnisse nicht unbedingt allein auf das politische Regime zurückgeführt werden, sondern auf die Tatsache, dass Demokratien gleichzeitig auch Industriestaaten sind und als solche über mehr und/oder bessere militärische Ausrüstung verfügen.

Territoriale Ergebnisse

Wenn territoriale Streitfragen (einschließlich Grenzdemarkationen und Seegrenzen) im Spiel sind, kann das Ergebnis sein

- Teilung (12%),
- Eroberung/Einverleibung/Annexion (17%),
- Territorialverluste (7%),
- Ablassen von territorialen Forderungen (14%),
- Erhaltung des Status quo (49%), (vgl. Pfetsch/Rohloff 2000: 205).

Politische Ergebnisse

Politische Ergebnisse eines Konflikts geben letztlich den Ausschlag, ob eine Lösung gefunden wurde oder nicht, auch wenn nicht jede auf dem Verhandlungswege zustande gekommene Übereinkunft zugleich eine Lösung in dem noch zu definierenden Sinne darstellt. Die politischen Ergebnisse können nach politischen Zielen, nach der Art und Weise wie sie zustande gekommen sind oder nach den Auswirkungen auf die Akteure geordnet werden.

Politische Ziele können unterteilt werden nach dem Erreichen der Forderungen jeweiliger Akteure: Hat die initiierende Seite erreicht was sie gefordert hat oder hat sie es nicht erreicht? Unter welchen Umständen sind Politikergebnisse in der Zeit zwischen 1945 und 1995 erreicht worden?

- durch ein konsensuales Verhandlungsergebnis (16,1%),
- durch partielle materielle Lösungen (42,4%),
- durch offen halten der Konfliktsituation (22,2%),
- oder durch Kompromisse (19,3%). (vgl. Pfetsch/Rohloff 2000: 205)

Die empirischen Daten weisen als politische Verhandlungsergebnisse in mehr als 60% der Fälle Teillösungen und offene Nichtlösung aus. In den seltensten Fällen wurden Lösungen in konsensualer Übereinstimmung gefunden.

Welche Auswirkungen haben diese Politikergebnisse auf die Positionen jeweiliger Akteure gehabt? Was bedeutet das politische Ergebnis für die Regierung, die Opposition oder für eine externe Regierung, die in den Konflikt involviert war? Eine Regierung oder eine Opposition kann gestärkt oder geschwächt, stabilisiert oder destabilisiert oder eben unterdrückt werden; eine externe Regierung kann ihren Einfluss als Konsequenz aus einem bestimmten Ergebnis entweder ausweiten oder zurücknehmen. Die empirischen Ergebnisse lauten wie folgt (vgl. Pfetsch/Rohloff 2000: 205):

- die Regierung wird gestärkt (10%),
- die Opposition wird gestärkt (17%),
- die Regierung wird geschwächt (4%),
- die Opposition wird geschwächt (25%),
- externe Mächte behaupten, verstärken (9%) oder verlieren ihren Einfluss (9%),
- es kommt zu Regimeänderungen (27%).

Am häufigsten kommt es bei politischen Machtfragen zu Veränderungen des jeweiligen Regimes bzw. der Disput führt zur Schwächung der Opposition.

Bei ethnisch-religiösen Konflikten gibt es mindestens vier Arten der Beendigung solcher sub-nationalen Streitigkeiten:

- Unterdrückung durch die Zentralautorität oder Sieg über die Regierung,
- Autonomie und Selbstbestimmung,
- Sezession und Herauslösung aus dem nationalen Verband,
- und schließlich Arrangements oder Föderalismus.

Welches dieser Resultate letztlich zustande kommt, hängt von den Beziehungen zwischen den Eliten der Zentralautorität und der Opposition ab.

Diese Liste politischer Ergebnisse zeigt, dass Verhandlungen eine wichtige Rolle gespielt haben und auch bei Gewaltkonflikten präsent gewesen sind, dass aber politische Lösungen im engeren Sinne höchst selten waren.

4   Formelle versus informelle Beendigungen, insbesondere von Kriegen

Ein weiterer Aspekt der Beendigung von Konflikten betrifft den Grad der Formalität, mit der das Ende beschlossen wurde. Es gibt Konflikte und Kriege, die mit einem Vertrag, einer Vereinbarung oder – wie bei internen Konflikten – mit einer neuen Verfassung enden. Nach der empirischen Häufigkeit können internationale Konflikte mit einem Friedensvertrag (154), einem Waffenstillstandsabkommen (30), einer Unabhängigkeitserklärung (35) oder einem internationalen Schiedspruch (13) enden. Interne Konflikte enden formal mit einer neuen Verfassung (57), einem Waffenstillstand (26) oder einem Friedensvertrag (13). Somit enden von den von uns gezählten 661 Konflikten zwischen 1945 bis 1995 328 (= 49,6%) Konflikte mit einem formellen Dokument. Ungefähr dieselben Prozentzahlen zeigt unsere Zählung der Kriege. Es scheint in den letzten Jahren hierbei keinen Wandel gegeben zu haben seitdem Wright (1960: 52-53) herausgefunden hat (auf einer etwas anderen Datenbasis), dass weniger als die Hälfte (137 = 44,0%) der 311 Kriegsfälle formal mit einem Friedensvertrag endeten (vgl. Pfetsch/Rohloff 2000: 300).

Ein formelles oder ein informelles Ende sagt nicht unbedingt etwas über die „Güte" von Vereinbarungen aus. Entscheidend ist, auf welcher Grundlage die Vereinbarung erreicht wurde, d.h. auf welcher Basis und nach welchen Umständen sie getroffen wurde. Sind formelle Beendigungen dauerhafter als informelle? Bringen schriftlich fixierte ausgehandelte Übereinkommen eher „Lösungen" als andere? Sind Demokratien verlässlichere Vertragsparteien als Autokratien oder transnationale Regimes?
Die Auszählung von 576 Verträgen, die zwischen verschiedenen Staaten in der zweiten Hälfte des 20. Jahrhunderts abgeschlossen wurden, lässt keinen Unterschied im Verhältnis zwischen Demokratien und Autokratien erkennen. Autokratien haben in den fünfzig Jahren 1950 bis 1999 etwas mehr Verträge geschlossen als Demokratien (vgl. Tab. 3). Demokratien weisen in den 50er, 80er und 90er Dekaden eine etwas höhere Vertragsdichte auf als Autokratien, die in den 60er und 70er Jahren höher liegen. Schlüsse auf die Bewältigungsfähigkeit sind aber erst möglich, wenn die Umstände der Vertragsergebnisse und die Dauerhaftigkeit bekannt sind. Hierzu liegen (vorerst) keine Informationen vor.

Tabelle 3:   Verträge nach Regimetypen

	1950er	1960er	1970er	1980er	1990er	Gesamt
Alle Staaten	89	122	135	68	162	576
Demokratien (A)	40	39	31	33	68	211
Transitorische Regimes (B)	12	21	20	10	43	106
Autokratien (C)	37	62	84	24	51	258

Quelle: Pfetsch/Rohloff 2000: 206ff.

5   Konflikte im Sicherheitsrat der UN

Die meisten der 49 Konflikte, die zwischen 1945 und 1993 vor den Sicherheitsrat der UN gebracht wurden, waren größere Konflikte; davon wurden aber nur wenige im Rat behandelt. Warum dies? Die UN ist eine inter-staatliche Organisation und dies bedeutet, dass die Großmächte das Sagen haben. Durch den Weg des doppelten Vetos, d.h. in Bezug auf die prozeduralen und die materiellen Fragen, können die ständigen Mitglieder des Sicherheitsrates verhindern, dass Konflikte, in die sie direkt verwickelt sind, im Rat debattiert werden. Da die Großmächte während der gesamten Zeit zumeist in dieser Situation waren, wurden nur etwa 15% der mehr als 300 größeren Konflikte zwischen 1945 und 1994 im Rat behandelt. Wenn wir die Liste mit den 98 Kriegen, die zwischen 1945 und 1993 geführt worden sind, zugrunde legen, wurden nur 18 vor den Sicherheitsrat gebracht und nur in zwei der 98 Kriege, dem Suez- und dem Falklandkrieg, war ein ständiges Mitglied direkt beteiligt[31].

6   Historische Vertrags-Fälle

Die quantitative Datenanalyse zeigt nicht die spezifischen Umstände unter denen ein bestimmtes Resultat erreicht wurde und welche die nachfolgenden Ereignisse waren. Dies kann nur bei einer Fall-zu-Fall-Analyse aufgezeigt werden.

   Nach dem Ende des 1.Weltkrieges unterzeichneten die Siegerstaaten sechs so genannte Friedensverträge: Versailles (28. 6. 1919), Saint-Germain-en-Laye (10. 9. 1919), Neuilly-sur-Seine (27. 11. 1919), Trianon (4. 6. 1920), Sèvres (10. 8. 1920) und Lausanne (23. 4. 1922). Sie galten den besiegten Staaten Deutsch-

---

[31]   Chr. Rohloff: Der UN-Sicherheitsrat. Mg. Heidelberg 1994.

land (Versailles), Österreich und Ungarn (Saint-Germain), Bulgarien (Neuilly), Ungarn (Trianon), Türkei (Sèvres) und wiederum die Türkei (Lausanne). Sie fanden alle nicht unter gleichen Bedingungen statt, die Besiegten hatten zu akzeptieren, was die Siegerstaaten vorschrieben. Daraus folgt, dass diese Verträge als Diktat, als eine aufgezwungene „Vereinbarung" angesehen wurden.

Was wurde aus diesen „Friedensverträgen"? Haben sie Frieden gebracht? Um diese Frage beantworten zu können, müssen wir uns den Inhalt dieser Verträge näher ansehen.

Die behandelten Fragen beziehen sich auf territoriale Vereinbarungen, Finanztransfers oder auf neue politische Verfassungen. Territorial wurden vorher nicht existierende Staaten als separate Staaten gegründet: Ungarn, Tschechoslowakei, Jugoslawien, Polen. Es gab ferner territoriale Verschiebungen von einem zum anderen Land: Elsaß-Lothringen von Deutschland nach Frankreich sowie Posen und Westpreußen zu Polen. Südtirol, Triest, Istrien, Dalmatien und Teile Kärntens und der Kraina von Österreich nach Italien, Mazedonien von Bulgarien nach Jugoslawien. Von Ungarn wurde die Slowakei abgetrennt und mit Tschechien zur Tschechoslowakei zusammengefügt, das Burgenland kam zu Österreich; Kroatien, Slawonien und das Banat kamen zu Jugoslawien und Siebenbürgen zu Rumänien; die Türkei verlor große Teile ihres Territoriums an Griechenland (Thrakien, ägäische Inseln, Smyrna), an Frankreich (Syrien und Kilikien), an Großbritannien (Irak und Palästina) und nach Italien (Rhodos und Dodekanes). Nach diesen über die Köpfe der betroffenen Bevölkerung hinweg getroffenen territorialen Vereinbarungen wurde in vielen Fällen eine Revision durch die betroffene Bevölkerung angemahnt. Es gab Aufstände in manchen der transferierten Territorien, wie im Burgenland oder in Fiume; Referenden wurden in einigen Territorien abgehalten wie in Kärnten oder Schlesien; das letzt genannte Referendum zugunsten Deutschlands wurde von den Siegerstaaten nicht akzeptiert und Polen zugeschrieben. Der Vertrag von Sèvres wurde in einigen Teilen durch den Vertrag von Lausanne revidiert.

Was wurde aus den finanziellen Vereinbarungen? Im Falle Deutschlands wurden Jahre nach dem Versailler Vertrag neue Bedingungen ausgearbeitet (Young-Plan, Dawes-Plan) und Widerstand brach im Rheinland gegen die Okkupation, d.h. gegen die erzwungenen Reparationszahlungen aus. Rechtsgerichtete Bewegungen hatten es leicht, dieses Thema in die öffentliche Diskussion zu bringen: Hitler zielte bekanntlich auf eine Revision des Versailler Vertrags. Als er sich stark genug fühlte, revidierte er territoriale Verluste mit Gewalt. Daraus folgt, dass, wie die Geschichte belegt, ein diktierter Friedensvertrag revidiert wird, sobald die Umstände es erlauben.

Das *Münchner Abkommen* ist ein weiteres Beispiel einer aufgezwungenen Vereinbarung, die nicht aufrechtzuerhalten war, als die Umstände eine Revision erlaubten. Die territorialen Erfolge durch Hitler-Deutschland gegenüber der ehemaligen Tschechoslowakei wurden nach dem Krieg wieder rückgängig gemacht, ebenso die Eroberungen während des Krieges. Nach 1945, als Deutschland besiegt und die Bundesrepublik etabliert worden war, wurde in den Verträgen zwischen Deutschland und der CSSR 1974 und 1991 das Diktat von 1938 für „Nil ex tunc" betrachtet.

Als Erkenntnis könnte man erstens sagen, dass der *2. Weltkrieg* als die Fortsetzung des 1. Weltkrieges angesehen werden kann. Eric Hobsbawm spricht daher vom einunddreißigjährigen Krieg 1914-1945 (Hobsbawm 1994: 75). Der ungerechte Friede des 1. Weltkrieges führte zu einem weiteren Weltkrieg. Zweitens wurde das Potsdamer Abkommen, das dem besiegten Deutschland ohne die freiwillige Zustimmung der Bevölkerung vorgeschrieben wurde, später in weiten Teilen revidiert (Produktionsverbot von Waffen, Verzicht auf die Errichtung einer zentralen Regierung, Kontrolle der Alliierten über die deutsche Wirtschaft, Teilung in Besatzungszonen und später in zwei Staaten, territoriale Regelungen mit Belgien und den Niederlanden). Zwei territoriale Verluste sind hingegen unverändert geblieben: Elsass-Lothringen an der westlichen Grenze und die Territorien im Osten der Oder-Neiße-Linie. Wie passt dies zu unserer Hauptthese? Die aktuelle Situation zeigt, dass beide territorialen Veränderungen im Nachhinein durch die deutsche(n) Regierung(en) akzeptiert wurden und durch Verträge freiwillig anerkannt wurden (1990) und daher nicht in Frage gestellt werden. Wie kann erklärt werden, dass teilweise Revisionen erfolgten und teilweise Verluste akzeptiert wurden? Mehr als ein erklärender Faktor kann genannt werden. Für mehr als 40 Jahre machte der Kalte Krieg jede Änderung unmöglich und weite Kreise der Bevölkerung fanden sich mit der Situation ab. Aus den Gebieten östlich der Oder-Neiße-Linie wurde die deutsche Bevölkerung vertrieben; die Flüchtlinge wurden in das deutsche Wirtschaftswunder integriert mit der Folge, dass der Wille zur Rückkehr in die ärmeren ehemals deutschen Gebiete abnahm; im Gegensatz zur Situation nach dem 1. Weltkrieg fühlten sich die Deutschen durch die Aggressionskriege Hitlers schuldig und der Großteil der Bevölkerung akzeptierte die territorialen Verluste; mit der Entwicklung der Europäischen Gemeinschaft verloren Grenzen ihre Bedeutung. Die Grenzberichtigungen zwischen den Niederlanden, Belgien und Deutschlands nach 1949, die Lösung der Saarfrage zwischen Frankreich und Deutschland und die friedliche Vereinigung Deutschlands zeigen, dass erzwungene Veränderungen unter veränderten Umständen durch Konsens revidiert werden können. Der Politikwechsel von nationaler Macht- zur regionalen Verhandlungspolitik machte gewaltfreie Revisionen möglich. Die Nachkriegsgeschichte zeigt, dass eine Revision eines ungleichen Friedensvertrages nicht notwendigerweise durch Gewaltanwendung erfolgen muss.

7 Die Theorie unerledigter Kriege: Die Kurzlebigkeit von Kriegsresultaten

Von unseren analytischen und empirischen Erkenntnissen ausgehend, können wir nun präziser und detaillierter die Bedingungen nennen, unter denen, im Einklang mit unserer Hypothese, Kriegsresultate revidiert werden und/oder eine dauerhafte Situation schaffen. Die militärischen Resultate können dauerhaft sein, wenn

- die besiegte Seite vertrieben wurde und keine Vergeltung üben kann;
- die nationalen und/oder internationalen Akteure den Status quo aufrechterhalten; insbesondere, wenn Druck von außen eine Rückkehr zur früheren Lage verhindert;
- wenn die Niederlage durch die beteiligten Parteien akzeptiert wird;
- die Niederlage im Laufe der Zeit von der Mehrheit der Bevölkerung als gerecht(fertigt) erachtet wurde;
- in einem Bürgerkrieg die Teilung des Landes auf dem Prinzip der Selbstbestimmung basiert.

Diese Bedingungen führen zusammengenommen zu zwei Gruppen von Akzeptanzbedingungen nach Kriegsende: entweder die Kriegsresultate werden zeitlich befristet akzeptiert und/oder die Akzeptanz basiert auf Prinzipien des Internationalen Rechts und werden als gerecht(fertigt) angesehen. Die militärischen Resultate sind *nicht dauerhaft*, wenn

- sie als ungerecht empfunden werden und als Konsequenz Rachegefühle auslösen;
- ein Waffenstillstand nur zum Zeitgewinn und zum Wiedererstarken geschlossen wurde;
- durch den Wandel der Eliten ein formell anerkanntes Resultat durch die neue Elite in Frage gestellt wird;
- eine neue Situation (z.B. Veränderungen der internationalen Mächtestrukturen) eine Rückkehr zur früheren Position erlaubt;
- Fragen offen bleiben und wichtige kriegsbedingte Fragen nicht gelöst wurden;
- eine externe unterstützende Macht die Rückkehr zum Status quo ante unterstützt.

Kriegsresultate sind ganz allgemein nicht von Bestand, wenn sie nicht politisch verhandelt worden sind. Nur eine politische, durch Verhandlungen zustande gekommene Lösung sanktioniert – wie die europäische Nachkrieggeschichte belegt – die durch Krieg geschaffenen Veränderungen.

Kapitel XII
Die Verhandlungslösung

> Also setzt ein jeder Friede voraus, dass alle Ansprüche, die bis auf
> den Zeitpunkt ein Staat auf den anderen haben konnte und die zu
> Feindseligkeiten Anlass geben könnten, abgetan und für Null erklärt sind.
> (Kant, Reflexionen)

Bei der Suche nach Verhandlungslösungen wird auch die Ursachenanalyse relevant, denn die Lösung muss auf die Beseitigung der Ursachen gerichtet sein. Ein
komplexes Thema verlangt eine differenzierte Analyse. Ich nehme eine Differenzierung von kriegsverursachenden Faktoren nach dem aristotelischen Schema
der Zurechnung von Ursachen vor. Abgesehen von allgemeinen Erklärungen wie
der „Aggression des Menschen" oder der „Torheit der Regierenden" lassen sich
vier Ursachenkomplexe benennen:

Erstens lassen sich als causa materialis, d.h. auf die Strukturen des internationalen und nationalen Politiksystems gerichtete Theorien benennen wie das Fehlen einer beherrschenden internationalen (Auflösung der Bipolarität) oder nationalen Ordnungsmacht (schwacher Staat). Nicht konsolidierte Regimes und nicht
gelungene Nationenbildungen können zu Krisen der Identität, der Partizipation,
der Distribution sowie der horizontalen (Ethnien, Minoritäten) und vertikalen
Legitimation (Zustimmung zur politischen Führung) führen und damit zu Konflikten bzw. Kriegen. Historisch waren diese Situationen nach dem Zerfall der
Doppelmonarchie der Habsburger, des Osmanischen und zaristischen Reichs, der
kolonialen Imperien der Briten, Franzosen oder Niederländer bzw. des sowjetischen Imperiums gegeben. Der Zerfall von Imperien hinterlässt ein Vakuum um
dessen Auffüllung Staaten rivalisieren. Neben den politischen Strukturgegebenheiten beruhen auch zahlreiche Theorien auf ökonomischen oder ökologischen
Strukturgegebenheiten wie die Deprivation durch Armut („Krieg entsteht in den
Töpfen"), die Differenz im Nord-Südgefälle sowohl innerhalb von Staaten (Auto-
nomiebestrebungen vonseiten entwickelterer Gebiete in Spanien, im ehemaligen
Jugoslawien oder in der früheren Sowjetunion etc.), als auch zwischen den Staaten des Nordens und den Staaten des Südens; auch Umweltschäden wie Dürre
oder Wasserknappheit können Konflikte provozieren wie im Ogaden zwischen
Äthiopien und Eritrea.

Zweitens können zur causa formalis oder zu den vermeintlich existierenden
oder nachträglich rationalisierten Gegebenheiten die zahlreichen Fehlperzepti-

ons- bzw. Bedrohungstheorien gerechnet werden. Auch Kulturkampftheorien à
la Huntington und ideologische Rivalitäten gehören hierher.

Drittens sieht die causa efficiens oder instrumentalis die Verursachung von
Kriegen in der tatsächlich existierenden oder vermeintlich gegebenen Existenz
von Rüstung und Militärtechnologie. Die Vernichtungsmittel verselbständigen
sich und erzwingen durch ihre Eigendynamik ihren Einsatz. Das Wettrüsten und
die Rüstungsspirale beruhen auf der als Bedrohung wahrgenommenen Rüstung
der anderen Seite. Auch die Auswirkungen auf die Militarisierung von Gesellschaften (deutsches oder japanisches Kaiserreich) gehören hierher sowie der aus
ökonomischer Stärke resultierende politische Führungsanspruch.

Viertens sieht die causa finalis in der Zielvorgabe staatlichen Handelns die
Verursachung von Konflikten. Das klassische Muster der Machtpolitik mit der
Verabsolutierung von Macht als dem höchsten Ziel staatlicher Politik ist im
Denken führender Politiker tief verhaftet und bestimmte das Staatensystem seit
dem Absolutismus; es reicht mit seinen Ausläufern bis in die Gegenwart. Das 20.
Jahrhundert erlebte solche Machtansprüche (ausgedrückt in den außenpolitischen
Doktrinen der Großmächte) bzw. dem Streben nach Macht zurückversetzter
Nationen; solche Deprivationstheorien lassen sich auf Deutschland: Platz an der
Sonne, Griff nach der Weltmacht; oder Italien und Japan anwenden. Die Groß-
ideologien des Jahrhunderts Nationalismus, Sozialismus, Rassismus formulierten
solche expansiv angelegten Ansprüche und hatten das Potential für Aggression.

Diese und weitere Theorien liefern sicherlich wichtige Teilerklärungen und
können je nach individuellem Fall unterschiedlich konkretisiert werden. Diesen
Verursachungserklärungen kommt jedoch nur eine begrenzte Reichweite zu: die
Theorie des schwachen Staates d.h. des Fehlens einer Ordnungsmacht betrifft
nur eine geringe Anzahl von Staaten, die Theorie des Kalten Krieges wonach
internationale Turbulenzen kontrolliert werden könnten, kann zwar auf den
nichtkriegerischen Zustand zwischen den Supermächten verweisen; ihr kann
aber mit Hinweis auf die große Zahl von Kriegen in der Dritten Welt begegnet
werden. Die Zivilisationskriegsthese, die im Kampf zwischen Zivilisationen die
neue Konfliktlinie sieht, vernachlässigt den Staat als den nach wie vor wichtigsten Akteur. Die Theorie des liberalen Institutionalismus, wonach Kriege von und
durch internationale Organisationen unter Kontrolle gehalten werden können, hat
zwar mit dazu beigetragen, dass zwischenstaatliche Kriege kaum mehr stattfinden; die internationale Staatengemeinschaft war aber bisher nicht in der Lage,
ethno-politische Kriege zu verhindern. Der Theorie des demokratischen Friedens, die besagt, dass Demokratien nicht mit Demokratien Krieg führen, kommt
zwar eine hohe empirische Evidenz innerhalb der OECD-Welt zu; aber zum
einen kann der Weg hin zur Demokratie sehr konfliktreich sein; und zum andern
verhalten sich demokratische Staaten nach außen hin nicht anders als autoritäre

Regimes; hier entscheidet die Machtstellung innerhalb des internationalen Systems. Der Demokratiefriede kann bis heute nur auf einen begrenzten Teil der Staatenwelt bezogen werden.

1 Die Theorie der unerledigten Friedensabkommen

Ich möchte für das gewalttätige Verhalten im 20. Jahrhundert eine Theorie unerledigter Friedensabkommen anbieten, die da lautet: die Grundlage für das kriegerische Verhalten in jenem Jahrhundert wurde durch die ungerecht empfundenen, weil aufgezwungenen so genannten Friedensverträge nach dem Ersten Weltkrieg gelegt. Es kann gezeigt werden, dass solche Friedensverträge später wieder revidiert wurden, oder sie haben zu weiteren Konflikten geführt.

Die Statistik belegt es: auf die von uns gezählten 104 Kriege zwischen 1945 und 1995 haben 79 wieder zu Konflikten geführt; 65 waren davon Kriege. Vor allem die Langzeitwirkung der Pariser Vorortverträge erklärt die These, dass die von Machtpolitik diktierten Friedensverträge von 1919/22 die meisten nachfolgenden Kriege in Europa erklären oder zumindest beeinflusst haben. Das Streben nach Revision dieser Verträge führte in der Folge zu gewaltsamen Auseinandersetzungen.[32]

Relativ beliebig wurden in den Pariser Vorortverträgen (wie zuvor auf dem Berliner Kongress 1878) vorher nicht existierende Staaten als separate Staaten gegründet. Die meisten der verschacherten Gebiete sind heute unabhängige Staaten.[33] Im weiteren Verlauf der Geschichte sind somit die in den Friedensverträ-

---

[32] Die Meilensteine auf dem Weg vom Willkürfrieden von Versailles (auch als „final crime" bezeichnet, Economist v. 31.12.1999) zum nächsten, dem zweiten Weltkrieg waren die Rheinlandbesetzung, die italienische Invasion in Äthiopien 1935, die deutsche und italienische Intervention im Spanischen Bürgerkrieg 1936/39, der Anschluss Österreichs 1938 und die Beschneidung und spätere Okkupation der Tschechoslowakei (wiederum als Folge eines Diktats) sowie die deutschen Gebietsansprüche gegenüber Polen, die schließlich zum zweiten Weltkrieg führten.

[33] In neuen Grenzen gegründet wurden Ungarn (mit zahlreichen ungarischen Minoritäten in anderen Ländern), die Tschechoslowakei (heute wieder aufgelöst), Jugoslawien (heute zerteilt) und Polen (in heute anderen Grenzen). Territoriale Verschiebungen von einem zum anderen Land wurden vorgenommen: Elsass-Lothringen von Deutschland nach Frankreich (blieb nach der Annexion während des Zweiten Weltkriegs bei Frankreich) und Posen und Westpreußen zu Polen (wo sie noch heute sind). Südtirol, Triest, Istrien, Dalmatien und Teile Kärntens und der Krajina von Österreich nach Italien (heute von Südtirol abgesehen in anderen Staatsgebilden). Mazedonien von Bulgarien nach Jugoslawien (heute unabhängig). Von Ungarn wurde die Slowakei zur Tschechoslowakei (heute selbständig) und das Burgenland Österreich zugeschlagen; Kroatien, Slawonien, das Banat wurden mit Jugoslawien vereint (heute wieder getrennt), und Siebenbürgen kam zu Rumänien; die Türkei verlor große Teile ihres Territoriums an Griechen-

gen vereinbarten Gebietsveränderungen revidiert worden. In manchen der transferierten Territorien, wie im Burgenland oder in Fiume waren Aufstände zu verzeichnen; Referenden wurden in einigen Territorien abgehalten, wie in Kärnten
oder Schlesien; das letztgenannte Referendum zugunsten Deutschlands wurde
durch die alliierten Staaten nicht akzeptiert und Polen zugeschrieben. Der Vertrag von Sèvres wurde durch den Vertrag von Lausanne mit der Rückgängigma-
chung der kurdischen Selbständigkeit ersetzt. Vor allem aber hat das Diktat von
Versailles ganz erheblich die NS-Bewegung gestärkt und schließlich den Zweiten Weltkrieg provoziert. Das Münchner Abkommen ist ein weiteres Beispiel
einer aufgezwungenen Vereinbarung, die nicht aufrechtzuerhalten war, als die
Umstände eine Revision erlaubten. Schließlich sind die Kriege zu nennen, die in
den neunziger Jahren nach Beendigung des Kalten Krieges aufgeflackert sind:
die Bosnienkriege, der Kosovokrieg oder die Kurdenkonflikte in der Türkei, im
Irak und im Iran, sie alle resultieren aus unerledigtem Frieden, haben ihre Wurzeln in den willkürlichen Pariser Vorortverträgen.

Die territorialen Erfolge durch Hitler-Deutschland gegenüber der ehemaligen Tschechoslowakei wurden nach dem Krieg alle wieder rückgängig gemacht,
nicht zu sprechen von den Eroberungen während des Krieges. 1945 revidierte
das Potsdamer Abkommen die Annexionen, und in den Verträgen zwischen
Deutschland und der CSSR 1974 und 1991 mit der CSFR wurde das Diktat von
1938 als „nil ex tunc" betrachtet; in diesen Verträgen wurden die ehemaligen
Grenzen akzeptiert und international anerkannt. Diese Beispiele belegen, dass
ein diktierter Friedensvertrag entweder revidiert oder mit Gewalt verändert werden kann sobald die Umstände es erlauben oder zu erlauben scheinen.

2   Die sechs Komponenten eines dauerhaften Friedens

Welches sind die aus den empirischen Fällen und theoretischen Überlegungen
resultierenden Bedingungen für einen haltbaren Frieden? Ich möchte die sich an
Kants Friedenstheorie anlehnenden Überlegungen zum Übergang vom Frieden
zum Krieg bzw. Krieg zum Frieden erweitern. Friede sei, so zunächst der Kö-
nigsberger Philosoph, nicht unbedingt ein wünschenswerter Zustand in der Ent-
wicklungsgeschichte der Menschheit, und er kann erst auf einer bestimmten,
aber unbestimmt gebliebenen Entwicklungsstufe der Kultur als möglich und
erforderlich angesehen werden. Die Menschheitsentwicklung tendiere aber à la
longue zu einem Friedenszustand und dies resultiere vor allem aus drei Gründen,

---

land (Thrakien, ägäische Inseln, Smyrna), an Frankreich (Syrien und Kilikien), an Großbritannien (Irak und Palästina) und an Italien (Rhodos und Dodekanes).

aus der Pflicht zur Rechtsstaatlichkeit, aus dem Prinzip der Öffentlichkeit und der persönlichen Betroffenheit bei Kriegshandlungen.

Kant hat friedensfördernde Bedingungen in seiner Schrift „Zum ewigen Frieden" (1795) aufgestellt. Verboten werden müsse die vorsätzliche Täuschung beim Abschluss von Friedensverträgen, die Annexion eines anderen Gebiets, der Ankauf von Söldnern, die Verschuldung des Staates für Kriegszwecke, die Intervention- und Einmischung in einen anderen Staat und schließlich die Verunmöglichung wechselseitigen Vertrauens in einen zukünftigen Frieden. Ein Zustand des Friedens könne nur von republikanischen Staaten herbeigeführt werden, die miteinander einen „Friedens- oder Völkerbund" schließen und uneingeschränktes Besuchsrecht zubilligen würden. Vor allem hat Kants Republikanismus (heute erweitert zum Demokratiefrieden) und seine Föderationsidee von Staaten (internationaler Institutionalismus) die Diskussion in den internationalen Beziehungen befruchtet.

Aus heutiger Sicht kann man sagen, dass sporadisch oder permanent auch heute noch gegen diese Bedingungen verstoßen wird: Friedens- oder Waffenstillstandsverträge werden auch heute noch in der Absicht, sie zu unterlaufen, geschlossen (Milosevic hat in den Bosnienkriegen mindestens dreißig Waffenstillstandsabkommen geschlossen und wieder gebrochen), noch immer versuchen – wenn auch immer seltener – Staaten andere Staaten zu annektieren; die Annexion Kuwaits durch den Irak dürfte allerdings der letzte Versuch gewesen sein. Söldner können bis in unsere Tage angeworben werden, und auch die Ausgaben für Militärzwecke sind insbesondere in den Staaten hoch, die sich hoher Bedrohung ausgesetzt sehen (Pakistan, Indien, Israel etc.). Das Prinzip der Nichteinmischung in innere Angelegenheiten ist zwar in der UN-Charta festgeschrieben, wurde aber in vielen Fällen - und wenn auch nur über Stellvertreter - durchbrochen. Insgesamt haben in der fünfzigjährigen Konfliktgeschichte der Nachkriegszeit Nachbarstaaten durch ihre Regierungen 206 mal politisch und militärisch interveniert (Pfetsch/Rohloff 2000: 182), wobei die Interventionen häufig durch einheimische Eliten angefordert wurden. Schließlich werden in den seltensten Fällen Friedensschlüsse in Hinsicht auf zukünftige Konfliktvermeidung geschlossen. Die aufeinander folgenden Konflikte in ein und demselben Land belegen, dass vorausgehende Friedensschlüsse nicht im Geist wechselseitigen Vertrauen abgeschlossen worden sind.

Um die These vom Willkürfrieden, der zu Kriegen führt, zu belegen, spielt Kants erste und sechste Bedingung seiner sechs Präliminararartikel eine Rolle, die besagen, dass über alle Streitgegenstände einvernehmliche Lösungen gefunden werden müssten und Friedensverträge gegenseitiges Vertrauen in die Zukunft

sichern sollten. Es ist meine zentrale These, dass die Nichterfüllung dieser Bedingungen die Mehrzahl der Kriege im 20. Jahrhundert erklärt.[34] Der im Kantschen Sinne handelnde Präsident Wilson hat sich bekanntlich nach dem 1. Weltkrieg weder mit seiner Forderung nach einem „Gerechtigkeitsfrieden" noch mit
der nach dem „Selbstbestimmungsrecht der Völker" durchsetzen können.

Ein wechselseitiges Zutrauen muss auf gerecht empfundenen Verträgen beruhen und diese sind, so meine weiterführenden Schlussfolgerungen, im Idealfall
unter sechs Bedingungen möglich. *Erstens* müssen Friedensverhandlungen frei
und im Einvernehmen ausgehandelt werden; zweitens müssen alle betroffenen
Konfliktparteien mit einbezogen sein; *drittens* muss über alle relevanten Konfliktgegenstände verhandelt werden, *viertens* muss ohne geheimen Vorbehalt
Konsens herbeigeführt werden, *fünftens* müssen Übereinkommen die existierenden Machtverhältnisse reflektieren und schließlich *sechstens* gelten Abkommen
unter der Bedingung der obwaltenden historischen Umstände.

---

[34]   Hierzu sollen zunächst Kants Bedingungen neuzeitlich interpretiert werden. Kant im Wortlaut:
Der erste Präliminarartikel lautet: „Es soll kein Friedensschluss [als Ermöglichungsgrund für einen ewigen Frieden] gelten, der mit dem geheimen Vorbehalt des Stoffs zu einem künftigen Kriege gemacht worden [ist]". Und der sechste Präliminarartikel formuliert: „Es soll kein Staat im
Kriege mit einem anderen solche Feindseligkeiten erlauben, welche das wechselseitige Zutrau-
en im künftigen Frieden unmöglich machen müssen". Kant verleiht dieser Forderung noch
Nachdruck, indem er verlangt, dass diese Bedingungen – zusammen mit dem Annexionsverbot
– sofort erfüllt werden müssten. Als Ergänzung fügt er in seinen „Reflexionen" hinzu: „Also
setzt ein jeder Friede voraus, dass alle Ansprüche, die bis auf den Zeitpunkt ein Staat auf den
anderen haben konnte und die zu Feindseligkeiten Anlass geben könnten, abgetan und für Null
erklärt sind. Mithin macht der Friede einen neuen Anschnitt (Anfang) zwischen zwei Staaten,
über den hinaus zurück nichts hervorgesucht werden darf, was nicht als angemacht (erledigt,
abgetan) betrachtet würde" (Reflexion Nr. 7837). Kant sagt damit nichts anderes, als dass die
Kriegshandlungen und die Friedensabkommen so zu gestalten sind, dass sie die Kriegsursachen beseitigen und ein friedliches Zusammenleben mit dem ehemaligen Feind ermöglichen
können. Friedensverträge müssten also nicht Rache- sondern Ausgleichsverträge sein und diese
müssten durch Verhandlungen und nicht durch Krieg herbeigeführt werden. Denn, so der Mit-
begründer des Gegenmodells zur klassischen Machtpolitik, nämlich der Europäischen Union,
Jean Monnet: „Der Geist der Diskriminierung war die Ursache der größten Unglücksfälle in
der Welt." (Monnet 1976: 413).

Übersicht 14: Bedingungen für haltbare politische Lösungen

---

1. Freiwilligkeit der Verhandlungsführung,
2. alle vom Konflikt betroffenen Parteien müssen beteiligt sein,
3. alle umstrittenen Güter müssen behandelt werden,
4. dem Ergebnis müssen alle ohne Vorbehalt zustimmen,
5. das Verhandlungsergebnis muss die Machtverhältnisse widerspiegeln,
6. Geltung im Rahmen historisch-politischer Umstände.

Das Konzept einer *zufrieden stellenden Lösung* und die Bedingungen, unter welchen ein solches Ergebnis erzielt werden kann, bedürfen weiterer Erläuterung. Sind die ausgehandelten Ergebnisse für alle relevanten Beteiligten im vorgegebenen Rahmen von Zeit und Raum akzeptabel? Basieren die Ergebnisse auf freier Willensentscheidung oder sind sie aufgezwungen? Es kann gezeigt werden, dass Verhandlungsergebnisse, die frei und vorbehaltlos von allen Beteiligten über alle strittigen Punkte erzielt worden sind, stabil waren und für eine bestimmte Zeit (unter der *ceteris paribus* Regel) Geltung behielten.

(1) Die *Freiwilligkeit in Verhandlungen* bedeutet zunächst einmal, dass *alle Beteiligten* ohne Zwang verhandeln und einem Abkommen zustimmen, ohne dazu gezwungen zu werden. In Wirklichkeit aber sind solche Situationen selten, weil der „freie" Wille eines Verhandlers immer von internen oder externen restaints beeinflusst wird. Politische Handlung ist immer in Interessenlagen eingebunden, die jenseits individueller Präferenzen liegen können. Seit Machiavelli wissen wir, dass *necessità* und *virtù* in Spannung zueinander stehen. In unserem Fall aber bedeutet *frei* vor allem, dass die Parteien zustimmen, weil sie mit einem positiven, zumindest aber nicht mit einem negativen Ergebnis rechnen. *Frei* in der Entscheidung zu sein, muss im jeweiligen historisch-politischen Zusammenhang gesehen werden.

(2) Die *Einbeziehung und die Zustimmung aller Beteiligten* ist eine notwendige Bedingung für das Zustandekommen eines dauerhaften Ergebnisses. Verhandlungen über bzw. mit Gruppierungen, die als Terroristenvereinigungen apostrophiert worden sind wie die palästinensische PLO, die baskische ETA, die nordirische IRA oder die kurdische PKK, konnten keine Erfolge erbringen, weil die betroffenen Gruppen entweder nicht hinzugezogen oder Verträge wurden ohne deren Zustimmung verabschiedet. Internationale Konferenzen werden oftmals in Abwesenheit betroffener Parteien abgehalten (z.B. der Tschechoslowaken in München 1938); in multilateralen Verhandlungen hilft man sich mit Ausnahmeregelungen, um einen Vertrag oder ein Abkommen konsensual verab-

schieden zu können (EU- oder UN-Konferenzen); in seltenen Fällen kommt es zu einem Mehrheitsbeschluss. Der Maastricht-Vertrag zur Europäischen Union bietet beispielsweise Ländern, die dem Abkommen zunächst nicht zustimmen konnten, wie Großbritannien und Dänemark spezielle Klauseln. Das Abkommen über Landminen von Ottawa wurde von den Vertretern einiger der wichtigsten landminenproduzierenden Staaten nicht unterzeichnet; auch die Klimakonvention wurde von dem Hauptverursacher von Schadstoffen nicht signiert; damit haben die Abkommen an Wirkung verloren. Das Militärabkommen zum Kosovo wurde weder von den serbischen, noch von den albanischen Repräsentanten des Kosovo unterzeichnet. All diese Beispiele zeigen, dass Abkommen, die nicht die relevanten Parteien einbezogen, deren Zustimmung erhalten oder wichtige Problemfelder ausgelassen haben entweder ohne Wirkung blieben oder revidiert und neu verhandelt werden mussten.

Handelsverträge zeigen in besonderer Weise wie wichtig die Einbeziehung aller Parteien ist. Die Verhandlungspartner werden voneinander abhängig und sind zum Erreichen der gesteckten Ziele auf die Hilfe der anderen angewiesen. In laufenden Verhandlungen bemühen sich die Parteien um die Aufrechterhaltung und den Ausbau von Kontakten. Iklé (1999: 340) führt aus, dass Diplomaten, wenn sie in besonders langwierige Konferenzen involviert sind, ihren ganz eigenen Zugang zum Verhandlungsprozess entwickeln. Selbst Diplomaten, die vollkommen entgegengesetzte Standpunkte vertreten wie beispielsweise die Vertreter von Entwicklungs- und Industrieländern, beginnen irgendwann so etwas wie Verbundenheit oder Kollegialität mit ihren Verhandlungspartnern zu entwickeln. Die Zusammenarbeit über einen längeren Zeitraum hinweg fördert und erfordert gegenseitiges Vertrauen. Das Gefühl, gemeinsam an einem Unternehmen zu arbeiten, ist entscheidend in komplexen Verhandlungen. Der langwierige Prozess der Uruguay Runde, der sieben Jahre dauerte, ist ein treffendes Beispiel. Die in die Verhandlungen einbezogenen Diplomaten, die sich zuerst attackiert hatten, entwickelten gegenseitige Beziehungen und griffen im weiteren Verhandlungsverlauf viel seltener zu eskalierenden Maßnahmen. Schließlich wurden die Uruguay-Verhandlungsrunden erfolgreich abgeschlossen.

(3) Verhandlungen sind oft sehr komplex und berühren verschiedene Streitgegenstände. Eine ideale Lösung berücksichtigt *alle Streitpunkte*, denen die Verhandlungspartner freiwillig zustimmen. Teilabkommen, die nur einige Probleme eines ganzen Themenkataloges behandeln, machen unweigerlich weitere Abkommen notwendig. Die Komplexität des Israelisch-Arabischen Konfliktes bietet Belege für ein weit gefächertes Spektrum von Teilabkommen zwischen Israel und den Arabischen Ländern (Camp David 1979, Friedensvertrag von 1994 zwischen Israel und Jordanien, das Oslo Abkommen von 1993 oder das Wye-Abkommen von 1998 zwischen Israel und den Palästinensern). Folgekonfe-

renzen müssen die noch offenen Themen behandeln. Wenn ein (Teil-) Problem durch ein Abkommen gelöst ist, wartet bereits das nächste auf eine Lösung. Wenn allerdings keine Lösung gefunden wurde, kann der ungelöste Konflikt eskalieren oder über ein benachbartes Problem sogar zum Krieg führen.[35] Friedensverträge bzw. -abkommen beenden nicht immer den Konfliktkreislauf; im Gegenteil: Die Theorie des unerledigten Friedens behauptet eben dies: dass gerade die defizienten Friedensverträge des 20. Jahrhunderts Ursache für weitere Kriege waren (Pfetsch 2000). Beispielsweise verhinderte das Abkommen von Algier 1975 zwischen dem Iran und dem Irak nicht den ersten Golfkrieg, das Waffenstillstandsabkommen nach dem ersten Golfkrieg vom Juli 1988 hinderte den Irak weder an einem Krieg gegen die Kurden im Norden des eigenen Landes, noch verhinderte es den Überfall des Irak auf Kuwait 1990. Es ist allein auf die tief greifenden Sanktionen der internationalen Staatengemeinschaft zurückzuführen, dass der Irak unter Kontrolle gehalten werden konnte. Würde der internationale Druck gelockert oder das internationale Protektorat aufgegeben, dann wäre die Gefahr einer Fortführung des Konfliktes groß. Das gleiche gilt für die Situation in Bosnien und im Kosovo, Gebiete, die unter internationaler Aufsicht stehen.

(4) Abkommen über besonders strittige Themen werden oftmals mit geheimem Vorbehalt unterschrieben und verlieren damit von Beginn an ihre Gültigkeit. Damit aber ein Abkommen längere Zeit hält, ist es erforderlich, dass es *vorbehaltlos* unterzeichnet wird – ohne Einschränkung, ohne Hintergedanken und im guten Glauben. Aus Prestigegründen und um Zeit zu gewinnen unterzeichnete Milosevic während der Balkankriege eine ganze Reihe von Waffenstillstandsabkommen, im Wissen, dass diese niemals eingehalten werden würden. Es kann allerdings auch sein, dass Unterschriften wider besseres Wissen gegeben worden sind und das Übereinkommen nicht eingelöst werden konnte. So konnte der japanische Premier Sato sein Präsident Nixon gegebenes Versprechen zur Begrenzung der Exporte für Textilien aufgrund von innenpolitischem Druck nicht halten (Kissinger 1979: 363-368).

(5) In Anlehnung an eine Aussage des deutschen Sozialdemokraten Ferdinand Lassalle kann man sagen, dass internationale Verträge keine Rechts- sondern Machtfragen sind. Abkommen sind, so die abgeleitete These, nur haltbar,

---

[35]   In vielen Fällen handelt es sich dabei um ehemalige Kolonialstaaten, die nach ihrem Unabhängigkeitskrieg die Frage der politischen Ordnung zu lösen hatten; im Kampf um die nationale Macht wurde weiteres Blut vergossen. Des weiteren hat ein ethnischer Krieg einen zweiten nach sich gezogen entweder zwischen denselben Gruppen oder zwischen andern Ethnien; auch gab es Kriege, die um internationale Macht und außenpolitischen Einfluss geführt wurden, denen dann Kriege um die nationale Macht folgten, beispielsweise Kämpfe um internationale Hegemonie und um zentrale politische Vorherrschaft (Pfetsch/Rohloff 2000: 108).

wenn sie auf obwaltenden **Machtverhältnissen** beruhen. Dabei müssen die ver-
schiedenen Formen von Machtverhältnissen berücksichtigt werden wie sie in
Kap. VI beschrieben worden sind. Macht ist ein dynamisches Konzept; die Manifestationen von Macht ändern sich im Verlauf des Verhandlungsprozesses. Im
Ergebnis ist entscheidend, dass die verhandelnden Parteien mit dem Ergebnis
zufrieden sind. Ist dies der Fall, dann kann daraus geschlossen werden, dass die
Einschätzung der Machtverhältnisse im Stadium des Vertragsabschlusses die
Grundlage und den Beurteilungsmaßstab für die Zufriedenheit mit der gefunde-
nen Lösung gebildet haben.

(6) Bestehende **Rahmenbedingungen** können wichtige Einschränkungen
für den Abschluss eines Abkommens bilden. Die Umstände, unter denen ein
Abkommen unterzeichnet wurde, mögen zu einem bestimmten Zeitpunkt und
unter den obwaltenden Umständen kein besseres Ergebnisse für die schwächere
Partei ermöglicht haben; trotzdem konnte mit der Unterzeichnung die Position
des Schwächeren verbessert werden. Beispielsweise wurden die Ostverträge der
deutschen Bundesregierung unter den restriktiven Bedingungen des Ost-West-
Konflikts unterzeichnet; die Zwei-Staaten-Regelung wurde zur Verbesserung der
humanitären Bedingungen akzeptiert; nach dem Zusammenbruch der kommunistischen Vormacht stimmten die vier ehemaligen Besatzungsmächte in den 2+4
Verhandlungen der Vereinigung der beiden deutschen Staaten zu.

Wenn, und nur wenn, alle involvierten oder von einem Konflikt betroffenen
Parteien freiwillig über alle zu verhandelnden Gegenstände übereinstimmen,
dann, und nur dann, kann ein Verhandlungsergebnis als *Lösung* im Sinne eines
gerechten und fairen Ergebnisses bezeichnet werden. Die Stabilität eines Abkommens – so lautet das Argument – hängt zum einen von den zugrunde liegenden Modalitäten und den äußeren Bedingungen ab, zum anderen ergibt sich die
Stabilität aus der Art der Beziehung (symmetrisch oder asymmetrisch) zwischen
den Verhandlungspartnern. Mit anderen Worten: die Lebenserwartung eines in
Verhandlungen erzielten Abkommens hängt davon ab, wie und unter welchen
Umständen das Abkommen erzielt wurde und dies ist wiederum im hohen Maße
Folge von strukturellen Beziehungen, die den gesamten Verhandlungsverlauf
durchziehen; Symmetrie oder Asymmetrie sind wichtige Hintergrundvariablen
des Verhandlungsprozesses und dessen Ergebnisse.

Da die genannten sechs Bedingungen nur in seltenen Fällen erfüllt werden,
bzw. erfüllt werden können ist es entweder nicht zu Friedensverträgen im genannten Sinne gekommen, oder solche Friedensverträge hatten wie gezeigt keinen Bestand, wurden revidiert oder haben weitere Konflikte ausgelöst. Auch
international ausgehandelte Abkommen können anhand der sechs Kriterien über-
prüft werden. So kann beispielsweise das auf den Klimakonferenzen erzielte
Übereinkommen nicht als endgültige Lösung bezeichnet werden. Die Rahmen-

konvention hat zwar zu weiteren (Teil)abkommen geführt (Kyoto-Protokoll mit bezifferten Emissionsreduktionen), das auf den nachfolgenden Klimakonferenzen in Buenos Aires, Bonn und Den Haag weiter beraten wurde; auf verbindliche Richtwerte konnten sich die Vertragsstaaten bisher nicht einigen. Die Verhandler standen unter dem Druck der Verursacher-, bzw. Betroffeneninteressen, was u.a. dazu geführt hat, dass die US-Unterhändler nicht unterschrieben und damit das Abkommen gefährdet haben. Die Streitgegenstände sind zwar verhandelt worden, jedoch fehlen konkrete Zielvorgaben für die einzelnen Schadstoffe. Die Zustimmung zur Konvention durch die Mehrheit der Staaten, aber die Weigerung des wichtigsten Verursachers von Schadstoffen zu unterschreiben relativieren das Abkommen in seiner Wirksamkeit. Das Konventionsabkommen entspricht somit nur in Teilen den sechs Bedingungen einer dauerhaften Lösung und bleibt folglich Veränderungen unterworfen.

Kontrafaktisch kann darauf verwiesen werden, dass die nach den sechs genannten Kriterien zustande gekommenen Abkommen dauerhaft sind. Einige Beispiele sollen die These belegen, auch wenn eine systematische Auswertung der relevanten Fälle noch aussteht.

Das Camp David Abkommen vom 26. März 1979, das zwischen Israel und Ägypten unter Vermittlung der USA zustande gekommen ist und die Rückgabe der eroberten Gebiete vorsah, ist eingelöst worden und hat bis auf den heutigen Tag gehalten. Dies gilt auch für die bis 1995 erfolgen 13 Entscheide des Internationalen Gerichtshofs (z.B. um die Zugehörigkeit von Inseln (Minquiers- und Ecrehos), Grenzen (Honduras-Nicaragua) oder um Fischereirechte (Großbritannien-Norwegen), die von den Streitparteien anerkannt worden und bis heute von Dauer sind. Ebensolches gilt auch für das Beagle-Kanal-Abkommen zwischen Chile und Argentinien von 1977.

Selbst die Revision ungleicher Friedensverträge kann bei allerdings sich veränderten Kontexten konsensual und ohne Gewaltanwendung vorgenommen werden. Hierzu gehören die Grenzberichtigungen zwischen den Niederlanden und der Bundesrepublik vom 8. April 1960, die Lösung der Saarfrage zwischen Frankreich und Deutschland durch Eingliederung des Saargebiets in die Bundesrepublik am 1. Januar 1957 nach erfolgtem Referendum oder die Vereinigung Deutschlands nach Abschluss der 2+4-Verhandlungen am 3. Oktober 1990. Diese Abkommen zeigen, dass erzwungene Veränderungen durch Konsens revidiert werden können.

Allerdings gibt es auch Beispiele für dauerhafte Kriegsverluste wie z.B. die territorialen Verluste Deutschlands in den beiden Weltkriegen als Preis für militärische Aggression oder der Verlust Kareliens durch Finnland im finnisch-russischen Krieg 1940. Solche durch Krieg zustande gekommenen Resultate können u.U. dauerhaft sein (vgl. Kap. XI, 7).

In Bezug auf Kants Regimebedingungen hat sich der „Republikanismus" in
Form der Demokratie in einigen Teilen der Welt – wenn auch nur in einem kleineren Teil bei etwa 70 Staaten – durchgesetzt. Es haben nach 1945 keine Kriege
zwischen Demokratien stattgefunden. Als „Friedensbünde" im Kantschen Sinne
können die UNO, die EU und andere Regionalorganisationen angesehen worden.
Diese haben u.a. dazu beigetragen, dass es in der heutigen Zeit kaum mehr Kriege zwischen Staaten gibt. Schon die zwischenstaatlichen Konflikte der neueren
Zeit, wie zwischen Indien und Pakistan oder zwischen Äthiopien und Eritrea
resultieren aus nicht verarbeiteten Unabhängigkeitskriegen der Vorzeit. Auch das
„Besuchsrecht" in Form der Reisefreiheiten ist im Zeitalter der Globalisierung
weitgehend verwirklicht. Die Politik der Staatenwelt ist auf dem Weg zu einer
Weltinnenpolitik.

3   Gerechtigkeit und Fairness in Verhandlungen

Gerechtigkeitsgesichtspunkte spielen beim Verhandeln, ob ausgesprochen oder
implizit, immer eine Rolle. Was als gerecht angesehen wird oder als ungerecht
empfunden wird, hängt von vielen Faktoren ab: Kulturgebundene und religiöse
Anschauungen spielen eine Rolle ebenso wie die Umstände unter denen Verhandlungsergebnisse erzielt worden sind. Z. B. werden Kompromisse in westlichen Verhandlungskulturen hoch eingeschätzt, aber in der arabischen oder mos-
lemischen Welt als Schwäche deklariert. Wenn nach einem Wort von Otto von
Bismarck Politik die Kunst des Möglichen ist, dann kann das Mögliche den
Rahmen angeben innerhalb dessen ein Ergebnis als durchaus gerecht empfunden
werden kann. Z.B. wurden Anfang der 1970er Jahre die Ostverträge als durchaus
gerecht empfunden, obwohl darin die Zwei-Staaten-Theorie festgeschrieben
worden war. Sie stellt aber angesichts des Kalten Krieges die wohl bestmögliche
Lösung dar. Der Vereinigungsvertrag hat dann später nach dem Ende des Kalten
Krieges diese Verträge obsolet gemacht.
      Die Anschauung über Gerechtigkeit kann auch von Auffassungen über die
Strafe bestimmt sein. Die alttestamentarische Formel „Aug um Auge, Zahn um
Zahn" ist ein anderes Konzept als das der 'Wange- hinhalten' des Neuen Testa-
ments. Bestrafung ist auf eine harte Linie ausgerichtet, weiche Verhandlungen
machen da Kompromisse. Das Festhalten oder Abweichen von einer dieser Li-
nien wird auch bestimmt von dem Status eines Landes, das sich Polarisierung
leistet oder nicht.
      Verschiedene Maßstäbe für Gerechtigkeit, die man nach internen (siehe un-
ten: Kriterien (1) - (5)) und externen (siehe unten: Kriterium (6) Kriterien unterscheiden kann. Auch die Unterscheidung zwischen proportionaler oder funktio-

naler und nicht-proportionaler Gerechtigkeit spielt eine Rolle. Gerechtigkeit kann in internationalen Verhandlungen bezogen sein auf Symmetrie und Asymmetrie, die Richtwerte für gerechte oder ungerechte Lösungen sein können. Es gilt die Regel, dass Symmetrie in den Beziehungen zwischen den Verhandlungspartnern tendenziell zu gerechten Lösungen führt. Dabei kann sich Symmetrie sowohl auf Ressourcen- als auch auf Prozesssymmetrie beziehen. Seit Platons Politeia wird Machtgleichheit mit Gerechtigkeit in Verbindung gebracht; extreme Machtungleichheit schließe Gerechtigkeit aus. Machtgleichheit erleichtert zumindest Verhandlungen, die zu einem gerechten und fairen Ergebnis führen. Dies können Voraussetzungen für ein gerechtes Ergebnis sein. Im Zentrum der Diskussion um Gerechtigkeit stehen jedoch die Verhandlungsergebnisse, nicht so sehr ihre Herleitung. Ein, wenn nicht der wichtigste Indikator für ein gerechtes Verhandlungsergebnis ist die Zufriedenheit der Verhandlungsführer mit dem erzielten Ergebnis. Wird das Ergebnis ohne Abstriche akzeptiert, kann davon ausgegangen werden, dass es als gerecht empfunden wurde und daher keine Nachverhandlungen fordert.

Als **Bezugsgrößen für Gerechtigkeit** können die folgenden sieben genannt werden.

(1) Die *Macht, Stärke* (gemessen z.B. am BSP) eines Landes: Entsprechend seiner Stärke sollen Güter verteilt werden. Der Starke erhält mehr, der Schwache weniger. In der Weltbank geben finanzielle Beiträge den Ausschlag. Die Gewichtung der Stimmen wird entsprechend der Einlage vorgenommen. Honoriert wird somit das finanzielle Aufkommen, das ein Land einbringt. Verhandlungsergebnisse spiegeln die Machtverhältnisse wider.

(2) Die *Bevölkerung* eines Landes: entsprechend der Bevölkerungszahl werden die Stimmen gewichtet z.B. bei der Anzahl der Sitze im Bundesrat und im Bundestag (Landeslisten); jedes Land hat entsprechend seiner Bevölkerung Sitz und Stimme im Bundesrat. Diese Regel gilt auch für das Europaparlament oder das amerikanische Abgeordnetenhaus, wo die Sitze in etwa der Bevölkerungszahl entsprechend verteilt sind sowie für den Ministerrat wo die qualifizierte Mehrheit neben den Stimmen der beteiligten Regierungen auch nach der dahinter stehenden Bevölkerungszahl bestimmt werden können (so genannte doppelte Mehrheit).

(3) *One country one vote*. Nicht die Größe spielt eine Rolle, auch nicht sein ökonomisches oder militärisches Gewicht, sondern nur seine Mitgliedschaft. Dieses Prinzip egalisiert die Machtverhältnisse. Es bestimmt die Abstimmungen in der Generalversammlung der UN. Diese Regel gilt auch für Kommissare in der Europäischen Kommission und für den Ministerrat, wo jedes Mitgliedsland bei ungewogenen Stimmen eine Stimme hat.

(4) *Nicht-proportionale Verteilung* von Stimmen, Größe, Macht und Leistung. Eine Annäherung an ein egalisierendes Verfahren stellen Kompromisse zwischen dem (1) und dem (2) Verfahren dar. Damit die Unterschiede nicht zu groß sind werden Dämpfer eingebaut. Z.B. bei der Verteilung der Sitze in der Europäischen Kommission oder dem amerikanischen Senat; hier hat das kleinste Land Luxemburg einen Sitz ebenso wie das weit größere Land Holland bzw. jeder Staat ist unabhängig von seiner Größe durch zwei Senatoren vertreten.

(5) *Zustimmungsgerechtigkeit*: Stimmt eine Partei aus freien Stücken ohne Zwang einem Verhandlungsergebnis zu, kann unterstellt werden, dass es das Ergebnis als gerecht empfindet. Andernfalls hat auch der schwächste Unterhändler die Macht, sein Veto einzulegen, die Verhandlungen abzubrechen oder Bedingungen zu stellen. Wenn keine bessere Alternative vorliegt, wird jede Partei einem Ergebnis zustimmen.

(6) *Prioritäre Gerechtigkeit*: Wer zuerst kommt, mahlt zuerst, noblesse oblige, der Gewinner erhält alles, Recht des Erstgeborenen (Primogenitur), Verursacherprinzip usw. All diese Prinzipien sind im allgemeinen absolut, d.h. sie indizieren nicht Teilung sondern eine absolute Auszahlungsmatrix.

(7) *Externe Kriterien* für Gerechtigkeit wie z.B. Gleichheit (jeder ist gleich vor dem Gesetz, gleiches Recht für jedermann), Gleichberechtigung (z.B. zwischen Männern und Frauen, Weißen und Schwarzen), Bedürfnisse (jedem nach seinen Bedürfnissen, jeder nach seinen Fähigkeiten) folgen aus moralischen Systemen und finden häufig Anwendung in der Praxis.

Dauerhaft und gerecht, so können wir unsere Überlegungen resümieren, sind solche Verhandlungsergebnisse, die von allen Parteien freiwillig ohne Zwang und ohne Einschränkung oder Vorbehalte akzeptiert werden, die existierenden Macht- und historischen Verhältnisse berücksichtigt und sich nach den genannten Bezugsgrößen für Gerechtigkeit richten..

4   Aus aufgezwungenen Friedensschlüssen folgen weitere Kriege, aus Friedensverträgen, die diesen Namen verdienen, Frieden

Insbesondere Kants erste und letzte Bedingung gab eine Erklärung ab für das wiederholte Auftreten von Kriegen nach Kriegen. Dass Friedensschlüsse die Grundlage für künftiges Vertrauen legen müssten, wurde im aufgeladenen Nationalismus zu Beginn des 20. Jahrhunderts nicht beachtet und hat die meisten Kriege im 20. Jahrhundert provoziert. In dieses Bild passen auch die zahlreichen Kriege, die durch die willkürlichen territorialen Aufteilungen seitens der Kolonial- und Imperialmächte vorgenommen worden sind und nach der Unabhängigkeit zu Kriegen geführt haben, sei es, dass Ländergrenzen willkürlich Völker und

Stämme getrennt haben, sei es, dass die Unabhängigkeitsverträge keine Vorkehrungen für den politischen Neuaufbau vorgesehen haben. Erst die „Agenda für den Frieden" des früheren Generalsekretärs der UNO Boutros Boutros Ghali hat einen umfassenderen Friedensbegriff formuliert, indem er die Konsolidierung politischer Ordnungen nach Kriegen als wichtige Aufgabe ansah. Dies ist insbesondere deshalb wichtig, weil nach dem Ende der staatlich-territorialen Erschließung des Globus zukünftige Kriege im Innern von Staaten aufbrechen werden.

Erst der Politikwechsel von traditioneller nationalstaatlicher Machtpolitik zu kooperativer Verhandlungs- und Integrationspolitik in Westeuropa kann teilweise mit den Bedingungen für haltbare Lösungen in Einklang gebracht werden. In Südosteuropa, im Kaukasus und Russland bestimmen nach wie vor nationale Macht- bzw. Gewaltpolitik den Umgang mit Konflikten.

Die Lehren, die das 20. Jahrhundert hinterlassen hat, sind die, dass nicht der Krieg, sondern der Frieden den Ernstfall darstellt. Die Aufgaben für Politik und Wissenschaft sind somit gestellt: organisiere den Frieden so, dass Vertrauen in die Zukunft möglich wird, und dies geschieht dadurch, dass die betroffenen Staaten bzw. Bevölkerungen in Verhandlungen über den Frieden einbezogen werden und ohne Vorbehalt Einvernehmen über die strittigen Gegenstände hergestellt wird. Im Kosovo und in Bosnien, in Tschetschenien wie am Horn von Afrika sind diese Verhandlungsaufgaben aktuell gestellt und harren der Erledigung.

Kapitel XIII
Hypothesen zu Konflikt und Verhandlung

1 Thesen, die Art des Konfliktes betreffend

- Die Art von Konflikten (Intensität, intern-extern, Interessen- Wertkonflikte etc.) bestimmen die Verhandlungsmodalitäten.
- Konflikte hoher Intensität sind schwieriger zu lösen als solche im Latenzzustand.
- Je geringer die Konfliktintensität um so eher sind positive Lösungen möglich (Frei: 1976), weil eher Interessen und nicht Werte im Spiel sind. Allerdings wird auch argumentiert, dass bei hoher Konfliktintensität und hohem zu erwartendem Schaden die Bereitschaft zur Beendigung wächst (Jackson 1972: 123). Bei festgefahrenen Konflikten in Pattsituationen, wo keine Partei etwas gewinnen kann, kann der Wunsch nach Beendigung aufkommen.
- Interne Konflikte sind schwieriger zu lösen als internationale. Interne Konflikte sind in der Regel gewalttätiger, weil sie emotionaler sind und Dritte als Vermittler seltener beteiligt sind. Internationales Recht verbietet die Einmischung in die inneren Angelegenheiten von Staaten ohne die Zustimmung der Regierung.
- Beteiligte in nationalen bzw. subnationalen Konflikten sind nicht immer eindeutig zu identifizieren; eine kleine Zahl Unzufriedener kann die Beilegung eines Konflikts vereiteln.
- Interessenkonflikte sind leichter zu verhandeln als Wertkonflikte. Daher führen Verhandlungen um wirtschaftliche Güter eher zur Einigung als um politische.
- Intensität, Ideologiebeladenheit, Länge des Konfliktes (Dauer), Kulturmuster, etc. bestimmen die Verhandlungsdauer.
- Je größer die Zahl der Beteiligten, umso schwieriger gestaltet sich die Lösung und die Vermittlung (Snyder 1972).

2 Thesen, das Umfeld betreffend

- Länder mit eingespielten Regeln des Konfliktaustrags kommen leichter zu gewaltfreien Lösungen als Länder ohne institutionalisierte Verhandlungskultur. Demokratien besitzen im Allgemeinen diese Regeln und sind damit erfolgreicher bei innerstaatlichen Konflikten und bei Konflikten zwischen ihnen.

- Zwang oder Druck von außen seitens dominierender Großmächte kann Verhandlungslösungen bei kleineren in ihrem Einflussbereich befindlichen Staaten erzwingen.
- Interkulturelle Verhandlungen gestalten sich schwieriger wenn die Differenz zwischen kulturellen Verhandlungsmustern groß ist.
- Konflikte sind umso schwerer und lang andauernder, je mehr sie in ein Umfeld integriert sind mit gegensätzlichen von außen einwirkenden Interessen.
- Der Ort, an dem Verhandlungen stattfinden, ist ein Indikator für die Machtposition des Verhandlungsführers: Neutrale Orte indizieren Gleichberechtigung der Verhandlungspartner, Orte im Lande der Dritten Partei demonstriert die Macht des Vermittlers, die Wahl des Ortes in einem weniger mächtigen Staat bringt den Willen zum Ausdruck, diesen gleichberechtigt einzubinden.

3   Thesen, die Gegenstände von Konflikten betreffend

- Konflikte sind umso schwieriger zu lösen, je mehr Dimensionen nationaler Souveränität involviert sind. Dazu gehören: Territorium, Grenzen, nationale Unabhängigkeit, nationale Sicherheit, politische Führung und Opposition, Bevölkerung und ihre Zusammensetzung (Nationalitäten, ethnische Gruppen, Minoritäten), Sicherheitsinteressen (militärisch) und wirtschaftliche Wohlfahrt.
- Ideologisch aufgeladene Konflikte sind schwieriger zu lösen als weniger wertbelastete. Ideologie bezieht sich auf grundlegende Werte und Identifikationsmuster (Sprache, Religion, Kultur, Symbole etc.), die, wenn in Frage gestellt oder repressiv behandelt, Widerstand hervorrufen. Es hängt dann vom Aktions- Reaktionsmuster im Verhältnis von Regierung und Opposition ab, oder der Konflikt eskaliert oder deeskaliert.
- Die so genannten neuen Konflikte bzw. Kriege sind deshalb so lang andauernd, weil mehrere Güter/Werte involviert sind: Die lokalen Kriegsherren bedienen sich der Ressourcen in dem von ihnen kontrollierten Gebiet und finanzieren damit Soldaten und Kriegsmaterial.

4   Thesen zur Konfliktbearbeitung

▪ Entsprechend dem Konfliktverlauf in Phasen unterschiedlicher Intensität müssen die Mittel der Konfliktbearbeitung gewählt werden (Zweck-Mittel-Symmetrie).

▪ Der Erfolg in der Konfliktbearbeitung hängt entscheidend von der Angemessenheit der Mittel ab; Die Symmetrie muss beachtet werden. Bei Konfliktlatenz sind eher Prävention und Frühwarnung angezeigt, bei Krisensituationen bedarf es des Krisenmanagements, bei ernsten Krisen sind Mittel der Kriegsverhütung wichtig; bei Krieg sind Mittel der Friedenserzwingung. bzw. -durchsetzung erforderlich und für die Nachkriegsphase sind Mittel der Friedenskonsolidierung angezeigt. Vollkommen symmetrisch werden solche Ziel-Mittel Beziehungen in der Praxis nicht gestaltet. Verhandlungen können durchaus mit *stick and carrots* Mitteln geführt werden.

5   Thesen, die Konfliktlösung betreffend

▪ Konflikte sind umso schwieriger zu lösen, je größer die Komplexität des Konflikts, d.h. je mehr unterschiedliche strukturelle Variablen (ökonomisch, sozial, ethnisch, religiös, kulturell, politisch) kumulieren. Komplexität kann gemessen werden durch die Zahl der Beteiligten und Vermittler; durch verschiedene Ebenen der Beteiligungen (bilateral, multilateral, regional und/oder Großmächte);

▪ Die Möglichkeit der Ausdifferenzierung von zu verhandelnden Gütern erleichtert das Lösungsfinden; m.a.W. wo mehrere Verhandlungstechniken eingesetzt werden können, sind Lösungen leichter zu finden.

▪ Die Zahl der auf Werte bezogenen Gegensätze erschwert die Lösungsfindung. Dies ist der Fall bei gespaltenen Gesellschaften mit heterogenen sich bekämpfenden Gruppen.

▪ Eine starke Machtposition des Verhandlungsführers kann die Lösungsfindung erleichtern.

▪ Konflikte sind umso schwieriger zu lösen, je weniger anerkannte institutionalisierte Regeln es zu ihrem Management gibt. Demokratische Regimes sind daher nach innen und in den Beziehungen zueinander friedlicher sind als diktatorische.

▪ Konflikte sind um so schwieriger zu lösen, je geringer die Aussicht auf Gewinne für die beteiligten Parteien. Ein Null-Summen-Spiel bietet nur einseitige Gewinne.

- Konflikte sind um so schwieriger zu lösen, je weniger die beteiligten Parteien willens sind, Kompromisse einzugehen. Gegenseitiges Vertrauen ist Voraussetzung für jeden beständigen Kompromiss. Misstrauen bedeutet Konflikt, Vertrauen Einvernehmen.
- Konflikte sind umso schwieriger zu lösen, je höher das Risiko, einen Gesichtsverlust hinnehmen zu müssen. Eine Einigung muss den Parteien einen Gewinn bringen, damit der Verhandler sein Klientel befriedigen kann. Jedes Abkommen muss Zeichen eines Sieges in der einen oder anderen Frage zeigen.
- Konfliktlösungen bahnen sich umso eher an, je reifer die Zeit ist und der geeignete Moment wahrgenommen wird. Die Reife des Momentes hängt von einer ausweglosen Situation ab, die beide Parteien empfindlich schmerzt (mutually hurting stalemate); die Streitparteien müssen „am Abgrund stehen" und keine bessere Alternative zu einer Verhandlungslösung wahrnehmen (Zartman 1989: 216/8; 1991: 310). Herbeigeführt würde eine solche Situation durch vier Faktoren: Zusammenbruch des Regimes, Ausschließen anderer Alternativen, Anpassung an die neuen Machtverhältnisse und Finden einer neuen Formel, einer gemeinsamen Plattform für Verhandlungen. Die Identifikation des richtigen Moments ist trotz allem eine Frage der Intuition.

6   Thesen zur Konfliktlösung durch dritte Parteien

- Um erfolgreich zu sein, muss eine dritte Partei Äquidistanz wahren; nur so wird sie von den Konfliktparteien akzeptiert und besitzt die Chance, günstig einwirken zu können. Unparteilichkeit ist eine Voraussetzung, die von allen Beteiligten anerkannt werden muss.
- Um erfolgreich sein zu können, muss eine dritte Partei Verhandlungsmacht besitzen. Diese kann materieller oder spiritueller Natur sein. Wirkungsvolle Vermittlung sei mehr eine Sache der Ressourcen als der Unparteilichkeit, sagt Bercovitch (1986). Ressourcen werden nicht nur benötigt, um die Beteiligten an den Verhandlungstisch zu bringen, *sondern auch um die Parteien zur Einhaltung der Vereinbarung zu bewegen.*
- Je geringer die Machtungleichheit zwischen den Streitparteien, umso größer ist der Einfluss eines Vermittlers. Diese Aussage, entwickelt von einigen Autoren (Liska 1962; Young 1967: 44), deckt sich mit der Aussage, dass in Situationen mit klarem Ungleichgewicht die stärkere Partei jeden Kompromissvorschlag ablehnen wird (Lall 1966; Cot 1968: 18).

- Je größer die ökonomische Interdependenz zwischen den Konfliktparteien, umso größer die Chance erfolgreicher Vermittlung. Diese These stimmt mit den Ideen Kants überein, dass Handelspartner sich nicht bekämpfen würden und dass es einfacher ist, über ökonomische Güter Einigung zu erzielen als über ideologische Fragen.

- Vermittlung kann umso erfolgreicher sein, je eindeutiger die Sprecher der Parteien zu identifizieren sind und als legitime Sprecher der Parteien auftreten können. Die Sprecher der Parteien müssen eindeutig bestimmt und von ihren Gruppen legitimiert sein (Bercovitch 1986: 160); ansonsten führen interne *Machtkämpfe* innerhalb einer Partei zu hinfälligen Vereinbarungen (Frei 1976). Eine schwache Partei oder ein schwacher Führer kann es sich nicht leisten, Eingeständnisse bei außenpolitischen Streitfragen zu machen. Aus einer anderen Perspektive betrachtet, lässt sich sagen, dass aggressive Außenpolitik häufig mit innere Schwäche zusammenfällt. Nur eine starke Partei ist fähig, Zugeständnisse zu machen und diese ihrer *Basis zu verkaufen*.

- Ein Vermittler erhöht seine Erfolgchance, je eher es ihm gelingt ideologische Elemente von sachlichen zu trennen. Diese Aussage wurde von Fisher et al. (1981) und Kelman (1996) aufgebracht und stimmt mit der Aussage überein, dass Konflikte einfacher zu lösen sind, je unbedeutender die Werte sind, die eine Partei dem betroffenen Streitgut zuschreibt, wie etwa „vitales Interesse", „Ehre der Partei", „Prinzipien der Gerechtigkeit", etc. (Randle 1973; Holsti 1967; Grewe 1964, 1970: 560).

- Ein Vermittler erhöht seine Erfolgschancen je geringer das Risiko des Gesichtsverlustes für die Streitparteien ist. Es ist eine *ungünstige* Position für eine Partei etwas aufzugeben, ohne dafür etwas zu bekommen. Die Bemühungen eines Vermittlers müssen sich also darauf konzentrieren, dass beide Parteien etwas erhalten; nur so wird ein Politiker von seiner *Basis* akzeptiert.

- Die Vermittlungschancen steigen, wenn wichtige externe Parteien an einer Lösung interessiert sind und die Vermittlung unterstützen. Staaten tendieren zu *entgegenkommenden* Strategien, wenn sie nicht-militärische Unterstützung von Großmächten erhalten (Brecher 1993: 245).

- Eine Pattsituation begünstigt das Tätigwerden einer dritten Partei. In solchen Situationen sehen die Parteien selbst keinen Ausweg mehr in der Fortsetzung des Kampfes. Besonders im Falle von Kriegen können militärische Mittel erschöpft sein oder beide Seiten sehen keine Vorteile durch den Einsatz von Gewaltmitteln. In einer solchen schmerzlichen Pattsituation ist die Zeit für das Tätigwerden einer dritten Partei gekommen.

▪ Das Vermittlungsergebnis hängt von der Art des Zustandekommens ab. Bei kriegerischen Konflikten sind Großmächte als Vermittler am geeignetsten, weil sie über die Symmetrie der Mittel verfügen; militärische UNO-Einsätze sind bislang auf die militärischen Ressourcen der Großmächte angewiesen gewesen.

7   Hypothesen, die Ergebnisse betreffend

▪ Die Haltbarkeit (Dauer) von Lösungen hängt vom Konsensniveau und der Erfüllung von Gerechtigkeitskriterien der Lösung ab. Wo Lösungen erstens von allen Konfliktparteien freiwillig ausgehandelt und dann auch von ihnen getragen werden, wo zweitens alle zu verhandelnden Gegenstände einbezogen wurden, wo drittens ohne Vorbehalt die Zustimmung gegeben wurde, viertens die Machtverhältnisse berücksichtigt wurden, da entstehen im Rahmen vorgegebener historischer Umstände haltbare Lösungen.

▪ Ergebnisse, die mit kriegerischen Mitteln erzielt worden sind, haben selten Bestand. Nur politisch ausgehandelte Übereinkommen haben die Chance dauerhaft zu sein.

▪ Scheinkompromisse halten nicht lange.

▪ Eine Lösung ist umso leichter zu finden, je eher das umstrittene Gut aufgeteilt und ausdifferenziert werden kann. Häufig steht mehr als eine Streitfrage auf dem Spiel, einige bedeutsamer als andere. Durch Entflechtung können Teillösungen erreicht werden. Es gibt zahlreiche Techniken, die dem Verhandler und Vermittler zur Verfügung stehen, um Themen zu verknüpfen, Paketlösungen zu erzielen, etc.

▪ Demokratien besitzen institutionalisierte Regeln des Konfliktaustrags und sind damit erfolgreicher bei innerstaatlichen Konflikten und bei Konflikten zwischen ihnen.

Kapitel XIV
Zusammenfassung

Auf die in der Einleitung gestellten Fragen ergeben sich nach Darstellung folgende Antworten.

Historisch kann seit der Nachkriegszeit von einem allgemein akzeptierten, wenn auch nicht immer praktizierten *neuen Konfliktverständnis* gesprochen werden. In den westlichen Demokratien hat die *win-win Strategie* gegenüber der *win-lose Strategie* einen breiteren Raum gewonnen. Die nationale Gewaltpolitik beginnt von der kooperativen Verhandlungspolitik in verschiedenen Bereichen von Politik und Wirtschaft abgelöst zu werden. Insbesondere beim wirtschaftlichen Interessenausgleich überwiegt das Aus- und Verhandeln als Mittel der Lösungssuche. Ob diese Entwicklung weiter verfolgt wird, muss die Zukunft zeigen.

In der Erkenntnis dessen hat sich in der wissenschaftlichen Bearbeitung eine *neue Theoriefokussierung* heraus kristallisiert, die nicht nur Erklärungen liefert für das gewalttätige Verhalten im politischen Raum, sondern auch Hinweise formuliert, wie in Zukunft das friedlichere Miteinander von und in Staaten und Gesellschaften gestaltet werden kann. Die Verhandlungs- und Vermittlungstheorie(n), neue Konfliktbearbeitungstechniken und -strategien, die Theorie des unfertigen Friedens bzw. der dauerhaften Lösungssuche erlauben Kriterien zu formulieren, nach denen Konflikte nicht beseitigt, sondern reguliert, bestenfalls friedlich beigelegt werden können. Nicht der Konfliktaustrag als solcher steht zur Disposition und im Mittelpunkt der Konfliktforschung, sondern die Frage nach der Verhinderung gewaltsamer Auseinandersetzungen im Konfliktfall.

Worin besteht das in diesem Buch verfolgte *neue Konflikt- bzw. Verhandlungsverständnis*? Die Darstellung war bemüht, die Breite des Konflikt- und Verhandlungsprozesses zu erfassen, dennoch aber den notwenigen Differenzierungen nachzugehen. Anfang und Ende jeweiliger Prozesse können als Zirkel gesehen werden mit der Maßgabe, dass der Anfang jeweiliger Prozesse auch vom Ende her bestimmt wird und das Ende auch den Neuanfang bestimmt; die Vorgaben für das Ende jeweiliger Konflikt- und Verhandlungsphasen haben in der Folge Einfluss auf die weitere Gestaltung weiterer Prozessphasen. Solche Ablaufphasen sind also rekursiv zu sehen und können als Zirkel- oder Kreisprozesse aufgefasst werden. Bedingungen für ideale Verhandlungsabläufe und für dauerhafte Lösungen wurden aufgezeigt.

Wie sehen die **Beziehungen** aus, die **zwischen dem Konfliktgeschehen und dem Verhandlungsverlauf** bestehen? Entsprechend der Differenzierung zwischen Konfliktphasen ergeben sich Hinweise für die Wahl des Einsatzes von Konfliktbearbeitungsinstrumenten. Verhandlung ist dabei nur eine neben vielen anderen Möglichkeiten, Konflikte zu regulieren, zu deeskalieren und gegebenenfalls einer Lösung zuzuführen. Die Grenzen, die Verhandlungen auferlegt sind, wurden aufgezeigt.

In der Einleitung wurden elf Fragen formuliert, die erkenntnisleitend die vorliegende Abhandlung bestimmt haben. Zusammenfassend und der Struktur der vorliegenden Abhandlung folgend, können im **Überblick folgende Antworten** formuliert werden:

- Die grundlegenden Begriffe und Konzepte verhandlungsorientierten Handelns wie ‚Verhandeln', bzw. ‚Verhandlung', ‚Konflikt', ‚Symmetrie' bzw. ‚Asymmetrie', ‚Verhandlungskultur', ‚Verhandlungsmacht', Verhandlungsinstrumente bzw. -Methoden und -Strategien, Institutionen, Vermittlung sowie Beendigung bzw. Lösung wurden inhaltlich und prozedural bestimmt und zusammenführende Definitionen angeboten.
- Verhandlungen sind, dies wurde deutlich, nur eine Form der Lösungsfindung in Konflikten und diese können nur in bestimmten Konfliktkonstellationen erfolgreich zum Einsatz kommen. Über den erfolgreichen Einsatz entscheidet u.a. die Art des Konfliktes und sein Status im Konfliktzyklus bzw. die Prädisposition der verhandelnden Parteien.
- Die Beziehungen zwischen dem Gegenstand der Verhandlung, dem ‚Konflikt' und seiner Bearbeitung hängt entscheidend von Symmetrie und Asymmetrie im Verhältnis von Mittel (Konfliktbearbeitung) und Zweck (Konfliktdeeskalation bzw. Beendigung) ab.
- Der ‚Vermittlung' kommt unter definierten Bedingungen eine Chance in der Lösungssuche zu.
- Ein breit gefächerter Katalog von Instrumenten steht den Verhandlern bzw. Vermittlern zur Verfügung und kann bei wirtschaftlichen Gütern als größer angesehen werden als bei politischen.
- ‚Macht' spielt in Verhandlungen eine bedeutende Rolle; es konnte gezeigt werden, dass Macht sich im Verhandlungsprozess in fünf unterschiedlichen Manifestationen äußert.
- Es gibt zahlreiche Mittel dafür, dass sich der schwächere Partner in einer asymmetrischen Beziehung Verstärkung beschaffen kann.
- Kulturelle Muster können in der Wahrnehmung der Verhandler eine bedeutende Rolle spielen, insbesondere dann wenn sie über nationale und/oder personale Stereotypen, Images etc. wahrgenommen werden und negative

Auswirkungen auf das Verhalten haben können. Es gibt aber auch nationale Verhandlungsstile überlagernde Kulturmuster (Professionalisierung, transnationale Loyalitäten).

- Institutionen und Gremien stellen wichtige Rahmenbedingungen beim Verhandeln in Gruppen dar und bestimmen die Verhandlungsergebnisse mit. Die Analyse von Gremienprozessen hat zahlreiche Zusammenhänge zwischen institutionellen Gegebenheiten und dem Verhandlungs- und Entscheidungsablauf aufgezeigt.

- Institutionen des Rechts (UN-Recht, Statuten internationaler Organisationen etc.) bilden Rahmen und Orientierung für Konflikt- und Verhandlungsabläufe und bieten auf Freiwilligkeit beruhende Lösungen an. Sanktionsgewalt ist im Bereich der internationalen Beziehungen nur schwach ausgebildet.

- Konfliktbeendigungen können nach unterschiedlichen Modalitäten herbeigeführt werden: Es gibt Beendigungen von Gewaltkonflikten durch den Einsatz militärischer Mittel, es gibt unter Zwang, Druck oder Drohung zustande gekommene Konfliktbeendigungen und es gibt schließlich konsensual erzeugte Übereinstimmungen mit oder ohne Hilfe dritter Parteien. Einzig diese letztere Art der Beendigung kann eine dauerhafte Lösung erzeugen. Unter Druck oder Gewalt zustande gekommene Beendigungen tragen den Keim künftiger Streitauseinandersetzungen in sich. Im internationalen Geschehen gilt die Formel: Der Krieg ist aus, der Konflikt geht weiter. Ungleiche Verträge sind die Wurzeln zukünftiger Konflikte.

- Sechs Merkmale für eine dauerhafte Lösung politischer und wirtschaftlicher Konflikte wurden idealtypisch aufgezeigt und sieben Gerechtigkeitskriterien formuliert. Nach diesen Kriterien können Beendigungen eingeschätzt und Prognosen über die Zukunft von Konflikten erstellt werden.

Teile des hier vorliegenden Buches wurden, wenn auch in anderer Form, als Artikel abgedruckt:

Politische Theorie der Entscheidung in Gremien. In: Journal für Sozialforschung, 27. Jg. 1987, H. 3/4, S. 253-275

Träger – Mittel – Ziele. Eine politische Theorie der Entscheidung in Gremien. In: Handlung und Reflexion. Theoretische Dimensionen des Politischen. Darmstadt: Wissenschaftliche Buchgesellschaft, 1995, S. 93-124

Institutions Matter: Negotiating the European Union. In: International Negotiation. Actors, Structure/Process, Values. Peter Berton et al. (Hrsg.). New York: St. Martin, 1999, S. 191-222

Kreatives Verhandeln in Politik und Wirtschaft. In: Kreativität, Rainer M. Holm-Hadulla (Hrsg.). Berlin/Heidelberg: Springer 2000, S. 127-155

Symmetry and Asymmetry in International Negotiations (et al.). In: International Negotiation 5, 2000: S. 21-42

Why was the 20th century warlike? In: Relações Internacionais. Visões do Brasil e da
América Latina. Estavão Martins (Hrsg.). Brasilia: IBRI, 2003, S. 319-340

Die Rolle des Krieges in der neuen Epoche. In: K. Kaiser/H.-P. Schwarz: Die neue Weltpolitik. Bonn 1995, S. 140-146

Abkürzungsverzeichnis

AL	Arabische Liga
ANC	African National Congress
APEC	Asia Pacific Economic Cooperation
ASEAN	Association of South East Asian Nations
AU	African Union
EU	Europäische Union
EZB	Europäische Zentralbank
FLN	National Liberation Front (Algeria)
FTAA	Free Trade Area of the Americas
GATT	General Agreement on Tariffs and Trade
Gruppe 77	Staaten der Dritten Welt als Zusammenschluss (G-77)
KSZE / OSZE	Konferenz für Sicherheit und Zusammenarbeit in Europa
Mercosur	Mercado Común del Sur (Gemeinsamer Markt des Südens)
NAFTA	North American Free Trade Agreement
NATO	North Atlantic Treaty Organization
NIEO	New International Economic Order
OAS	Organization of American States
OECD	Organization of Economic Co-operation and Development
PLO	Palestine Liberty Organization
SAARC	South Asian Association for Regional Cooperation
SADC	Southern African Development Community
UN / UNO / VN	United Nations (Organisation) / Vereinte Nationen
UNCED	United Nations Conference on Environment and Development
UNCTAD	United Nations Conference on Trade and Development
UNOSOM	United Nations Operation in Somalia
WTO	World Trade Organisation

Literatur

Adenauer, Konrad: Erinnerungen 1953-1955. Stuttgart: DVA 1966.

Albertini, Rudolf von: Dekolonisation. Die Diskussion über Verwaltung und Zukunft der Kolonien 1919-1960. Köln und Opladen: Westdeutscher Verlag 1966.

Albin, Cecilia: Negotiating indivisible goods: The case of Jerusalem. In: The Jerusalem Journal of International Relations Jerusalem 1991, pp. 45-76.

Albin, Cecilia: Securing the Peace of Jerusalem: On the Politics of Unifying and Dividing. In: Review of International Studies. S. 117-142, April 1997.

Albin, Cecilia: Justice, Fairness, and Negotiation: Theory and Reality. In: Berton, Peter/Kimura, Hiroshi/Zartman, William (Eds.): International Negotiation. Actors, Structure/Process, Values. New York: St. Martin's 1999, pp. 257-290.

Allan, Pierre: Comment négocier en situation de faiblesse? In: Annuaire Suisse de Science politique 1984, p. 223-237.

Bacharach, Samuel B./Lawler Edward J.: Bargaining, Power, Tactics and Outcomes, San Francisco: Jossey Bass 1981.

Baldwin, D.A.: Bargaining with airline hijackers. In: I.W. Zartman (Ed.): The 50% Solution. N.Y.: Doubleday 1986.

Baldwin, David A.: Exchange Theory and International Relations. In: Journal of International Negotiations 3, 1998, pp. 138-149.

Benedict, Ruth: The Chrysanthemum and the Sword: Patterns of Japanese Culture. Boston: Houghton-Mifflin 1946.

Bercovitch, Jacob: Social Conflicts and Third Parties. Strategies of Conflict Resolution. Boulder: Westview 1984.

Bercovitch, Jacob: Third Party in Conflict Management: The Structure and the Conditions of Effective Mediation in International Relations. In: International Journal 40: 4, 1985, pp. 736-752.

Bercovitch, Jacob: International Mediation: A Study of the Incidence, Strategies and Conditions of Successful Outcomes. In: Cooperation and Conflict, XXI, 1986, pp. 155-168.

Bercovitch, Jacob/Langley, Jeffrey: The Nature of the Dispute and the Effectiveness of International Mediation. In: JCR, Vol. XXXVII, No. 4 1993.

Bercovitch, Jacob: International Negotiations and Conflict Management: The Importance of Prenegotiation. In: The Jerusalem Journal of International Relations. Vol. 13, No. 1, March 1991, pp. 7-21.

Bernholz, Peter: Grundlagen der Politischen Ökonomie. 2 Bde. Tübingen: UTB 1972.

Berridge, Geoff R.: Diplomacy: theory and practice. London: Palgrave 1995.

Berton, Peter/Kimura, Hiroshi/Zartman, William (Eds.): International Negotiation. Actors, Structure/Process, Values. New York: St. Martin's 1999.

Berton, Peter: "Japanese, Chinese, and Soviet/Russian Negotiators". In: Berton, Peter/ Kimura, Hiroshi/Zartman, William (Eds.): International Negotiation. Actors, Structure/Process, Values. New York: St. Martin's 1999, pp. 91-129.

Blaker, Michael: "Japan Negotiates with the United States on Rice: 'No, No, a Thousand Times, No!'". In: Berton, Peter/Kimura, Hiroshi/Zartman, William (Eds.): International Negotiation. Actors, Structure/Process, Values. New York: St. Martin's 1999, pp. 33-61.

Blaker, Michael: "Negotiations on Rice Imports, 1986-1993". In: Blaker, M./Giarra, P./ Vogel, E. (Eds.): Case Studies in Japanese Negotiating Behavior. Washington, D.C.: United States Institute of Peace 2002, pp. 41-67.

Blaker, M./Giarra, P./Vogel, E. (Eds.): Case Studies in Japanese Negotiating Behavior. Washington, D.C.: United States Institute of Peace 2002.

Boulding, Kenneth: Three Faces of Power. Newbury Park: Sage 1990.

Bot, Bernard Rudolf: Ten Commandments for Negotiators in the Post-Enlargement EU. In: Meerts, P.W./Cede, F (Eds.): Negotiating European Union. Houndmills: Palgrave 2004, pp.xi-xiii.

Brecher, Michael: Crises in World Politics. Theory and Reality. Oxford: Pergamon 1993.

Breyer, Friedrich: Logrolling. WiS 1981, Heft 3 (März), S. 123-128.

Buron, Robert: Carnets politiques de la guerre d'Algérie – par un signataire des Accords d'Evian. Paris: Plon 1965.

Burton, John W.: World Society. Cambridge: Cambridge UP 1972.

Butterworth, Robert L.: Managing Interstate Conflict, 1945-1974. Pittsburgh: University of Pittsburgh CIS 1976.

Callières, François de: De la manière de négocier avec les souverains (1716). Genève: Librairie Droz 2002.

Carroll, Berenice A.: How Wars End: An Analysis of Some Current Hypotheses. In: Journal of Peace Research, 4, 1969, pp. 295-321.

Cobb, R.W./Elder, C.D.: Participation in American Politics. Baltimore: John Hopkins UP 1983.

Cohen, Raymond: International Politics. The rules of the Game. London/New York: Longman 1981.

Cohen, Raymond: "An Advocate's View". In: Faure, Guy Olivier/Rubin, Jeffrey Z. (Eds.): Culture and Negotiation. Newbury: Sage 1993, pp. 22-37.

Cohen, Raymond: Language and Conflict Resolution: The Limits of English. In: International Studies Association. Malden, MA: Blackwell 2001, pp. 25-51.

Cornett, Linda and Caporaso, James A.: And still it moves! State Interests and Forces in the European Community. In: Rosenau/Czempiel 1994, pp. 219-249.

Coser, Lewis: Termination of Conflict. In: Journal of Conflict Resolution, Vol. V, 1961.

Cot, Jean-Pierre: La conciliation internationale. Paris: Pedone 1968.

Crozier, Michel/Erhard Friedberg: Macht und Organisation. Königstein: Anthenäum 1979.

Dahl, Robert A.: The Concept of Power. In: Behavioral Sciences, 2, July 1957, pp. 201-215.

Deutsch, Karl W.: The Nerves of Government, New York: Free Press 1963.

Deutsch, Morton: The Resolution of Conflict. New Haven: Yale UP 1973.

Dodd, Lawrence C.: Coalitions in Parliamentary Government. New Jersey: Princeton UP 1976.

Downs, Anthony: An Economic Theory of Democracy. Dt. Tübingen: Mohr 1968.

Druckman, Daniel: Stages, Turning Points, and Crises: Negotiating Military Base Rights, Spain and the United States. In: Journal of Conflict Resolution, 30, 2, 1986, pp. 327-360.

Enzensberger, Hans Magnus: Aussichten auf den Bürgerkrieg. Frankfurt: Suhrkamp 1993.

Falk, R.A.: Zone II as a World Order Construct. In: Rosenau, J.N. et al. (Eds.): The Analysis of International Politics. New York: Free Press 1972.

Faure, Guy Olivier/Rubin, Jeffrey Z. (Eds.): Culture and Negotiation. Newbury: Sage 1993.

Faure, Guy Olivier: Cultural Aspects of International Negotiation. In: Berton, Peter/Kimura, Hiroshi/Zartman, William (Eds.): International Negotiation. Actors, Structure/Process, Values. New York: St. Martin's 1999, pp. 11-32.

Félice, Fortuné Barthélmy de: Code de 'humanité, la législation universelle, civile et politique. Tome IX, 1778, p. 603-625.

Fisher, Roger/Ury, William/Patton, Bruce: Das Harvard-Konzept. Sachgerecht verhandeln – erfolgreich verhandeln. Frankfurt/N.Y.: Campus 1997. Englisches Original: Roger Fisher and William Ury: Getting to Yes: How to Succeed in Negotiation without giving in. Boston/Mass.: Houghton 1981.

Foucault, Michèle: Dispositive der Macht. Berlin 1978.

Frei, Daniel: Factors Affecting the Effectiveness of International Mediation. Peace Science Society Papers, 26, pp. 67-84 1976.

Fried, Alfred H.: Die moderne Friedensbewegung. Aus Natur und Geisteswelt. Leipzig 1907.

Friedrich, Carl Joachim: Man and His Government, New York: McGraw-Hill 1963.

Fukuyama, Francis: Die Zukunft des Krieges, in: FAZ Magazin, H. 772, 16. Dez. 1994, S. 16-22.

Frowein, Jochen A.: Konfliktbewältigung im Völkerrecht. In: Pfetsch, Frank R. (Hrsg.): Konflikt. Heidelberger Jahrbücher, Nr. 48, 2004, S. 149-162.

Galli de la Loggia, Ernesto: L'identità italiana. Bologna: Il Mulino 1998.

Galtung, Johan: Struktur, Kultur und intellektuelle Stile: ein vergleichender Essay über sachsonische, teutonische, gallische und nipponische Wissenschaft. In: Leviathan, 3, 1983, S. 203-338.

Gamson, William A.: A Theory of Coalition Formation. In: ASR 26, pp. 373-382, 1961.

Granell, Francisco: EU negotiations with Austria, Finland, Norway and Sweden. In: Journal of Common Market Studies, Vol. 33, No. 1, March 1995.

Grewe, Wilhelm: Die Arten der Behandlung internationaler Konflikte. In: Iklé, Fred Charles (Hrsg.): Strategie und Taktik des diplomatischen Verhandelns. Gütersloh: Bertelsmann 1964.

Grewe, Wilhelm: Spiel der Kräfte in der Weltpolitik. Theorie und Praxis der internationalen Beziehungen. Frankfurt/Berlin/Wien: Ullstein 1981.

Haas, Ernst B.: Regime Decay. In: International Organization. Vol. 37, No. 2, 1983, pp. 189-256.

Habeeb, William Mark: Power and Tactics in International Negotiations: How Weak Nations Bargain with Strong Nations. Baltimore: John Hopkins UP 1988.

Habermas, Jürgen: Faktizität und Geltung. Frankfurt: Suhrkamp 1992.

Hall, Edward T.: Beyond Culture. N.Y.: Anchor Press 1976.

Hayes, Richard E.: Negotiations with terrorists. In: Krmenyuk, V. (Ed.): International Negotiation. San Francisco: Jossey-Bass 1991.

Hitz, Henryk.: Logical Basis of Semiotics. In: Sebeok, T.A. (Ed.): A Perfusion of Signs. Bloomington: Indiana UP 1977.

Hobbes, Thomas (1641): Leviathan. New York 1962.

Hobsbawm, Eric: Das Zeitalter der Extreme. München: Dtv 1998 (Engl. 1994).

Hofstede, Gert: Cultural Predictors of National Negotiation Styles. In: Mautner-Markhof, F. (Ed.): Processes of International Negotiations. Boulder: Westview 1989.

Holsti, Kalevi, Jaakko: The state, war, and the state of war. Cambridge: Cambridge UP 1996.

Holsti, Kalevi, Jaakko: Resolving International Conflicts. In: JCR, 10/3, 1967, pp. 272-276.

Huntington, Samuel P.: The Clash of Civilizations? In: Foreign Affairs, 72. Jg., Nr. 3, 1992, S. 22-49.

Huntington, Samuel P.: The third Wave. Democratization in the Late Twentieth Century. London: Norman 1991.

Iklé, Fred C.: How Nations Negotiate. N.Y.: Harper & Row 1964.

Iklé, Fred Charles: Role of Emotions in International Negotiations. In: Berton, Peter/Kimura, Hiroshi/Zartman, William (Eds.): International Negotiation. Actors, Structure/Process, Values. New York: St. Martin's 1999, pp. 335-350.

Irle, Martin: Macht und Entscheidungen in Organisationen. Frankfurt a.M.: Akad. Verl.-Ges. 1971.

Jackson, E.: Meeting of Minds. New York 1972.

Jönsson, Christer: Situation-Specific versus Actor-Specific Approaches to International Bargaining. In: The European Journal of Political Research, 1978, 6, pp. 381-397.

Jönsson, Christer: Communication in International Bargaining. London: Pinter 1990.

Kant, Immanuel (1795): Zum ewigen Frieden. Stuttgart: Reclam 1979.

Kaplan, Robert S.: Die kommende Anarchie. In: Lettre international, 32, pp. 52-61.

Kaufmann, Johan: Conference Diplomacy. Leyden: Oceana Publ. 1968.

Kaufmann, Johan: How United Nations Decisions Are Made. Leyden 1962.

Kecskemeti, Paul: Political Rationality in Ending War. In: Fox, W.T.R. (Ed.): How Wars End. The Annals, 392, Nov. 1970, pp. 105-115.

Keens-Soper, Maurice: Europe in the World. Houndmills: McMillan 1999.

Kelman, Herbert C.: Negotiation as Interactive Problem Solving. In: International Negotiation, 1,1996, pp.99-123.

Kissinger, Henry A.: Memoiren 1968- 1973, 1973-1974. München: Bertelsmann 1979, 1982 .

Kohler-Koch, Beate: Europäische Integration. Opladen: UTB 1996.

Kremenyuk, Victor A. (Ed.): International Negotiation. Analysis, Approaches, Issues. Oxford: Jossey-Bass 1991.

Kremenyuk Victor A.: A Pluralistic Viewpoint. In: Faure/Rubin (Eds.) 1993.

Kroll, Hans: Lebenserinnerungen eines Botschafters. Köln/Berlin: Kiepenheuer & Witsch 1967.

Lall, Anard: Modern International Negotiation: Theory and Practice. Columbia (N.Y.): Columbia UP 1966.

Landau, Alice: L'Uruguay Round. Conflict et coopération dans les relations économiques internationales. Brüssel: Bruylant 1996.

Lang, Winfried: A Professional's View. In: Faure, Guy Olivier/Rubin, Jeffrey Z. (Eds.): Culture and Negotiation. Newbury: Sage 1993, pp. 38-46.

Lang, Winfried: Lessons drawn from Practice: Open Covenants, Openly Arrived At. In Zartman, W.I. (Ed.): 1994, pp.201-212.

Lapeyronnie, Didier: Nation, démocratie et identité en Europe. In: Quelle identité pour l'Europe? Paris: Press de Scieneces Po., 1998.

Lawler, Edward J.: Bargaining, power, tactics and outcomes. San Francisco: Jossey Bass 1981.

Lehmbruch, Gerhard: Proporzdemokratie. Tübingen: Siebeck 1967.

Levine, E.P.: Mediation in International Politics. Peace Research Society Papers, 1971, 13, pp. 23-43.

Liska. G.: Nations in Alliance: The Limits of Interdependence. Baltimore: John Hopkins UP 1962.

Locke, John (1687): An Essay Concerning Human Understanding. Essays on the Laws of Nature. New York 1954.

Marin, Bernd: Die Paritätische Kommission. Wien: Internationale Publikationen 1982.

Marin, Bernd: Organizing Interests by Interest Organizations. In: International Political Science Review 4/2, 1983, pp. 197-216.

Meerts, Paul W./Cede, Franz: Negotiating European Union. Houndmills: Palgrave 2004.

Mesquita, Bruce Bueno: Theories of International Conflicts. In: Gurr, T. (Ed.): Handbook of Political Conflict. New York 1980.

Miall, Hugh et al: Contemporary conflict resolution. Cambridge: Polity 2000.

Michels, Robert: Zur Soziologie des Parteiwesens in der Modernen Demokratie. Stuttgart: Kröner 1989.

Monnet, Jean: Mémoires. Paris: Fayard 1976.

Montada, Leo/Kals, Elisabeth: Mediation. Weinheim: Beltz 2001.

Morgenthau, Hans: Politics among Nations. The Struggle for Power and Peace. New York: McGraw-Hill 1993.

Moscovici, S./E. Lage/Naffrechoux, M.: Influence of a Consistent Minority on the Responses of a Majority in a Color Perception Task. Sociometry, 32, 1969, pp. 365-379.

Moscovici, Serge: Social Influence and Social Change. N.Y.: Academic Press 1976.

Münchhausen, Thankmar von: Kolonialismus und Demokratie. Die französische Algerienpolitik von 1945-1962. München 1977.

Nye, Joseph S.: Mechanismen und Voraussetzungen regionaler Wirtschaftsintegration. In: Frei, D. (Hrsg.): Theorien der internationaler Beziehungen. München: Piper 1973.

Nordlinger, Eric A.: Conflict Regulation. In: Divided Societies (Center for International Affairs, Harvard University). Cambridge/Mass. 1972.

Olson, Mancur: The Logic of Collective Action. Public Goods and the Theory of Groups. Cambridge/Mass.: Harvard UP 1971.

Passavant, Olivier: Mittlerunterstützte Kooperation in komplexen Verwaltungsprojekten. In: DÖV, Heft 12/1987, S. 516-523.

Peters, Guy B.: Agenda-setting in the European Community. In: Journal of European Public Policy. Vol. 1 H1, S. 9-26, 1994.

Petrak, I./Trappl, R./Fürnkranz, I.: The Potential Contribution of Artificial Intelligence to the Avoidance of Crises and Wars. Wien: AIAI 1994.

Pfetsch, Frank R./Kaiser, Martin: Wirtschafts- und gesellschaftspolitische Aktionsprogramme der Entwicklungsländer. München: Weltforum 1981.

Pfetsch, Frank R.: Politische Theorie der Entscheidung in Gremien. In: Journal für Sozialforschung, 27. Jg. 1987, H. 3/4, S. 253-275.

Pfetsch, Frank R.: Conditions for Nonviolent Resolution of Conflicts. In: Czempiel, E.-O./Kiuzadjan, L./Masopust, Z. (Eds.). Non-Violence in International Crises. Vienna: European Coordination Center for Research and Documentation in Social Sciences. Vienna Center. 1990, pp. 99-123.

Pfetsch, Frank R. (Hrsg.): Konflikte seit 1945. Daten – Fakten – Hintergründe. 5 Bde. Freiburg: Ploetz 1991.

Pfetsch, Frank R.: Internationale Politik. Stuttgart: Kohlhammer 1994.

Pfetsch, Frank R.: The Development of European Institutions. In: European Union/Southern African Development Community (Eds.): Seminar on the Regional Integration Process. Brussels and Paris, 12-15 June. Cean, 1995a, pp. 187-205.

Pfetsch, Frank R.: Handlung und Reflexion. Darmstadt: Wissenschaftliche Buchgesellschaft 1995b.

Pfetsch, Frank R. (Hrsg.): Globales Konfliktpanorama. Münster: Lit 1996.

Pfetsch, Frank R.: Institutions Matter: Negotiating the European Union. In: Berton, Peter/Kimura, Hiroshi/Zartman, William (Eds.): International Negotiation. Actors, Structure/Process, Values. New York: St. Martin's 1999, pp. 191-222.

Pfetsch Frank R.: Kreatives Verhandeln in Politik und Wirtschaft. In: Holm Hadulla, Rainer M. (Hrsg.): Kreativität. Heidelberger Jahrbücher, 2000 XLIV, Heidelberg: Springer S. 127-155.

Pfetsch Frank R./Rohloff, Christoph: National and International Conflicts: 1945-1995. London: Routledge 2000.

Pfetsch, Frank R.: Warum war das 20. Jahrhundert kriegerisch? In: Studium Generale der Ruprecht-Karls-Universität Heidelberg, SS 2000: Krieg, Heidelberg: C. Winter 2001.

Pfetsch, Frank R. (Hrsg.): Konflikt. Heidelberger Jahrbücher 48. Heidelberg: Springer 2004.

Pickles, Dorothy: Algeria and France. From Conflict to Cooperation. London 1963.

Pond, Elizabeth: Beyond the Wall – Germanys road to Unification. Washhington: Brookingsinstitution 1993.

Princen, Thomas: Intermediaries in International Conflict. New Jersey: Princeton UP 1992.

Pruitt, Dean G. /Lewis, Steven A.: The Psychology of Integrative Bargaining. In: Druckman, Daniel (Ed.): Negotiations. Social-Psychological Perspectives. Beverly Hills, 1977, pp. 161-192.

Randle Robert F.: The Origins of Peace. N.Y.: The Free Press 1973.

Raven, Bertram H.: Social Influence and Power. In: Steiner, D./Fishbein, M. (Eds.): Current studies in social psychology. New York: Holt 1965.

Reiter, Dan/Stam, Allen: Democracies at War. Princeton and Oxford: Princeton UP 2002.

Richelieu, Armand Kardinal-Herzog von: Politisches Testament (1688). Berlin: Von Reimar Hobbing 1926. (Fr.: Testament politique (1668). Paris: Société de l'histoire de France 1995).

Rothstein, Robert L.: Global Bargaining. UNCTAD and the Quest for a New International Economic Order. New Jersey: Princeton UP 1979.

Rubin, Jeffrey Z./Brown, Bert R.: The Social Psychology of Bargaining and Negotiation. London: Academic Press 1975.

Rubin, Jeffrey, Z.: Dynamics of third party intervention. Kissinger in the Middle-East. New York: Praeger 1981.

Salacuse, Jeswald W.: Implications for Practitioners. In: Faure, Guy Olivier/Rubin, Jeffrey Z. (Eds.): Culture and Negotiation. Newbury: Sage 1993, pp. 199-208.

Sartori, Giovanni: Selbstzerstörung der Demokratie? Mehrheitsentscheidungen und Entscheidungen von Gremien. In: Guggenberger, B./Offe, C. (Hrsg.): An den Grenzen der Mehrheitsdemokratie. Opladen: Westdeutscher Verlag 1984, S. 83 ff.

Schlotter, Peter: Die KSZE im Ost-West-Konflikt. Frankfurt: Campus 1999.

Schütze, Walter 1966: Algerien – Frankreichs Pforte zur „Dritten Welt". Die Entwicklung der französisch-algerischen Beziehungen. In: Europa-Archiv, Folge 19, 1966, S. 705-716.

Schwank, Nicolas: Der Kampf der Kulturen – das Erklärungsmuster für Konflikte im 21. Jahrhundert? In: Pfetsch, Frank R. (Hrsg.): Konflikt. Heidelberger Jahrbücher Nr. 48, 2004, S. 31-52.

Simkim, William E.: Mediation and the Dynamics of Collective Bargaining. Washington: BNA Books 1971.

Snyder, Glenn, H.: Crisis Bargaining. In: Hermann, Ch.F. (Ed.): International Crises. New York: The Free Press 1972, pp. 217-256.

Smyser, William Richard: How Germans Negotiate: logical goals, practical solutions. Washington, D.C.: United States Institutes of Peace 2003.

Solomon, Richard H.: Chinese Negotiation Behavior: Pursuing Interests through 'Old Friends'. Washington D.C.: United States Institute of Peace Press 1999.

Spector, Bertram J.: Decision Analysis for Practical Negotiation Application: In: Theory and Decision, 34 (3), S. 183-199, 1993.

Spence, Gerry: How to argue and win every time. N.Y.: St. Martin 1995.

Starkey, Brigid/Boyer, Mark A./Wilkenfeld, Jonathan: Negotiating a Complex World. Lanthan: Rowman & Littlefield 1999.

Stöbe, Sybille: Verhandeln und Argumentieren als Kommunikationsstrategie in der Verwaltung. Die staatliche Mittlerinstanz in der Umweltpolitik. In: Prittwitz, Volker von (Hrsg.): Verhandeln und Argumentieren. Opladen: Leske & Budrich 1996, S. 173-206.

Taylor, Michael: The Theory of Collective Choice. In: Greenstein, F.J./Polsby, N.W. (Eds.): Handbook of Political Science, Bd. 3 Reading/Mass.: Addison-Wesley 1975, pp. 413-481.

Touval, Saadia: Ethnical Dilemmas in International Mediation. In: Negotiation Journal, 11 (4) 333-338 1995.

Touval, Saadia/Zartmann, William I.: International mediation in theory and practice. Boulder, Colorado: Westview 1985.

Tullock, Gordon: Federalism: Problems of Scale. In: Public Choice 6, 1971.

Waelchli, Heinz/Shah, Dhavan: Crisis Negotiations between Unequals: Lessons from a Classic Dialogue. In: Negotiation Journal 10, 1994, pp. 129-146.

Wallace, Helen: Negotiations and Coalition Formation in the European Community. In: Governement and Opposition, Nr. 4, 1985, pp. 453-472.

Waller, David: Die Stunde der Strategen. Jürgen Schrempp und der Daimler-Chrysler-Deal. Berlin: Econ 2000.

Walton, Richard E./Mackersie, Robert B.: A Behavioral Theory of Labor Negotiations. New York: McGraw-Hill 1965.

Wehr, Paul: Conflict Regulation. Boulder: Westview Press 1979.

Welsh, William: Studying Politics. New York and London: Greenwood 1973.

Wright, Quincy: A Study of War (2 Vol. 1942). Chicago: University of Chicago Press 1960.

Young, Oran R.: The Intermediaries: Third Parties in International Crises. New Jersey 1967.

Zartman, William I.: Ripe for Resolution. Conflict and Intervention in Africa. New York: Oxford UP 1985a.

Zartman, William I.: Negotiating from Asymmetry: The North-South Stalemate. In: Negotiation Journal, 1, 1985b, pp. 121-138.

Zartman, William I.: Ripe for Resolution. N.Y.: Oxford UP 1989.

Zartman, William I.: Regional Conflict Resolution. In: Kremenyuk, Victor A. (Ed.): International Negotiation. Analysis, Approaches, Issues. San Francisco/Oxford: Jossey-Bass 1991, pp. 302-314.

Zartman, William I.: The Structure of Negotiation. In: Kremenyuk, Victor A. (Ed.): International Negotiation, Analysis, Approaches, Issues. San Francisco/Oxford: Jossey-Bass 1991, pp. 65-77.

Zartman, William I.: A Skeptic's View. In: Faure, Guy Olivier/Rubin, Jeffrey Z. (Eds.): Culture and Negotiation. Newbury: Sage 1993, pp. 17-21.

Zartman, William I./Touval, Saadia: Mediation: The Role of the Third Party Diplomacy and Informal Peacemaking. In: Brown/Schraub (Eds.): Resolving Third World Conflict. Washington 1992.

Zartman, William I.: The Structuralist Dilemma in Negotiation. In: Research on Negotiations in Organizations, 6, 1997, pp. 227-245.

Zartman, William I.: Conflict and Order: Justice in Negotiation. In: International Political Science Review, Vol. 18, No. 2, April 1997, pp. 121-138.

Zartman, William I.: Concepts in Negotiation: Resolving the Toughness Dilemma. In: PIN-Points No. 18, 2002, pp. 4/5.

Neu im Programm
Politikwissenschaft

Neu im Programm Politikwissenschaft

Jürgen W. Falter / Harald Schoen (Hrsg.)

Handbuch Wahlforschung

2005. XXVI, 826 S. Geb. EUR 49,90
ISBN 3-531-13220-2

Die Bedeutung von Wahlen in einer Demokratie liegt auf der Hand. Deshalb ist die Wahlforschung einer der wichtigsten Forschungszweige in der Politikwissenschaft. In diesem Handbuch wird eine umfassende Darstellung der Wahlforschung, ihrer Grundlagen, Methoden, Fragestellungen und Gegenstände geboten.

Peter Becker / Olaf Leiße

Die Zukunft Europas

Der Konvent zur Zukunft der Europäischen Union
2005. 301 S. Br. EUR 26,90
ISBN 3-531-14100-7

Dieses Buch gibt auf knappem Raum einen Überblick zur Arbeit des „Konvents zur Zukunft der Europäischen Union", zu Anlass und Organisation des Konvents, zu seinen wichtigsten Themen und Ergebnissen. Ebenso werden die wichtigen Konferenzen und Entscheidungen nach Abschluss des Konvents in die Darstellung einbezogen.

Bernhard Schreyer /
Manfred Schwarzmeier

Grundkurs Politikwissenschaft: Studium der Politischen Systeme

Eine studienorientierte Einführung
2. Aufl. 2005. 243 S. Br. EUR 17,90
ISBN 3-531-33481-6

Konzipiert als studienorientierte Einführung, richtet sich der „Grundkurs Politikwissenschaft: Studium der politischen Systeme" in erster Linie an die Zielgruppe der Studienanfänger. Auf der Grundlage eines politikwissenschaftlichen Systemmodells werden alle wichtigen Bereiche eines politischen Systems dargestellt.

Dabei orientiert sich die Gliederung der einzelnen Punkte an folgenden didaktisch aufbereiteten Kriterien: Definition der zentralen Begriffe, Funktionen der Strukturprinzipen und der Akteure, Variablen zu deren Typologisierung, Ausgewählte Problemfelder, Entwicklungstendenzen, Stellung im politischen System, Kontrollfragen, Informationshinweise zur Einführung (kurz kommentierte Einführungsliteratur, Fachzeitschriften, Internet-Adressen).

Im Anhang werden die wichtigsten Begriffe in einem Glossar zusammengestellt. Ein Sach- und Personenregister sowie ein ausführliches allgemeines Literaturverzeichnis runden das Werk ab.

Erhältlich im Buchhandel oder beim Verlag.
Änderungen vorbehalten. Stand: Juli 2005.

www.vs-verlag.de

VS VERLAG FÜR SOZIALWISSENSCHAFTEN

Abraham-Lincoln-Straße 46
65189 Wiesbaden
Tel. 0611.7878-722
Fax 0611.7878-400

Printed in Germany
by Amazon Distribution
GmbH, Leipzig